Wanderreiten

Wolfgang Kresse

Wanderreiten

31 Farbfotos
36 Schwarzweißfotos
75 Zeichnungen
8 Karten

E.U.
VERLAG
EUGEN
ULMER

Seite 2: Monsieur André Pignon, ein erfahrener Wanderreiterführer aus Dieulefit in der Drôme/Frankreich.

Die Deutsche Bibliothek – CIP-Einheitsaufnahme

Kresse, Wolfgang:
Wanderreiten / Wolfgang Kresse. – Stuttgart :
Ulmer, 1994
ISBN 3-8001-7304-2

Wollgrasweg 41, 70599 Stuttgart (Hohenheim)
Printed in Germany
Lektorat: Dr. Steffen Volk
Herstellung: Ursula Stammel
Einbandgestaltung: Atelier Reichert, Zuffenhausen
Mit einem Foto von Werner Ernst, Ganderkesee
Satz: Steffen Hahn GmbH, Kornwestheim
Druck: Gulde-Druck, Tübingen
Bindung: Dieringer, Gerlingen

Vorwort

Der Reitsport hat viele Disziplinen: Dressurreiten, Springreiten, Jagdreiten, Military, Freizeitreiten, Distanzreiten, Wanderreiten usw. Doch so sehr sich auch die einzelnen Disziplinen voneinander unterscheiden, allen gemeinsam ist die unabdingbare Forderung, daß Pferd und Reiter zu einer harmonischen Einheit verschmelzen und ein Ganzes bilden sollten. Zwei Körper, aber von einem Geist beseelt, mit einer Seele erfüllt und aus der Kraft eines Herzens handelnd.

Was sich anhört wie Worte eines romantischen Schwärmers, ist tatsächlich die Summe der Erfahrung der Reiter zu allen Zeiten. Wenn wir heute vom „Reiten aus der Körpermitte“, dem „Partner Pferd“ oder „Anatomisch richtig reiten“ sprechen, meinen wir eben doch das gleiche. Und von Beweisen des Vertrauens und der Treue ihres vierbeinigen Kameraden wissen viele zu berichten: von dem sich müde „auf die Hand“ seines Reiters legenden Jagdpferd, das nach ermunterndem Klopfen und Zuspruch seines Reiters den „zweiten Atem“ bekommt, den toten Punkt überwindet und plötzlich wieder frisch geht; von dem Pferd, das aufgrund seiner guten Erfahrungen mit seinem Reiter im Stall und im Sattel Vertrauen zu ihm gewonnen hat und auf Ausritten und Wanderritten den Reiterhilfen zum Vorwärts auch dann folgt, wenn sein Instinkt ihm Umkehr und Flucht signalisiert.

Wanderreiten, mit seinem Pferd unterwegs sein und mit ihm wieder gut nach Hause kommen, ist nur möglich, wenn man zuvor zuhause im heimatlichen Stall und auf vielen Ritten in heimatlicher Umgebung das Vertrauen seines Pferdes erworben hat. Das ist aber ohne ein solides Maß an Kenntnissen im Reiten und im Halten und Pflegen des Pferdes nicht möglich. Theoretisches Wissen allein genügt nicht, sondern man muß auch die Pflege des Pferdes und des Sattelzeuges im Stall, Sattelkammer und Schmiede praktiziert haben, um eine Vorstellung davon zu haben, was auf einem mehrtägigen Ritt auf einen zukommt. Bin ich aber in Sätteln der Pferdehaltung gerecht und so für die auf mich zukommenden erwarteten und unerwarteten Pflichten und Aufgaben vorbereitet, gibt es nichts Schöneres, als zu Pferde die Nähe und die Ferne im Schritt, Trab und gelegentlichem Galopp zu durchstreifen. Dann gibt es weder frühe Tages- noch mißliche Jahreszeit, und es gibt keinen Ort, den mein Pferd und ich nicht erreichen könnten.

Wer es gewöhnt ist allein zu reiten, dem wird ein Ritt ohne Begleiter, nur er und sein Pferd, zu einem Ritt in Reiterseligkeiten. Der Kopf wird frei, die Brust weit und das Herz froh über all das, was es abseits der Autostraßen für die glücklichen Augen zu schauen gibt. Man pfeift oder singt sich und seinem Pferd ein Lied, kann sich den Tag frei einteilen und nach Lust und Laune treiben lassen. Mit keiner Sorge im Herzen, als der um das abendliche Quartier für Pferd und Reiter.

Wer aber eine gleichgestimmte Seele zum Mitreiten gewinnen kann, hat nicht nur einen Zuhörer gewonnen, sondern auch einen Pferdehalter. In vielen Situationen ist es ein großer Gewinn, allein oder zu zweit zu reiten. Das hat den Vorzug, daß ich den Ritt nicht für jeden Tag und von Quartier zu Quartier genau planen und einhalten muß. Ein oder zwei Pferde und Reiter kommen immer irgendwie unter. Reite ich aber in einer Gruppe, dann ist die sorgfältige Planung der Strecke und der Quartiere die Voraussetzung für das gute Gelingen des Wanderrittes.
Aber gemach. Noch sind wir nicht unterwegs, sondern im heimatlichen Stall. Und wir müssen uns fragen, ob unser Pferd den Anforderungen eines längeren Rittes genügt. Und auch der Reiter muß sich gewissenhaft und selbstkritisch prüfen, ob seine Kenntnisse im Reiten und Pflegen eines Pferdes den Anforderungen eines Wanderrittes genügen. Denn: „Da tritt kein anderer für ihn ein, auf sich selber steht er da ganz allein." Er muß sich auch fragen, ob er bereit ist, das auf einem solchen Wanderritt immer mögliche Ungemach auf sich zu nehmen, als da sind schlechtes Wetter, Sitzbeschwerden, mürrische Wirte, Müdigkeit am Abend und am Morgen – unser Pferd muß ja von uns getränkt, gefüttert und geputzt werden. Von schlimmeren Dingen gar nicht zu reden. Sankt Georg bewahre uns vor einem lahmen oder kranken Pferd! Aber mit Lahmheit und anderen Krankheiten muß man ja immer rechnen, unterwegs wie zu Hause im eigenen Stall.
Prüfen wir uns also selbst, es ist die Voraussetzung für das Gelingen eines Wanderrittes, der uns für Tage oder gar Wochen aus dem heimatlichen Stall führt, ob wir uns den Anforderungen eines mehrtägigen Wanderrittes stellen wollen und welche Vorbereitungen wir rechtzeitig vor dem Wanderritt treffen müssen.

Verden an der Aller, Frühjahr 1994
Wolfgang Kresse

Inhaltsverzeichnis

Der Wanderreiter und sein Pferd

Ganz gleich, ob wir allein oder mit einer Gruppe unterwegs sind, für das gute Gelingen eines Wanderrittes ist die kleinste Einheit und ihr Verbundensein als ein Ganzes von entscheidender Bedeutung: das Pferd und sein Reiter. Genügt nur einer von beiden den Anforderungen eines Wanderrittes nicht, wird ein Wanderritt zu einem fragwürdigen Abenteuer.

Anforderungen an den Reiter

Wanderreiter ist, wer allein und sicher mit seinem Pferd unterwegs sein kann. Wanderreiter ist man, so wie die Wolke eben Wolke oder die Sonne Sonne ist, unabhängig davon, ob man Mann oder Frau ist. So verstehe ich auch die Verwendung von Reiter, Pferdemann usw., wie ja ein Pferd vor allem erst ein Pferd ist und danach erst unterschieden wird ob Pony, Hannoveraner usw., Hengst, Stute, Wallach, Jährling oder Fohlen. Der Wanderreiter muß reiten können, d.h. sein Pferd in allen Gangarten beherrschen und nach seinem Willen führen können. Besser noch: Er muß mit dem Pferd verwachsen sein und in allen Situationen einen klaren Kopf und unabhängigen elastischen Sitz behalten, d.h. losgelassen, im Gleichgewicht mit der Bewegung. Die Hohe Schule der Dressur muß er nicht beherrschen, aber über sichere Kenntnisse im ABC des Reitens, ausgewiesen durch eine Reiterprüfung oder Reiterpaß. Auch das Springreiten muß nicht seine Domäne sein, doch sollte er einen Sprung, den der Galoppsprung seines Pferdes nach Höhe und Weite deckt, nicht scheuen. Ein Wanderreiter sollte ausreichende Erfahrungen im Geländereiten haben.

Qualifikation

So wie sich das Wandern vom Spazierengehen unterscheidet, so unterscheidet sich das Wanderreiten vom Ausreiten und vom Reiten auf dem Reitplatz oder in der Halle. Bringt solches Reiten uns in der Regel für ein oder zwei Stunden in den Sattel, aber nicht täglich und regelmäßig, so erfordert ein Wanderritt tägliches Reiten für einen halben oder ganzen Tag von uns.

Das ist nichts für Anfänger und nichts für Gelegenheitsreiter, die sich schon am ersten Abend aufgeritten haben und über einen kräftigen Muskelkater klagen. Der gute Wille allein, sich den Anforderungen eines mehrtägigen Rittes zu stellen, reicht nicht aus, wenn er nicht durch eine entsprechende Kondition unterstützt wird. Reiten ist auch eine körperliche Leistung, und diese Leistung muß vorbereitet und ausgebildet werden, und sie muß vor dem Wanderritt vorhanden sein, wenn das Ganze nicht zu einer freudlosen Unternehmung nicht nur für den „Aufgerittenen" werden soll.

Auch Karten lesen und sich im Gelände orientieren sollte der Wanderreiter be-

Reiterpaß (RP): Anforderungen

1. Praktischer Teil
Vorbereiten des Pferdes zum Ausritt (Putzen, Zäumen, Satteln); Reiten in allen Grundgangarten; Kolonnenreiten (nebeneinander, überholen, gegeneinander); Einzelgalopp von Punkt zu Punkt; Überwinden kleiner natürlicher Hindernisse (z. B. Kletterstelle, Wassereinritt), Wegreiten von der Gruppe. Straßenüberquerung; Versorgen des Pferdes bei Rast oder Unfall; auf Wunsch des Bewerbers zusätzlich Springen im Gelände von 4 festen Hindernissen (bis zu 0,80 m hoch). Andere Reitweisen (z. B. Western) sind zulässig.

2. Theoretischer Teil
2. 1 Grundkenntnisse der Reitlehre (Sitz, Hilfen, Gangarten).
2.2 Grundkenntnisse der Pferdehaltung (Pflege, Fütterung, Tränken, Anzeichen von Krankheiten, Giftpflanzen).
2.3 Reiterliches Verhalten und Umweltschutz (Begegnung mit Fußgängern, Rücksicht auf Jagd, Land- und Forstwirtschaft).
2.4 Reiten im Straßenverkehr (Reiten im Verband, Verkehrsregeln).
2.5 Unfallverhütung (z. B. Ausrüstung von Reiter und Pferd, Verladen, Anbinden).
2.6 Erste Hilfe für Reiter und Pferd (Verhalten bei Unfällen und bei akuten Krankheiten des Pferdes).
2.7 Rechtsvorschriften (Straßenverkehrsrecht, Reiten in Feld und Wald, Tierschutzgesetz, Tierhalterhaftung und -versicherung).

herrschen. Beides ist keine Schwarze Kunst und läßt sich lernen und üben.
Und schließlich muß er auch ein guter Pferdemann sein und sich in allen Fragen der Pferdehaltung und -pflege auskennen. Dem Füttern und Tränken kommt auf einem Wanderritt ganz besondere Bedeutung zu. Der Wanderreiter muß erkennen können, ob ein Pferd appetitlos oder überfordert und erschöpft ist; er muß z. B. wissen, wie man durch richtiges Zäumen und Satteln Druckstellen vermeidet. Solche Kenntnisse erlangt man nicht allein durch ein „kluges Buch", sondern müssen durch tägliche Pferdepflege vor einem Wanderritt erworben werden.
Auch Kenntnisse in der Ersten Hilfe für Pferd und Reiter gehören in den Katalog der Anforderungen an den Wanderreiter. Wenn sich mit Umsicht und Vorsicht auch die meisten Unfälle und Verletzungen vermeiden lassen, so aber doch nicht alle. Kenntnisse in Erster Hilfe, die von Zeit zu Zeit aufgefrischt werden sollten, bewahren im Ernstfall vor Kopflosigkeit, verleihen Sicherheit und helfen Unfallfolgen mildern.
Um allen aufgeführten Anforderungen genügen zu können, sind Erfahrungen nötig, die man nicht vor den Jahren, sondern nur mit den Jahren erlangen kann. Daraus ergibt sich, daß es für die Teilnehmer an einem Wanderritt eine Altersgrenze nach unten und oben gibt. Nach unten sollte, wenn es sich um einen Wanderritt handelt, der diesen Namen verdient, das 12. Lebensjahr nicht unterschritten werden. Nach oben setzen körperliche

Leistungsfähigkeit und Gebrechlichkeit eine Grenze, die nicht überschritten werden sollte, wobei ich körperliche Leistungsfähigkeit als lange Reitpraxis, Ausdauer und Zähigkeit verstanden wissen möchte, die auf Dauer, verbunden mit der Umsicht und Erfahrung des Alters, sich junger Kraft und Schnelligkeit als ebenbürtig erweisen.
Aus den genannten Gründen muß jedem, der keine Reitausbildung oder nur eine ungenügende Reiterfahrung hat, von der Teilnahme an einem mehrtägigen Wanderritt abgeraten werden. Denn selbst das ruhigste Pferd geht im Gelände lebhafter und freier, und auch das frömmste Pferd ist gegen plötzliches Erschrecken nicht gefeit. Und die häufigste Ursache für Reitunfälle mit meist harmlosen, manchmal aber auch schwerwiegenden Folgen, sind Unsicherheit und Unvermögen der Reiter als Folge ungenügender oder gar mangelhafter Fertigkeit im Reiten.
Da man bekanntlich den Brunnen zudekken soll, ehe das Kind hineingefallen ist, geht es nicht ohne gründliche Reitausbildung. Und falls wir unsere reiterlichen Kenntnisse nur der Unterweisung eines Freundes oder einer zum Selbststudium geeigneten Reitlehre zu verdanken haben, sollten wir unsere hoffentlich recht selbstkritisch erworbenen Reitkenntnisse freimütig einer Prüfung durch eine unabhängige Prüfungskommission unterziehen.

Denn was man schwarz auf weiß besitzt . . .

Viele Reiter sind, auch aus versicherungsrechtlichen Gründen, Mitglied in einem der Deutschen Reiterlichen Vereinigung (FN) angeschlossenen Reitverein oder haben ihr reiterliches zu Hause in der Vereinigung der Freizeitreiter in Deutschland e.V. (VFD) – Verband der Gelände- und Wanderreiter –, dem Ersten Trekking-Club Deutschlands e.V. (ETCD), dem Verein Deutscher Distanzreiter und -Fahrer e.V. (VDD) oder dem Islandpferde-Reiter- und Züchterverband e.V. (IPZV) gefunden.
Alle Verbände und Vereine führen auf Orts-, Kreis- oder Verbandsebene Reitlehrgänge mit abschließender Prüfung durch. Den erfolgreichen Abschluß bestätigt ein Zeugnis und die Berechtigung zum Tragen eines mit der bestandenen Reiterprüfung verbundenen Abzeichens.

Anforderungen an den Reiter
Gute Konstitution und Kondition.
Kenntnisse
- im Reiten, insbesondere im Geländereiten
- im Halten und Pflegen des Pferdes
- in der Ausrüstung von Pferd und Reiter
- im Umgang mit Karte und Kompaß
- in Erster Hilfe für Mensch und Tier
- im Straßenverkehrsrecht
- im Wald- und Forstgesetz
- im Tierschutz

Die Deutsche Reiterliche Vereinigung (FN) verleiht das Deutsche Reiterabzeichen für Erwachsene in den drei Klassen Bronze, Silber und Gold, das Deutsche Jugend-Reiterabzeichen nur in den Klassen Bronze und Silber. In den Bestimmungen zur Verleihung des Deutschen Reiterabzeichens heißt es: „Das Deutsche Reiterabzeichen hat den Zweck, dem Inhaber sichtbar zu bestätigen, daß er mit Pferden

Ausbildungsstufen der Deutschen Reiterlichen Vereinigung (FN)
Reiterpaß (RP)
Deutsches Reiterabzeichen (DRA)
Berittführer
Fachübungsleiter Breitensport
Reitwart
Reitlehrer
Reitmeister

umzugehen versteht, über ein bestimmtes Maß von Können und Wissen im Reiten sowie in der Pferdepflege und Pferdehaltung verfügt." Das Abzeichen soll eine öffentliche Anerkennung sein und zu weiteren Leistungen im Sattel und im Umgang mit Pferden anspornen.

Die Vereinigung der Freizeitreiter in Deutschland e. V. hat ihre Prüfungsordnung auf die besonderen Anforderungen des Gelände- und Wanderreitens aufgestellt. Die Prüfungen für Wanderreiter gibt es in den drei Klassen der Windrose in Bronze, Silber und Gold. In der Prüfungsordnung für die Windrose in Bronze vom April 1986 heißt es: „Das VFD-Wanderreiter-Diplom bescheinigt dem Inhaber vertiefte reiterliche Kenntnisse und vertiefte Kenntnisse in Pferdepflege und Pferdehaltung. Er ist in der Lage, selbständig auf einen mehrtägigen Ritt zu gehen."

Der Erste Trekking-Club Deutschlands e. V. hat seine Ausbildungs- und Prüfungsordnung ganz von den Anforderungen bestimmen lassen, die das Trekkingreiten, d. h. Überlandritte und Wanderritte, an Pferde und Menschen stellen. Die Ausbildung und Prüfung ist in drei Stufen gegliedert: Trekkingreiter, Trekkingführer, Trekkingausbilder. In der Prüfungsordnung für den Trekkingreiter heißt es: „Der Trekkingreiter braucht neben einer reiterlichen Grundausbildung Grundkenntnisse und Fähigkeiten in der Pferdehaltung und -pflege, Erster Hilfe, Natur- und Tierschutz, den gesetzlichen Vorschriften über das Reiten in der Landschaft und korrektes Verhalten im Straßenverkehr, Verständnis und Achtung gegenüber anderen Erholungssuchenden. Der geprüfte Trekkingreiter soll Vorbild sein für diszipliniertes tierschutzgerechtes und verkehrssicheres Reiten im Gelände."

Der Verein Deutscher Distanzreiter und -Fahrer e. V. ist ein Anschlußverband der Deutschen Reiterlichen Vereinigung (FN), deren Bestimmungen Bestandteil des Reglements des VDD e.V. sind. Die Prüfungsordnung für das Reiterabzeichen gilt also auch für die Distanzreiter und enthebt diese von einer eigenen Prüfungsordnung. Da aber Distanzritte keine Wettrennen sein sollen, sondern Ausdauerprüfungen für die vor allem das „Ankommen ist gewonnen" gilt, ist unter dem Gesichtspunkt des Ankommens die Teilnahme an Distanzritten ein ausgezeichnetes Training für den Wanderreiter und sein Pferd.

Der Islandpferde-Reiter und Züchterverband e. V. hat für seine Arbeit die Bedeutung des Pferdes für die Freizeit des Menschen schon lange erkannt und ist immer schon als Veranstalter von Wanderritten hervorgetreten. Seine Prüfungsordnung (IPO) unterscheidet das IPZV-Wanderreitabzeichen, das IPZV-Reitabzeichen und das IPZV-Jugendabzeichen. Beim IPZV-Wanderreitabzeichen werden

unter anderem die Kenntnisse in der praktischen Pferdehaltung, im Umgang mit Karte und Kompaß und im mit der Vorbereitung und Durchführung eines Wanderrittes zusammenhängenden Fragen geprüft.
Es gibt also eine Fülle von Möglichkeiten, sich nicht nur durch Vorbereitungslehrgänge reiterlich fördern zu lassen, sondern auch für die besonderen Anforderungen des Wanderreitens.
Und wenn man nach bestandener Prüfung die Urkunde in den Händen hält, darf man auch mit berechtigtem Stolz das der bestandenen Prüfung entsprechende Abzeichen als Ausweis nachgewiesener Kenntnisse tragen.
Sollte es an einem Wohnort keine Möglichkeit für einen der genannten Abzeichenprüfungen geben, dann gibt es eine Vielzahl von Fachschulen für die Reit- und Fahrausbildung und anerkannten und bewährten Reiterhöfen aller Verbände, wo man, am besten mit dem eigenen Pferd, sich die für Wanderreiten erforderlichen Kenntnisse in Theorie und Praxis aneignen kann.
Die Lehrgänge enden in der Regel mit einer Prüfung, und ein Zeugnis bestätigt die erworbenen theoretischen und praktischen Kenntnisse.
Welcher Prüfung auch immer wir uns unterziehen, welches Abzeichen unserer reiterlichen und pflegerischen Kenntnisse wir als Preis für geflossenen Prüfungsschweiß auch verliehen bekommen, es ist Ausweis für ein bestimmtes Maß an Fähigkeiten und Kenntnissen, die das Reiten und der Umgang mit dem Pferd nun einmal erfordern, und Zeichen dafür, daß man sich bemüht hat, die Waage des Wollens und des Könnens auszutarieren, ins Gleichgewicht zu bringen.

Auch „normale Warmblutpferde" eignen sich sehr gut für Wanderritte, wie die Hannoveraner Anastasia und Nandhi beweisen.

Anforderungen an das Pferd

Ein Wanderritt führt uns, ob allein oder mit einer Gruppe anderer Reiter und Pferde, für mehrere Tage vom heimatlichen Stall weg. Von unserem täglichen Ausritt unterscheidet er sich allein schon durch die täglich über mehrere Stunden und bei jedem Wetter gestellten Anforderungen an die Ausdauer und die Zähigkeit des Pferdes. Muß es doch täglich über etwa 5–8 Stunden große Strecken im wechselnden Gelände, in den Bergen und in der Ebene, auf hartem und weichem Bo-

Anforderungen an das Pferd

- volljährig, gesund und robust
- nicht zu groß
- gut an der Krippe
- guter Charakter und Temperament
- geräumiger Schritt
- sicher im Gelände und Straßenverkehr
- Vertrauen zum Reiter

den zurücklegen. Anforderungen, denen nur ein gesundes, volljähriges und gut trainiertes Pferd genügen kann, das auf gesunden Beinen und harten Hufen mit geräumigem Schritt gelassen vorwärts geht. Reitet man allein und ist man erfahrener Reiter, ist es möglich, bei den Anforderungen an den Charakter und das Temperament des Pferdes einige Abstriche zu machen, da vom Wanderritt mit seinen langen Schrittstrecken eine wohltuende Wirkung auf nervöse und heftige Pferde ausgehen kann, aber nicht muß. Grundsätzlich aber sollten von den Anforderungen an das ruhige und ausgeglichene Temperament, die Verträglichkeit mit anderen Pferden und Menschen keine Abstriche gemacht werden, also keine Beißer oder Schläger. Vor allem dann nicht, wenn man in einer Gruppe mit anderen reitet.

Nun kann man auch Wanderritte von Reitern und Pferden durchführen, die einander ganz fremd sind, wie die vielen Reiseveranstalter in Deutschland und den europäischen Nachbarländern jedes Jahr beweisen. Das geht aber nur da gut, wo die Veranstalter ausschließlich solche Pferde verwenden, die auch von ihrem Charakter her die von Ritt zu Ritt wechselnden Reiter gelassen ertragen.

Robust soll es sein, das Pferd des Wanderreiters, innen wie außen. Es soll an Wind und Wetter gewöhnt sein, großen und kleinen Fahrzeugen, Rindern, Schweinen, mutigen Hunden wie feigen Kläffern und was sonst noch mit großer Gelassenheit begegnen.

Heikel im Futter soll es nicht sein, sondern es soll, wo und was auch immer gefüttert werden muß, mit Lust und gutem Magen fressen. Denn ein Pferd, das gut an der Krippe ist, ist im allgemeinen auch in seinen Leistungen gut.

Gehorsam und Vertrauen: Ob im Stall oder unterwegs, ob auf einem einsamen Waldweg oder als Teilnehmer im Straßenverkehr, als Reiter muß ich mich auf mein Pferd verlassen können. Grundlage dafür ist der Gehorsam des Pferdes, d. h. es muß nach Richtung, Gangart und Tempo immer so gehen, wie der Reiter es will. Der erwartete Gehorsam darf aber nicht die Folge brutalen Zwanges sein, wie quälender Zäumung oder roher Hilfen, sondern immer nur das Ergebnis des wechselseitigen Vertrauens zwischen dem Pferd und seinem Reiter. Denn wenn beide Vertrauen zueinander haben, dann werden sie davon über Entfernungen und alle möglichen Schwierigkeiten getragen. Doch das Vertrauen ist eine Pflanze, die man schon im heimatlichen Stall und auf ungezählten Ritten in vertrauter Umgebung ge-

Kriterien für die Pferdebeurteilung

1. Verwendungszweck
2. Alter und Abstammung
3. Größe
4. Allgemeineindruck
5. Körperbau
6. Grundgangarten

pflegt haben muß. Auf einem Wanderritt, wo Pferd und Reiter dann Stunde um Stunde und Tag für Tag alles teilen, da beginnt dann die Pflanze Vertrauen zu blühen. Eine Erfahrung, die schon vor nahezu 100 Jahren ein Kavallerist so in Worte faßte: „Die Poesie des Reitens liegt in der seelischen Übereinstimmung von Pferd und Reiter." Wenn diese Übereinstimmung vorhanden ist, dann verlieren alle Fragen der Rasse und Größe, des Alters und Geschlechts, des Charakters und Exterieurs ihre Bedeutung.

Das am besten geeignete Pferd ist dann immer das eigene Pferd, egal ob es ein sogenanntes Großpferd, Kleinpferd oder Pony ist. Denn nur das eigene Pferd, das schon lange Zeit in meinem Stall steht, und sich auf vielen Ritten bewährt hat, mir mit allen seinen guten und weniger guten Eigenarten bekannt ist, gibt das für den Reiter doch so wichtige Gefühl der Sicherheit, vermittelt Vertrauen und läßt Reiter und Pferd aufeinander verlassen, macht aus einem Pferd – welcher Rasse auch immer – ein Verlaßpferd.

„Das Beste kann man mit einem Pferd leisten, das man nach jeder Richtung gründlich kennt. Dazu gehört auch, daß man sich im Stall fleißig und liebevoll mit ihm beschäftigt, sich in sein psychologisches Studium vertieft."

C. v. Heydebreck

Ein Wanderreiter muß also sein Pferd genau kennen. Er muß wissen, wie es sich im Stall und in der Schmiede, unter dem Sattel in der Bahn oder im Gelände, allein oder in Gesellschaft mit anderen Pferden, in normalen und außergewöhnlichen Situationen verhält. Das alles muß er aus eigener Erfahrung wissen. Er muß genau unterscheiden können, ob sein Pferd müde oder ungehorsam ist. Und schließlich muß er die Grenzen des Leistungsvermögens kennen. Die des Pferdes und seine eigenen.

Weiß er das alles, dann spielt es auch gar keine so große Rolle, ob sein Pferd groß oder klein, schön oder häßlich ist, wenn Pferd und Reiter nur zusammen passen und einander mögen, dann geben sie auch ein gutes Gespann ab. Denn ein Wanderritt ist keine Schönheitskonkurrenz und auch keine Leistungsprüfung im Sinne eines Reiterwettbewerbes, sondern kann nicht mehr, aber auch nicht weniger sein, als gemeinsames Erleben von Reiter und Pferd.

Einige Binsenweisheiten zur Beurteilung der Eignung eines Pferdes für einen Wanderritt seien hier zusammengefaßt:

1. Das Pferd muß volljährig sein.
   Also nicht jünger als fünf Jahre. Die sicherste Auskunft erteilt der Fohlenschein.
   Noch besser, wenn das Pferd mit Sicherheit die körperliche Entwicklung voll und ganz abgeschlossen hat, also im siebenten Jahr steht.
2. Es sollte ein Gleichgewichtspferd sein, im mittleren Rahmen stehend. Also nicht zu groß, bis 1,65 m Stockmaß etwa. Es muß völlig gesund sein, gut an der Krippe, sich gern hinlegend, ohne Neigung zu Erkältungen, Lahmheiten oder Kolik und gesunde Hufe haben.
3. Der Schritt sollte geräumig, der Trab voller Schwung und Schub sein. Das Pferd sollte sich in den Hauptgangarten des Wanderreiters – Schritt und Trab – im Gleichgewicht, natürlicher Selbsthaltung und mit Sekundenge-

horsam in jedem Gelände und in jeder Situation bewegen.
4. Das Pferd soll scheufrei und verkehrsgewohnt sein.
5. Auch das Pferd sollte – wie der Reiter – in Dressur und Springen den Anforderungen der LPO, Klasse A, entsprechen.

Sind die genannten Eigenschaften im Pferde nicht als Anlage vorhanden, dann ist das Pferd für die von ihm erwartete Leistung ungeeignet und von seiner Verwendung abzuraten.

Das Pferd des Wanderreiters

Die Vorstellungen darüber, welche Eigenschaften das gute Wanderreiterpferd denn haben sollte, sind vielfältig und gleichen der Quadratur des Kreises. Am liebsten hätten manche einen Selbstgänger, Selbstverpfleger und Selbstputzer als Freizeitpferd im Stall, d. h. ein Pferd, um das sie sich nur dann kümmern müssen, wenn sie freie Zeit dafür haben. Also mehr ein Sportgerät als einen lebendigen Partner mit eigenen Ansprüchen.

Warmblutpferde

Es nimmt deshalb nicht wunder, wenn Vorurteile weit verbreitet sind, wonach die Warmblutpferderassen für die Verwendung im Freizeitreiten wenig, wenn nicht ganz ungeeignet seien. Es wird ihnen nachgesagt, daß sie schwierig, nervig, unzuverlässig, wenig widerstandsfähig und nicht vielseitig genug seien: Schönwetterpferde, nur kurzzeitig belastbar, eben für den Turniersport nur. Den Freizeitreitern würden nur die Abfallprodukte der Zucht, die mit den physischen und psychischen Mängeln angeboten. Ein Vorurteil, wie es schlimmer und unbegründeter nicht sein kann, das aber zwei Hannoveraner beim Freizeitreiterfestival 1992 in Reken erfolgreich widerlegen konnten: Die als Westernpferd ausgebildete 11jährige Stute Anastasia v. Aderlaß-Steppenwolf, und der 17jährige Wallach Nandhi v. Novom XX – Sesam I, ein bewährtes Wanderreitpferd. Von den Spezialrassen, den Ponys und denen, die unter dem leider oft mißverstandenen Begriff „Robustpferde" bekannt sind, erwartet man leider zu oft Unmögliches.

Spezialrassen

Hier sind es vor allem die „Westernpferde", die durch ihre schnellen, kraftvollen und wendigen Aktionen beim Zuschauer den Eindruck erwecken, daß sie Selbstläufer ohne große Ausbildung, Training und Reiterhilfen seien. Das stimmt natürlich ganz und gar nicht. Die „Westernpferde" verdanken ihr Dasein dem ganz auf die Arbeit der Cowboys ausgerichteten Zuchtziel, das aber die gewissenhafte Ausbildung nicht überflüssig macht. Auch unter den Spezialrassen gibt es solche mit Mängeln, die sie für die Verwendung als Freizeitpferd ungeeignet machen.

Ponys

Ganz sicher gilt das auch, wie sollte es anders sein, für die Ponyrassen, obwohl hier eher die Gefahr besteht, daß sie aufgrund ihrer Größe, maximal 1,48 m Stockmaß, als zu klein und daher ungeeignet angesehen werden. Doch kann Größe allein nie ein Merkmal dafür sein, ob ein Pferd für einen bestimmten Zweck geeignet oder ungeeignet ist. So war es für die Freunde des Islandpferdes keine außergewöhnliche Leistung, wohl aber für alle jene, die gerne auf die „Kleinen" herabsehen, daß im Sommer 1992 eine Gruppe von fünf Islandpferdereitern an einem Tage nahezu 100 km aus dem Oberallgäu bis in den Landkreis Augsburg geritten sind. Die fünf Islandpferde waren auch nach dem 12stündigen Ritt noch frisch für den Rückmarsch am nächsten Tag, der aber wegen wolkenbruchartigen Regens auf halbem Wege abgebrochen und mit dem Pferdetransporter beendet wurde. Ein überzeugender Beweis für das Leistungsvermögen der „Kleinen" wie auch für den Pferdeverstand ihrer Reiter, was auch von vielen Wanderreitern mit Ponys anderer Rassen bestätigt werden kann.

Robustpferde

Das ist keine Rassebezeichnung, sondern ein Sammelbegriff für die gesunde und unerschütterliche Kraft und Härte zur geforderten Leistung und gegenüber inneren und äußeren Einflüssen bei der Verwendung unter dem Sattel und in der Haltung und wird vor allem für Ponys verwendet.
Gewarnt sei aber davor, die Bezeichnung Robustpferd so mißzuverstehen, wie es leider zu oft der Fall ist. Denn manche „Robustpferdbesitzer" mißverstehen diese Bezeichnung als Synonym für „wartungsfreier Pkw" und gehen mit ihrem „Robustpferd" im Stall und unter dem Sattel in einer Weise um, die lieblos ist und mit Pferdepflege und Reiten nicht einmal den Namen gemeinsam hat.
Auch die als Robustpferde bezeichneten Rassen müssen für die von ihnen erwartete Leistung vorbereitet und ausgebildet werden, müssen volljährig und gesund sein. Auch Robustpferde brauchen Pflege. Es geht nicht ohne Hufpflege und Hufbeschlag, ohne guten Putz und gutes Futter. Auch Robustpferde sind nach einem anstrengenden Tagesritt für Futter und Wasser, ein Dach über dem Kopf und trokkene Streu dankbar.
Doch ob ein Pferd ein wirkliches Robustpferd ist, das hängt nicht so sehr von seiner Rasse ab, sondern davon, wie es dem Reiter gelingt, Mängel und Schwächen seines Pferdes durch gute Ausbildung, gutes Training und gute Pflege vor und nach dem Reiten auszugleichen.
Eine robuste Gesundheit kann man bei Pferden z. B. dadurch fördern, daß man bei seinen Ausritten das ganze Jahr über nicht auf Wind und Wetter Rücksicht nimmt, sondern ausreitet. Nicht die Pferde scheuen Nässe und Kälte, sondern wir Reiter. Auch die pferdegerechte Robusthaltung ist eine gute Vorbereitung des Pferdes auf einen Wanderritt, da von der in der Regel damit verbundenen Offenstallhaltung eine abhärtende Wirkung ausgeht und sie dem Bewegungsbedürfnis des Pferdes entgegenkommt.

Übersicht wichtiger Pferderassen

Es folgt eine kurze Übersicht über einige der für den Wanderreiter geeigneten Pferderassen. Sie kann sowohl der Entscheidungshilfe beim Kauf eines Pferdes als auch der Bestätigung der getroffenen Wahl dienen.
Welche Wahl auch immer wir treffen oder getroffen haben, dem bodenständigen

Pferd, dem Pferd aus dem Stall eines uns bekannten Züchters ist der Vorzug zu geben. Schon deshalb, weil wir uns so über Zucht, Haltung und Leistung eher einen Eindruck verschaffen können als über ein Pferd aus einem weit entfernten Stall.

Araber

Die älteste, auf Reinzucht und Leistung begründete Pferderasse der Welt besticht durch Schönheit, Härte, Leistungsbereitschaft, Gesundheit, Fruchtbarkeit und Langlebigkeit. Die Hauptmerkmale des Arabers sind neben Adel und Ausdauer der harmonisch leicht quadratische Körper im Stockmaß von 1,50–1,55 m mit der schrägen langen Schulter, der hochangesetzte und hoch getragene Schweif, der markante Keilkopf mit der breiten Stirn und den ausdrucksvollen Augen. Vorzugsweise Schimmel, Braune und Füchse. Beim Araber werden die Zuchtrichtungen Arabisches Vollblut (AV), Araber (A), Shagya-Araber (Sh), Anglo-Araber (AA) und Anglo-Arabisches Vollblut (AAV) unterschieden.

Bosnisches Gebirgspferd

Mit seiner auf Tarpan, Przewalskipferd und Orientalen zurückgeführten Abstammung ist das Kleinpferd mit dem gedrungenen Körperbau, der breiten Brust und den stämmigen starken Beinen und einem Stockmaß über 1,40 m, dazu ausdauernd, leistungsfähig, hart und genügsam, ein ausgezeichneter Partner für Wanderritte. Vorzugsweise Braune.

Camargue-Pferd

Das harte und ausdauernde Pferd der Gardians wurde durch seine Umwelt, die salzhaltigen Steppen des Rhone-Deltas geprägt. Die kompakten Schimmel, im Stockmaß von 1,35–1,45 m, mit dem wachen Gesicht, stehen auf einem stabilen Fundament mit breiten Hufen. Sie sind von großer Härte, Ausdauer und Widerstandskraft. Charakteristisch für das Camargue-Pferd ist der lange, starke Behang.

Dülmener

Pferde, die in der Wildbahn des Merfelder Bruchs gefohlt wurden und dort aufgewachsen sind. Die kleinen und genügsamen Gewichtsträger sind überwiegend mausgrau und tragen Aalstrich und Wildstreifen an den Vorderbeinen oder dunkelbraun mit „Mehlmaul“. Sie sind gute Futterverwerter und so robust wie die Wildbahn ihres Lebensraumes, dazu ausdauernd und haben einen ausgeglichenen Charakter, sind lernfreudig, ohne Falsch und langlebig. Mit ihrem Stockmaß von 1,25–1,35 m werden sie zu den „Kleinen“ gerechnet, nach ihrer Leistung gehören sie aber zu den Großen.

Fjordpferd (Norweger)

Es gehört zu den ältesten Pferderassen Europas und hat sich inzwischen zu einem typvollen Freizeitpferd mit einwandfreiem Charakter und Temperament entwickelt. Die Falben mit dem Aalstrich

Oben: Camargue-Pferd.
Unten: Fjordpferd (Norweger).

Islandpferd.

sind um 1,42 m groß, leichtfuttrig, gutartig. Ihre Leistungsbereitschaft wird durch ihre Umgänglichkeit und ihre bequemen und trittsicheren Gänge unterstützt.

Haflinger

Aus dem robusten und trittsicheren Gebirgspferd ist schon lange ein beliebtes Freizeitpferd geworden. Die Füchse mit dem hellen Langhaar haben ein Stockmaß um 1,40 m, und das in einem guten Rahmen stehende Pferd gefällt durch sein trockenes Fundament und Schwung und Elastizität seiner Bewegungen. Dazu gesellt sich ein hervorragender Charakter und ein ruhiges Temperament. Der ausdrucksvolle Kopf mit seinen klaren Augen strahlt Ruhe und Gelassenheit aus.

Hannoveraner

Die über 15 000 eingetragenen Zuchtstuten werden nicht nur als „Kracher“ für den Turniersport gezüchtet, sondern auch für das Freizeitreiten. Denn zum Zuchtziel gehören nicht nur die Points und die Mechanik dieses Reitpferdes, sondern auch der gute Charakter, Zuverlässigkeit und Leistungsbereitschaft. Die vielseitigen Hannoveraner sind um 1,60 m groß und treten in allen Farben auf.

Islandpferd

Durch seine Leistungen, seine Anspruchslosigkeit, Ausdauer und Härte ist es in aller Munde und gilt zu Recht als Robustpferd schlechthin. Sein Temperament und guter Charakter machen das im Stockmaß von 1,30–1,40 m stehende Islandpferd zu einem beliebten Freizeitpartner. Der muskulöse Körper mit seinem kräftigen Fundament befähigt den „Fünfgänger“ in seinem vierten Gang, dem Tölt, zu großen Dauerleistungen. Das unverwechselbare Erscheinungsbild wird durch seinen markanten Kopf und das üppige Langhaar geprägt.

Quarter Horse

Es wird in dieser Aufstellung stellvertretend für alle Westernpferde genannt. Das im „stock-type“ stehende Quarter Horse hat mit einem Stockmaß um 1,50 m einen kräftigen und harmonischen Körperbau. Der Kopf ist ausdrucksvoll, die Schulter schräg und muskulös, der kurze und breite Rücken ist mit der muskelbepackten Hinterhand gut verbunden und wird von kräftigen Beinen und harten Hufen getragen. Das von Natur aus robuste und harte Quarter-Horse beeindruckt auch durch seinen guten Charakter, seinen Fleiß und seine Arbeitswilligkeit und Einsatzbereitschaft.

Welsh Pony

Die Zucht unterscheidet bei dieser vielseitig verwendbaren Ponyrasse nach Größe und Typ vier Klassen, die so gut wie alle Ansprüche vom Kinderreitpferd bis zum Gelände- und Jagdpferd für Erwachsene abdecken.
Der orientalische Einfluß auf diese alte Ponyrasse hat nicht nur günstig Ausdauer und Härte der Welsh beeinflußt, sondern auch deren Leistung und Charakter. Die genügsamen Welsh sind intelligent, gutartig und haben flüssige und raumgreifende Bewegungen.

Maßnahmen vor dem Wanderritt

Ein Wanderritt ist weder ein Dauerritt noch ein Distanzritt mit den besonderen Anforderungen dieser reitsportlichen Disziplinen an die körperliche Leistungsfähigkeit von Reiter und Pferd. Denn als Wanderreiter suchen wir nicht die sportliche Höchstleistung, sondern die Erholung mit unserem Pferde. Damit ein solcher Ritt nicht zur Quälerei für Pferd und Reiter wird, müssen beide sich darauf vorbereiten. Denn nur wenn Pferd und Reiter gut vorbereitet auf einen Wanderritt gehen, wird der Ritt, obwohl er größere Anforderungen an die Leistung beider stellt, zur Erholung im recht verstandenen Sinn des Wortes: Der Alltagstrott wird durchbrochen, neue Spannkraft gewonnen und die körperliche Leistungsfähigkeit verbessert. Damit nicht das Gegenteil bewirkt wird und Pferd und Reiter auf der Strecke bleiben, müssen beide sich auf den Wanderritt vorbereiten.

Vorbereitung des Reiters

An einem normalen Wanderreittag sind wir 6–8 Stunden im Sattel oder führen unser Pferd, aber vom Aufbruch morgens früh bis zur Versorgung unseres Pferdes am Abend sind wir wenigstens zwischen 10–12 Stunden auf den Beinen. Wandertage sind lang. Und der dem Stadtmenschen oft ungewohnte lange Aufenthalt an der frischen Luft macht hungrig und vor allem müde.

Bereitschaft und Planung sind gefordert

Der Tag beginnt für uns morgens früh mit dem Tränken, Füttern und Putzen des Pferdes und endet abends spät mit dem Nachtränken, denn wir werden kaum damit rechnen können, daß die Stallungen der Quartierorte eines Wanderrittes über Selbsttränkeanlagen verfügen und Pferdepfleger uns die Versorgung und Wartung unseres Pferdes abnehmen. Selbst ist der Mann, heißt es in der Regel.
Alle diese notwendigen Arbeiten sind aber auch ein Gewinn für unser Pferd und uns. Wir lernen uns besser kennen und verstehen, das Vertrauen zueinander wächst. Zugleich aber bietet sich uns dabei die Möglichkeit, zu kontrollieren, ob das Pferd gefressen hat, gesund ist und überhaupt alles seine Ordnung hat. Dazu muß man sich oft aufraffen, weil man hundemüde ist und morgens lieber noch schlafen möchte oder abends am liebsten mit den Hühnern zu Bett ginge. Aber es hilft nichts: Erst das Roß, dann der Reiter! Das sind dann die Augenblicke, wo man das Auto vermißt und sich fragt, warum man diese Unbequemlichkeiten überhaupt auf sich genommen hat. Doch hat man sich erst aufgerafft und ist bei seinem Pferd im Stall, hört die vertrauten Geräusche und spürt den warmen Atem des vierbeinigen Kameraden, dann ist alle Müdigkeit wie weggewischt, und das Herz wird einem warm und froh. Fußgän-

Wanderreiter unterwegs.

ger, Autofahrer und „Auch-Reiter" werden das nicht verstehen. Aber wer zur Bruderschaft der Roßnarrischen gehört, der weiß, daß es so und nicht anders ist und sein soll.

Die Anforderungen an die Leistungsbereitschaft und die Kondition des Reiters sind groß, und wir müssen den Anforderungen, die auch einmal zur Strapaze werden können, nicht nur geistig, sondern auch körperlich gewachsen sein. Die wohltuende Ermüdung darf sich erst am Abend einstellen, nicht aber schon tagsüber während des Rittes, denn ein müder Reiter belastet das Pferd vermehrt. Bleibt er aber frisch, erleichtert er auch seinem Pferd die Anstrengungen eines langen Marsches, denn nur ein elastisch sitzender Reiter hat ein losgelassenes Pferd. Nicht zuletzt führen durch Ermüdung des Reiters bedingte Sitzfehler leicht zu Satteldruck.

Die auf uns zukommenden Anforderungen und die damit verbundenen Leistungen müssen vorbereitet werden. Wir müssen nicht nur unser Pferd, sondern auch uns in Kondition setzen. Unser Können muß dem Wollen entsprechen. Aus dem Stand, unvorbereitet vom Schreibtisch in den Sattel, davon muß abgeraten werden. Für manchen heißt das sich der Frage stellen, wie es denn um seine Reitkondition bestellt ist, ob er schon nach anderthalb bis zwei Stunden Reiten mit steifen Beinen aus dem Sattel steigt und am nächsten Tag wegen eines unerträglichen

Muskelkaters auf das Reiten verzichtet und seinem Pferd einen Stehtag gönnt. So kann man zwar auch auf einen Wanderritt gehen, nur kommt man dann nicht weit. Es ist also zwingend nötig, daß wir uns durch intensives tägliches Reiten auf den Wanderritt vorbereiten. Aber nicht immer nur im Sattel, sondern auch zu Fuß, um unser Pferd und uns an das Führen zu gewöhnen. Denn nicht nur in Gebirgslagen muß häufig geführt werden, sondern auch im Flachland sind wir oft froh, aus dem Sattel zu steigen und das Pferd führen zu können.

Es empfiehlt sich aber, auch während der Vorbereitungszeit, die Reitbekleidung, vor allem für die Schuhe oder Stiefel gilt das, zu tragen, die wir auch für den Wanderritt vorgesehen haben. Wer zur Verbesserung seiner Kondition ein übriges tun will, dem seien Fußwanderungen, Radtouren, Dauerläufe und Gymnastik empfohlen. So kann man sich ganz nebenbei auch manches überflüssige Pfund abtrainieren.

Überprüfen und auf den erforderlichen Stand bringen sollten wir auch unsere Kenntnisse in allen mit der Fütterung und Pflege des Pferdes zusammenhängenden Fragen. Vor allem dann, wenn uns bislang viele der damit zusammenhängenden Arbeiten abgenommen worden sind: dem richtigen Legen eines Anbindeknotens, der Anfertigung eines Strickhalfters bis zum Nachnieten von Hufnägeln, um einem lockeren Eisen wieder festen Sitz zu geben. Die dazu erforderlichen Handgriffe müssen geübt werden, wobei in allem die Pferdehufe und Hufeisen betreffenden Fragen wir uns durch unseren Hufschmied einweisen lassen sollten.

Die zeitliche Vorbereitung z.B. eines vierzehntägigen Wanderrittes beginnen wir am besten sechs Wochen vorher, für jede Wanderreitwoche mehr würde ich zwei Wochen Vorbereitungszeit zugeben. Dabei gehe ich von einer geplanten Tagesleistung von 40–60 km aus. Nun können, wenn sie an tägliches Reiten gewöhnt und gesund sind, Pferd und Reiter auch ohne besondere Vorbereitung auf einen längeren Wanderritt gehen, wenn die täglichen Etappen nicht länger als 25–30 km sind und für die erforderlichen Ruhepausen und Ruhetage gesorgt wird. Mit der Dauer eines solchen Rittes läßt sich die tägliche Marschleistung allmählich steigern. Der Reiter muß dann aber über ein ganz besonderes Maß an Erfahrung verfügen, um jede Überforderung des Pferdes zu vermeiden. Ratsamer ist, sich selbst und sein Pferd gewissenhaft vorzubereiten.

Die im folgenden gegebenen Ratschläge sind besonders für diejenigen Reiter bestimmt, welche ihr Pferd in einem Pensionsstall untergebracht haben und deren Pferde dort auch gefüttert und gepflegt werden. Wer aber sein Pferd im eigenen Stall selbst versorgt, wird der besonderen pflegerischen Hinweise nicht unbedingt bedürfen.

Was soll also in den sechs Wochen Vorbereitungszeit getan werden? Worauf kommt es an? Das beste wird sein, wenn wir für diese Zeit und alle von uns zu treffenden Vorbereitungen einen Plan machen, d.h. alle von uns zu treffenden Vorbereitungen nach Art und Zeit auch schriftlich festhalten. Nur so können wir kontrollieren, ohne uns diesem Plan sklavisch zu unterwerfen, was und mit welchem Erfolg wir getan haben. Es versteht sich von selbst, daß man das vorbereitende Training mit allen direkt und indirekt Betroffenen, wie der Familie oder dem

Stallpersonal, abspricht. Der Zeitplan für uns Wanderreiter könnte so aussehen:

5.00 Uhr	Eintreffen im Stall. Tränken (falls keine Selbsttränke vorhanden ist). Füttern: „Stehhafer" ($^{1}/_{6}$ der Tagesration), Rest der Frühration nach Rückkehr vom Ritt. Nach dem „Stehhafer" das Pferd flüchtig putzen (Sattellage und Gurtlage jedoch gründlich), die Hufe ausräumen, den Beschlag kontrollieren, satteln.
5.30 Uhr	Abritt.
6.45 Uhr	Mit trockenem Pferd zurück im Stall. Absatteln, putzen, Beschlag kontrollieren, Restfutter vorlegen.
7.30 Uhr	Abfahrt zum Arbeitsplatz.
17.30 Uhr	Eintreffen im Stall. Pferd abwischen, vor allem Sattel- und Gurtlage, Hufe ausräumen, Beschlag kontrollieren, satteln.
17.45 Uhr	Abritt.
20.00 Uhr	Mit trockenem Pferd zurück im Stall. Absatteln, putzen, Beschlag kontrollieren, Hufe waschen, abwischen und abtrocknen, besonders die Fesselbeuge wegen Maukegefahr. Hufe einfetten. Sattel- und Gurtlage mit Spiritus oder kaltem Wasser abreiben. Das erfrischt und härtet ab.

Anforderungen allmählich steigern

Dieser Tagesablauf sollte von Montag bis einschließlich Freitag eingehalten werden. Das Wochenende – Sonnabend und

Bei jeder Rast Hufeisen und Hufe auf festen Sitz und eingetretene Fremdkörper kontrollieren.

Sonntag – ist jeweils zu längeren Ausritten zu benutzen. Durch die längeren und kürzeren Ritte der Vorbereitungszeit wird die Geschmeidigkeit des Reiters im Sattel gefördert. Eine allmähliche Steigerung der Anforderung, vor allem durch das Verlängern der Dauer der Ritte, kann mit Rücksicht auf den Berufsalltag an den Wochenenden erfolgen.

Führen des Pferdes: Auf diesen Ritten sollte das Pferd nicht nur bei längeren Auf- und Abstiegen geführt werden, son-

Marschbereites Pferd mit Gepäck: Kavalleriesattel mit Woilach, Packtaschen, Futtersack für Hafer, Mantelsack, Hinterpacktasche mit Freßbeutel und Kochgeschirr.

dern auch dann und wann in der Ebene. Das Führen des Pferdes verbessert die Kondition des Reiters und gewöhnt das Pferd daran, dem Reiter, ohne zu eilen, zu folgen. Geführt wird zunächst mit Hilfe der Zügel, dann mit Hilfe des Führzügels und schließlich mit Hilfe der Führleine, einer Leine von mehrfacher Länge des Führzügels. Nach ausreichender Gewöhnung ist es auf ruhigen Feld-, Wald- und Wiesenwegen möglich, das Pferd ohne Zügel zu führen, es frei neben- oder hinterher laufen zu lassen. Das geht aber nur nach langer Gewöhnung, mit einem ruhigen Pferd und nicht immer und überall.

Hufpflege: Im Verlauf der Vorbereitungszeit sollten wir auch jede Gelegenheit benutzen, beim Hufbeschlag zuzusehen und als „Aufhalter" Erfahrungen im Aufheben der Pferdegliedmaßen zu sammeln. Auf jeden Fall bringen wir unser eigenes Pferd etwa eine Woche vor Antritt des Wanderrittes zur Erneuerung des Hufbeschlags oder zum Ausschneiden selbst zum Schmied. Das ist auch eine gute Gelegenheit, sich von diesem noch einige Ratschläge für die Hufpflege im allgemeinen und für den Ritt im besonderen geben zu lassen.

Gesundheitsfürsorge: Vom Tierarzt lassen wir den Impfpaß überprüfen und erforderliche Impfungen durchführen. Diesen Anlaß benutzen wir, unsere Kenntnis in der Kontrolle von Puls, Atmung und Temperatur überprüfen zu lassen und letzte Ratschläge für die Gesunderhaltung unseres Pferdes zu erbitten.

Ausrüstung

Wird ein Wanderritt ohne Packpferd oder Begleitfahrzeug durchgeführt, dann muß das notwendige Gepäck in den Packtaschen und im Mantelsack mitgeführt werden. Um das Pferd vor Druck und Scheuerstellen zu bewahren, verwenden wir statt der üblichen Satteldecke einen Woilach als Sattelunterlage. Das hat den Vorteil, daß wir den Woilach als Sattelunterlage und auch zum Eindecken des Pferdes benutzen können. Und im Notquartier – einer Scheune mit reichlich Stroh etwa –, kann der Woilach auch dem Reiter als Decke gute Dienste leisten.

Der Woilach ist eine Decke in der Art unserer üblichen Wolldecken, allerdings von einfacherer Qualität. Wir können also auch eine Wolldecke verwenden, wenn das Material luftdurchlässig und saugfähig ist, Kunstfasern scheiden deshalb aus. Die Größe der Decke sollte 1,80 × 2,20 m nicht unterschreiten. Vom in der Kavallerie verwendeten Woilach heißt es in der entsprechenden Vorschrift:

„Der Woilach ist aus grauer, ungebleichter Naturwolle (Schurwolle) hergestellt, gerade und rechteckig geschnitten. Er hat eine Länge von ungefähr 228 cm und eine Breite von ungefähr 195 bis 205 cm."

Für Märsche mit Gepäck (Packtaschen, Mantelsack) wird der Woilach sechsfach gefaltet. Das Gepäck liegt also nicht unmittelbar auf dem Pferd auf. Der Woilach soll an beiden Seiten gleich lang herabhängen, die geschlossene Seite nach vorne rechts, die offene Seite nach hinten links. Wichtig ist das faltenfreie Auflegen des Woilachs – er soll sich auch durch das Auflegen des Sattels und beim Festgurten desselben nicht verschieben – und das gute Einkammern des Woilachs, um Druckstellen zu vermeiden. Das Auflegen des Woilachs geschieht mit dem Haarstrich, das Einkammern mittels Zeige- und Mittelfinger, die den auf dem Widerrist aufliegenden Teil des Woilachs gut in die Sattelkammer hineinziehen, so daß zwischen Widerrist und Woilach noch zwei Finger breit Raum ist. Nur so läßt sich ein Druckschaden am Widerrist vermeiden. Es ist auch darauf zu achten, daß der Woilach frei ist von irgendwelchen Fremdkörpern, wie z. B. stärkere und feste Heu- oder Strohteile, Teile von kleinen Zweigen oder kleine Steine. Deshalb vor dem Auflegen den Woilach gut ausschütteln und glätten. Um Übung im Gebrauch des Woilachs zu erlangen, ist die Verwendung desselben in der Vorbereitungszeit zu empfehlen. Keine Angst, es haben noch alle Reiter gelernt, den Woilach zum Wohl des Pferdes und auch der eigenen Bequemlichkeit zu gebrauchen.

Und selbstverständlich verwenden wir für die Ritte der Vorbereitungszeit auch schon den Sattel, den wir auf dem Wanderritt benutzen wollen.

Auch die Packtaschen und den Mantelsack führen wir auf einigen Ritten der Vorbereitungszeit mit.

Wochenendritte

Am besten eignen sich dazu die längeren Ritte an den Wochenenden, da wir dann Packtaschen und Mantelsack für das mitzuführende Gepäck verwenden können und keine leeren Gehäuse mitführen müssen. Selbstverständlich muß auch einmal alles auf dem Ritt mitzuführende Gepäck an Hand einer Liste nicht nur zurechtgelegt und probeweise in Packtaschen und Mantelsack gepackt werden, sondern das Gepäck muß auch einmal auf einem Ritt mitgeführt werden. Nur so können wir einwandfrei feststellen, ob auch alle Riemen und Nähte der Beanspruchung standhalten und die Packtaschen und der Mantelsack nicht doch irgendwo auf der Pferdehaut scheuern. Daß wir uns im Gebrauch des Stall- und Marschhalfters üben – wenn nicht im Stall, so doch auf den Wochenendritten –, um Sicherheit im Auflegen des Halfters und im Legen der Knoten des Anbindestrickes zu erlangen, wird hier nur der Ordnung halber erwähnt. Der Umgang mit Halfter und Anbindestrick gehört mit zu den reiterlichen Grundkenntnissen.

Manch einem ist das zu viel Vorbereitung, er möchte lieber fröhlich und unbeschwert darauflosreiten. Nicht aus Leichtsinn, sondern weil er sich und sein

Pferd aus unzähligen erlebnisreichen Ritten in der Bahn, auf dem Reitplatz und im Gelände kennt. Das mag für einige wenige zutreffen. Die meisten Reiter überschätzen dabei aber sowohl sich als auch ihr Pferd.

Nur eine sorgfältige Vorbereitung von Roß und Reiter bietet die Gewähr für ein gutes Gelingen des beabsichtigten Wanderrittes. Auch liefert die Vorbereitungszeit bei einiger Selbstkritik wichtige Anhaltspunkte dafür, ob Reiter und Pferd auch den Anforderungen eines mehrtägigen oder mehrwöchigen Wanderrittes gewachsen sind. Wem die Vorbereitungszeit mit ihren Anforderungen schon zu viel wird – obwohl doch die Bequemlichkeit des zu Hause noch manche Erleichterung verschafft – wie wird der erst auf die doch mancherlei Unbequemlichkeiten des Wanderrittes reagieren?

Daher sei es hier noch einmal deutlich gesagt: Guter Wille und Begeisterung allein genügen nicht, wenn sie nicht getragen werden von Gesundheit, Leistungsbereitschaft, guter Kondition und reiterlichem und pflegerischem Können.

Vorbereitung des Pferdes

Zur Vorbereitung des Pferdes gehört als eine wichtige Voraussetzung die sachgerechte Fütterung und Wartung vor und nach jedem Ritt im Stall. Auch die ordentliche Pflege des Sattelzeuges gehört mit zur Vorbereitung des Pferdes, für welche Aufgabe auch immer.

Denn nur ein Pferd, welches gesund ist und sich in einem guten Pflegezustand befindet, kann den Anforderungen seines Reiters durch den täglichen Gebrauch als Reitpferd in der Reithalle, auf dem Reit- und Springplatz und draußen im Gelände entsprechen.

Allgemeine Trainingsregeln

Will ich nun einen längeren Urlaubsritt durchführen – ganz gleich ob mit Großpferd oder Pony – so muß ich das Pferd dazu vorbereiten. Es genügt nicht, wie es mitunter bei Freizeitreitern zu beobachten ist, daß ich das Pferd nur gelegentlich, wenn Zeit und Lust vorhanden sind, unter dem Sattel bewege. Die beste Vorbereitung ist noch immer der tägliche Gebrauch des Pferdes unter dem Reiter im Sattel. Wer ein Pferd besitzt, sollte sich ständig der Tatsache bewußt sein, daß das Pferd ein Lauftier ist und täglich Bewegung benötigt. Die meisten Pferde, auch wenn sie in einer geräumigen Box aufgestallt sind, stehen leider zu viel. Es läßt sich nicht ganz verhindern, da unsere Pferde ja nicht mehr Verkehrsmittel sind, sondern Sportkameraden. Aber es kann und muß im Interesse eines jeden Reiters und Pferdebesitzers liegen, seinem Pferd so viel als möglich Bewegung zu verschaffen, um es möglichst lange gesund und gebrauchsfähig zu erhalten. Durch eigene sachgemäße Verwendung unter dem Sattel des Reiters hat noch kein Pferd Schaden genommen.

Tägliche Ritte können – je nach Jahreszeit – im Gelände ruhig bis zu mehreren Stunden ausgedehnt werden, wenn die tägliche Bewegung im Freien in ruhiger Schritt- und Trabarbeit – unterbrochen durch kurze Galopps im Jagdtempo – besteht. Auch ein schnellerer Galopp, wenn das Pferd ihn von sich aus anbietet und der Boden und die sonstigen Umstände dazu geeignet sind, kann ruhig angenommen werden.

Longieren

Auch Pferde haben, wie wir auch, das Bedürfnis, sich einmal frei zu machen von allen Verkrampfungen und von aller Enge des täglichen Einerleis im Stall oder in der Bahn. Nur sollte vermieden werden, daß das Pferd zur unregelmäßigen Zeit viel gebraucht wird, um dann wieder für längere Zeit zu stehen. Auch wenn das Stehen gelegentlich dadurch unterbrochen wird, daß man sein Pferd auf dem Reitplatz oder in der Reithalle frei laufen und sich ausbuckeln läßt oder es ab und an longiert. Das „Sich-ausbuckeln-Lassen" des Pferdes ist im Grunde unreiterlich. Und sachgemäßes Longieren ist eben doch mehr als – wie leider häufig zu beobachten – ein im Kreis Herumlaufenlassen des Pferdes.

Bewegen des Pferdes

Von solchen Sorgen ist nur frei, wer für sein Pferd eine Außenbox mit Paddock oder einen Offenstall zur Verfügung hat. Am besten ist es für das Pferd, wenn es täglich, auch für mehrere Stunden, unter dem Sattel des Reiters geht. Wer nicht selbst über die erforderliche Zeit verfügt, kennt vielleicht einen Reiter seines Vertrauens, dem er zu bestimmten Zeiten mit einer ganz bestimmten Order sein Pferd zum Reiten anvertraut. Mancher Reiter ohne eigenes Pferd – ob jung oder alt – wird gerne dazu bereit sein, froh, einmal ein anderes Pferd als die ihm bekannten Verleihpferde reiten zu dürfen. Dafür ist Voraussetzung, daß man sich vorher von den Reitfertigkeiten des Reiters, dem man sein Pferd anvertrauen will, ein Bild gemacht hat. Obwohl, wenn es sich um ein Reiten handelt, das eigentlich ein Bewegen des Pferdes genannt werden muß, es nicht von so großer Bedeutung ist, wenn es sich um einen schwächeren Reiter handelt. Dabei setze ich auch für die „schwächeren Reiter" als selbstverständlich voraus, daß sie über genügend Sitz verfügen und in der Lage sind, das Pferd auch im Gelände zu reiten. Der Reiter muß sich genau an die ihm gegebene Order halten und nicht im Gelände herumjuxen.

Wer mit anvertrauten Pferden nicht korrekt umgeht, darf sich nicht wundern, wenn ihm am Ende niemand mehr ein Pferd anvertraut. Auch Feld und Wald haben Ohren. Und was der Besitzer selbst nicht sieht und hört, das wird ihm bestimmt zugetragen. Es dürfte wohl allgemein zutreffen, daß die Landwirte und Forstleute, die uns und unser Pferd kennen, doch sehr genaue Beobachter sind und uns mit Recht aufmerksam machen, wenn ein ihnen unbekannter Reiter das ihnen bekannte Pferd nicht so reitet, wie sie es von uns gewöhnt sind.

Vorbereitung des Pferdes

- An langen bzw. ausdauernden Aufenthalt im Freien gewöhnen.
- Tägliches langes und abwechslungsreiches Reiten.
- An fremde Pferde, Stallungen, Futter und Futterzeiten gewöhnen.
- Verkehrssicherheit fördern.
- Durch guten Umgang und Pflege das Vertrauen zum Reiter festigen.

Tägliches Reiten

Am schönsten ist es natürlich, wenn wir unser Pferd zweimal täglich reiten, in den frühen Morgenstunden und gegen

Abend. Das läßt sich auch meist sehr gut mit den Anforderungen des Berufslebens an den einzelnen in Einklang bringen. Dabei muß uns daran gelegen sein, in das tägliche Reiten möglichst viel Abwechslung hineinzubringen. Nicht nur das Bahnreiten kann abstumpfen, sondern auch das Geländereiten. Immer die gleiche Schritt-, Trab- und Galoppstrecke, immer die gleichen Sprünge, das reicht bei weitem nicht aus. Denn was wir von der Vorbereitung unseres Pferdes durch tägliche Ausritte erwarten, ist doch neben der Verbesserung der Kondition und Erhaltung der Gesundheit, auch Erziehung des Pferdes zur Aufmerksamkeit, zum Mitdenken und zur Gelassenheit.

Konsequent trainieren

Es wird also Tage geben, an denen wir fleißig in allen drei Gangarten Schritt, Trab und Galopp arbeiten. Es wird und muß aber auch Tage geben, an denen wir mit dem Pferd lediglich durch das Gelände bummeln, an denen wir auch einmal absitzen und das Pferd führen oder nur mit ihm spazierengehen. An manchen Tagen werden wir es darauf anlegen, unser Pferd mit ihm fremden Dingen und Geräuschen vertraut zu machen. Der mit seinem Schlepper am Feld- und Wiesenrand haltende Landwirt wird fast immer zu einem kleinen Plausch bereit sein. Und schon haben wir unserem Pferd die Gelegenheit verschafft, sich mit dem fremden Ungeheuer – dem Schlepper – vertraut zu machen. Denn so viel Liebe zu den Pferden und so viel Verständnis für uns Reiter ist noch in allen Landwirten, daß sie unser Bemühen gerne unterstützen, dem Pferd die Angst vor dem Schlepper zu nehmen. Und wenn nötig, dann stellen sie auch den Motor gern einmal ab, damit Kamerad Pferd die Furcht verliert.

Mit viel Geduld, mit Festigkeit und vielem Loben läßt sich die Angst des Pferdes überwinden, so daß es am Ende, weil es Vertrauen zu seinem Reiter hat, alle Dinge gelassen auf sich zukommen läßt.

Gräben überwinden

Auch das Durchklettern von Gräben und Hohlwegen muß geübt werden. Denn auf einem Wanderritt werden wir Gräben nicht springen, sondern durchklettern oder umgehen. Als Übungsobjekt ist, wenn es die Witterung erlaubt, jeder Chausseegraben geeignet. Je nach Neigungswinkel der Grabenböschungen kann ich den Graben gerade oder schräg durchreiten. Auch das Einsteigen in Gräben mit steilen, abfallenden Wänden üben wir, wenn sich die Möglichkeit dazu bietet. Selbstverständlicher Grundsatz ist wie immer, daß wir zunächst klein anfangen und unsere Anforderungen allmählich steigern, wobei wir uns Zeit lassen. Zum nächsten Schwierigkeitsgrad gehen wir immer erst dann über, wenn die Übung im vorgesehenen Schwierigkeitsgrad gelassen und ohne jegliches Zögern zu unserer Zufriedenheit ausgeführt wurde.

Hänge und Berge klettern

Hügel und kleine Berge bieten sich an, unser Pferd zu gelassenem Steigen zu erziehen. Das Steigen oder Klettern von Steilhängen in direkter Linie ist auch eine gute Gymnastik, die die Hinterhand (Hanken) geschmeidig macht und die Muskeln kräftigt. Lange und allmählich ansteigende Hänge reiten wir schräg zum Hang oder in Zickzacklinien.

Mit ungewohnten Hindernissen macht man das Pferd an der Hand vertraut.

Mit Wasser vertraut machen

Die Gewöhnung des Pferdes an Wasser, an weichen und morastigen Boden gehört auch zur vorbereitenden Arbeit. Natürlich ist Wasser nicht immer in unmittelbarer Nähe zu finden. Manchmal ist ein Ritt von mehreren Stunden erforderlich, um einen Bach, Fluß, Teich oder See zu erreichen. Verhält es sich so, dann benutzen wir das Wochenende und unternehmen einen Tagesritt zum Wasser. Vielleicht mit anderen Reitern zusammen, da ja die Möglichkeit besteht, daß sich unter den teilnehmenden Pferden eines befindet, welches mit Wasser vertraut ist und den anderen Pferden als Führpferd in das fremde Element vorangeht. Wenn immer sich die Gelegenheit bietet, ob bei der Schulung des Pferdes im Überwinden ihm fremder Geländehindernisse oder bei Verkehrsgewöhnung, sollten wir sichere Führpferde voran, hinterher und wenn erforderlich auch an der Seite gehen lassen.

Aber Vorsicht im Wasser. Manche Pferde finden ein solches Gefallen am nassen Element, daß sie am liebsten ein Vollbad nehmen möchten. Fangen sie an, mit den Vorderbeinen im Wasser zu scharren, dann Obacht, lieber Reiter: energische Hilfen zum Vorwärts, Pferdekopf und Zügelfaust nach oben, damit nicht dein Pferd unter dir kleiner wird und du dich samt ihm im Wasser wiederfindest. Zu ihrem und der Zuschauer größtem Vergnügen wälzen sich manche Pferde auch noch im Wasser. Nur der arme Reitersmann ist dann meist nicht ganz so glücklich, wenn er unter dem Lachen der anderen dem Bade entsteigt.

Gefahrenpunkte meistern

Eisenbahnunter- und -überführungen befinden sich meist in leicht erreichbarer Nähe und geben eine gute Gelegenheit, in der verkehrsarmen Zeit unser Pferd an sie zu gewöhnen.
Zunächst einmal müssen wir die Zeit feststellen, die wirklich verkehrsarm ist, in der kein Zug die Strecke befährt und die Unter- oder Überführung auch nicht von anderen Verkehrsteilnehmern benutzt wird.
Besteht die Möglichkeit, solche Engpässe des Verkehrs in Begleitung ruhiger Pferde zu passieren, dann sollte man davon Gebrauch machen. Es empfiehlt sich aber auch hier, daß zunächst alle teilnehmenden Reiter absitzen und ihre Pferde führen, das oder die ruhigen Pferde – je nach der Zahl der Mitreiter voran und hinterher – der Novize also in der Mitte. Dabei reden wir mit dem Pferd und klopfen seinen Hals. Hat die Passage geklappt, dann vollführen wir sie gleich noch einmal und auch noch ein drittes Mal, wobei man für eine ernsthafte Probe vielleicht abwarten kann, bis sich ein Fahrzeug nähert.
Hat man die Klippe auch zusammen mit einem Fahrzeug gut überwunden – der Reiter immer noch zu Fuß – dann kann man zur nächsten Stufe übergehen und das „Hindernis" aufgesessen passieren. Auch hier wieder in der gehabten Reihenfolge. Selbstverständlich sind wir, wenn wir im Sattel des Pferdes die Begegnung mit einem Kraftfahrzeug suchen, besonders vorsichtig, doch sollten wir auch nicht ängstlich das Pferd festhalten. Allzuoft übertragen auch wir Reiter unsere Angst und Unsicherheit auf die Pferde. Nicht jedes Scheuen und Verweigern geht vom Pferd aus.
Diese Methode wenden wir auch an, wenn wir Brücken benutzen, die über eine Autobahn führen. Es sind weniger die großen Brücken, die im Zuge der Bundesstraßen die Autobahnen überbrücken, welche dem Pferd Schwierigkeiten machen können, sondern vielmehr die kleinen Wald- und Wiesenbrücken, die durch die Autobahn getrennte Flurstücke verbinden und mit denen Pferde unbedingt vertraut gemacht werden müssen. Falls sich dazu wirklich keine Gelegenheit bietet, weil keine solche Brücke in unserer Nähe ist, dann führen wir das Pferd, wann immer wir eine solche Brücke benutzen müssen.

Oben links: Ein erfahrener Wanderreiter beim Überwinden eines Steilhangs. Auf Wanderritten sollten wir solche Hindernisse möglichst umgehen.
Oben rechts: Auch Westernreiter finden am Wanderreiten Vergnügen.
Unten: So nicht! Niemals den Zügel völlig aus der Hand geben. Auch ruhige Pferde können sich urplötzlich erschrecken und durchgehen. Was dann?

Abend- und Nachtreiten üben

Auch an Dämmerung und Dunkelheit müssen wir uns und unser Pferd gewöhnen. Doch nicht gleich mit der Stockfinsternis beginnen, sondern die Anforderungen über Dämmerung, Sternenhimmel und Mondschein bis zur völligen Dunkelheit steigern. Übrigens sind es eigentlich nicht die Pferde, die mit der Dunkelheit vertraut gemacht werden müssen (denn ihnen macht die Dunkelheit gar nichts aus), sondern wir Reiter sind der Dunkelheit meist ganz entfremdet. Deshalb muß geübt werden, was früher selbstverständlich war, da man noch das Pferd als Verkehrsmittel zu jeder Tages- und Nachtzeit benutzte. Sinnvollerweise beginnen wir auch diese Dämmerungs- und Nachtritte auf vertrauten Wegen, um sie dann allmählich bis hin zu nächtlichen Ritten auszudehnen, die auch über uns unbekannte Wege und, wo wir keinen Flurschaden anrichten, auch einmal querbeet führen. Es muß dabei wohl nicht besonders betont werden, daß alle Ritte, ob zur Tag- oder Nachtzeit, unter Vermeidung jeglichen Flurschadens bzw. Beschädigung fremden Eigentums und unter Beachtung der gesetzlichen Vorschriften gemacht werden.

Lehrmeister Pferd und Natur

Für alle unsere Ritte sollte gelten, daß wir lernen, unser Pferd und die Natur um uns herum zu beobachten, und uns Rechenschaft über unser Verhalten in der Normalsituation und in kritischen Lagen geben: Was habe ich falsch gemacht, wie muß ich mich richtig verhalten? Es gilt, das Ohrenspiel unseres Pferdes beobachten, zu spüren, wie es die Haltung des Kopfes verändert, Witterung aufnimmt, wie sich unter uns im Pferderücken Bänder, Muskeln und Sehnen spannen oder verspannen, Takt und Schwung der Bewegung sich verändern. Der Reiter, der sein Pferd beobachtet und ihm seine Wahrnehmungen abspürt, der wird mehr sehen und beobachten, der wird z. B. vom Pferd hingewiesen auf Vorgänge, die er erst nach Passieren einer Wegbiegung sehen kann; er weiß dann – aufmerksam gemacht durch das Pferd – zwar noch nicht, was kommt, aber er weiß, daß etwas kommt.

Auf der Trainingsstrecke bieten sich umgestürzte Baumstämme als natürliche Cavalettis an.

Oben: Wellen sind den meisten Pferden erst einmal unheimlich.
Unten: Ein erfrischender Galopp am Strand.

Ein Wanderritt muß gut vorbereitet werden. Tagesritte in die heimatliche Umgebung stärken die Kondition von Pferd und Reiter und das Vertrauen zueinander.

Es bieten sich uns Feld- und Waldreitern, wenn wir nur sehen und beobachten lernen, die wunderbarsten Naturerlebnisse: ein Stück Gemeinsamkeit mit den Männern im grünen Rock, das uns verbindet und zu gegenseitigem Verständnis helfen sollte. Denn außer dem Waidmann auf seinem Ansitz kommen doch nur wir Reiter so dicht an die äsenden Rehe heran. Selten, daß sie fluchtartig abspringen. Meist äsen sie ruhig weiter oder weichen langsam zurück in die Dickung. Doch es ist nicht nur die Tierwelt, die wir näher und besser kennenlernen, sondern auch die Pflanzenwelt. Halb vergessene Kenntnisse werden zu neuem Leben erweckt.

Und wo wir mit den eigenen Kenntnissen am Ende sind, da können Bücher helfen, noch besser aber das Gespräch mit dem Forst- oder Landwirt, die uns gerne aus dem Schatz ihres Wissens das von uns Gewünschte mitteilen. So kommt man sich näher. Wer aber immer nur am anderen ohne Gruß vorbeireitet, der wird auch nicht auf Verständnis für seine Belange hoffen dürfen.

Naturfreunde unter sich

Auch mit dem Wanderer, Naturfreund und Spaziergänger haben wir vieles gemeinsam. Einen Pilzsucher auf eine uns bekannte Stelle hingewiesen oder mit einem Wanderer ein paar Worte wechseln, heißt doch eine Brücke der Gemeinsamkeit geschlagen zu haben.

Einander grüßen, miteinander reden, darauf kommt es an. Man vergibt sich nichts, wenn man freundlich und höflich ist. Und wenn wir es einmal ganz nüchtern sehen, weiß man auch nicht, wie man den Rat und die Hilfe des anderen einmal noch bitter gebrauchen kann.

An den Gruß für begegnende Reiter oder Fußgänger sollte man sich rechtzeitig gewöhnen. Das Nicken oder das Handzeichen zum schlepperfahrenden Landwirt hat noch nie etwas verdorben. Ist mir aber wirklich einmal unbeabsichtigt ein Malheur passiert – mein Pferd z. B. durchgegangen, das ich vielleicht erst in der Saat wieder in die Hand bekam – und muß dann, das sollte eine Selbstverständlichkeit sein, den Eigentümer aufsuchen, um ihn auf den von mir ohne Absicht verursachten Flurschaden hinzuweisen, dann ist das keinesfalls ein Gang nach Canossa, sondern man wird Verständnis finden und im guten Einvernehmen scheiden.

Praktische Beispiele für die Dosierung von Futtermitteln (in kg) einer Ration für Sportpferde mit leichter, mittlerer und schwerer Arbeitsbelastung.
Gewicht: 500–600 kg (Pirkelmann 1991)

	leichte Arbeit				mittlere Arbeit				schwere Arbeit			
Rationsbeispiel	A	B	C	D	A	B	C	D	A	B	C	D
Heu, Beginn bis Mitte Blüte	5	5			5	2,5			4	4	1	1
Stroh			2–4	2		2		2–4	0,5	0,5		2–3
Stroh aufgeschlossen mit Ammoniak							4				3	
Grünmehl pell.				1		1						
Maissilage Teigreife				12								
Möhren							2			1		
Hafer	3,5			2,5	3	5			2,5		4,5	
Gerste					2				2		2	
Maiskörner									2	1		2
Bierhefe getrocknet			0,3					0,2			0,2	0,2
Ergänzungsfutter zum Haferersatz		3,5					5,5			5		
Ergänzungsfutter sog. Alleinfutter			6					8,5				6,5
Mineralfutter für Pferde*	0,15			0,1	0,15	0,15			0,15		0,15	

* Ca/P mind. 4 : 1; Natriumversorgung separat beachten

Konditionstraining des Pferdes

Je näher nun der Zeitpunkt des Wanderrittes herangerückt ist, um so dringlicher wird auch, daß man sich durch konsequentes Reiten einen Überblick über den Gesundheitszustand des Pferdes, seinen Ausbildungsstand und seine Kondition verschafft.

Sicher, ich kenne es ja, weil es doch mein Pferd ist. Aber wie so oft, man ist nicht zum Reiten gekommen, viele Tage war die Koppel oder gar nur die Box der einzige Lebens- und Bewegungsraum des Pferdes. Darum ist es nun an der Zeit, mit der eigentlichen Vorbereitung, dem Konditionstraining, zu beginnen, d. h., daß wir – Reiter und Pferd – uns einen Überblick, in einer bestimmten Zeit, verschaffen, wie es denn um unsere Ausdauer und unsere Leistungsbereitschaft bestellt ist. Die Anforderungen an das Pferd können und sollen bei genauer Kontrolle und Beobachtung des Leistungsvermögens und der tatsächlich erzielten Leistung allmählich gesteigert werden. Dabei ist es unerläßlich, das geforderte und vom Pferd gegebene Mehr an Leistung durch eine angemessene Steigerung der täglichen Haferration zu ergänzen.

Die Futterration muß mit fortschreitendem Training und wachsendem Appetit des Pferdes erhöht werden.

Kondition ist das Resultat von rationeller Arbeit und Futter. Kondition läßt sich deshalb auch nicht von heute auf morgen erreichen. Darum muß man schon sechs bis acht Wochen Zeit darauf verwenden und sich der selbstgestellten Aufgabe gewissenhaft unterziehen, denn alle Selbsttäuschung würde sich am Ende während des Rittes für Pferd und Reiter bitter rächen. Die Zeit von sechs bis acht Wochen Konditionstraining – nennen wir es ruhig einmal so – reicht natürlich nur aus, wenn wir das Pferd auch in den übrigen Wochen und Monaten des Jahres regelmäßig geritten haben. Zum regelmäßigen Reiten gehört auch die bei manchen Reitern, nicht nur den Freizeitreitern, verpönte Dressur. Dressur, d. h. das Pferd so willig, geschmeidig und gehorsam machen, daß ich es in jeder Sekunde unter mir habe und es willig alle seine Kraft zur Erzielung der geforderten Leistung einsetzt. Von den „Stammbullen" des Dressurstalles unserer ehemaligen Kavallerieschule wird berichtet, daß sie im Herbst, obwohl das ganze Jahr über nur auf dem Dressurviereck geritten, bei der herbstlichen Verwendung als Jagdpferde eine solche Kondition hatten, daß ihnen die schweren Jagden hinter der Meute keine Überforderung waren.

„Gutes Futter, gute Streu,
sie ersetzen Kräfte neu." *Volksmund*

Trainingsstrecke: Überforderung von Pferd und Reiter wollen wir auf alle Fälle vermeiden. Darum sind wir gut beraten, wenn wir uns in unserer vertrauten Umgebung auf guten, weichen Wegen, abseits des Verkehrs, eine Wegstrecke markieren und die Entfernung von Ausgangspunkt zu Ausgangspunkt genau ermitteln, damit wir für unsere tägliche Arbeit auch genaue Werte über Zeit und zurückgelegte Kilometer erlangen können.
Es empfiehlt sich, diesen Kurs als Rundkurs oder als Acht anzulegen, weil wir es dann mit dem Markieren und Vermessen leichter haben. Wir markieren die Strecke am besten in Augenhöhe eines Reiters, indem wir farbige Zeichen an Bäumen anbringen. Eine Arbeit, die sich leicht durchführen läßt, denn es genügen mehr oder weniger große Farbtupfer als Markierungen.
Zeitstrecke markieren: Einen bestimmten Streckenabschnitt sollte man auf der Länge von 1000 m auch alle 100 m markieren, um Sicherheit und Gefühl zum Bestimmen von Entfernung und Zeit zu erlangen. Sind wenig oder gar keine Bäume vorhanden, dann kann man auch Steine zum Markieren benutzen. Wir legen die Steine so an den Wegrand oder Grabenrand etc., daß sie für fremde Personen möglichst unauffällig und natürlich wirken, um die Gefahr einer Lageveränderung zu vermeiden.

Zur genauen Bestimmung der Entfernungen von Markierung zu Markierung benutzt man am besten ein Fahrrad mit Kilometerzähler. Sicherlich kann man auch einige Reiterkameraden gewinnen, die gerne helfen, die Strecke zu markieren. Denn es ist ja doch für alle Reiter von Interesse, zu wissen, welches Tempo sie reiten müssen, um eine bestimmte Entfernung in einer bestimmten Zeit und Gangart zurückzulegen.

Den Anfang unserer markierten Zeitstrecke legen wir keinesfalls in die unmittelbare Nähe unseres Stalles, da ein Anmarsch bis zu drei Kilometern dem Lösen des Pferdes nur dienlich ist. Auch ist es nicht gut, bei einem Rundkurs nach jeder Runde unmittelbar den Stall passieren zu müssen. Das kann zu Verspannung und Widersetzlichkeit beim Pferd führen und Takt, Losgelassenheit, Anlehnung und Schwung würden möglicherweise für kurze Zeit gestört. Dies aber gilt es zu vermeiden, denn uns liegt daran, das der Gebrauchshaltung unseres Pferdes entsprechende Gebrauchstempo gleichmäßig zu reiten.

Zeitplan: Wir haben also den Kurs, die Zeitstrecke festgelegt und markiert, und die eigentliche Arbeit kann beginnen. Zunächst muß das Pferd daran gewöhnt werden, eine möglichst große Kilometerzahl ohne Überanstrengung zurückzulegen. Für das Konditionstraining des Pferdes benutzen wir denselben Zeitplan wie für die Vorbereitung des Reiters, denn es gehört nun einmal zu den Pflichten – und es ist auch nicht immer ein Vergnügen – daß der Reiter selbst füttert, putzt, sattelt, bandagiert und tränkt, mit einem Wort, das Pferd vor und nach dem Reiten gewissenhaft versorgt. Reiter, die sich im Glanze der Leistung ihrer Pferde sonnen, aber zu bequem sind, ihr Pferd nach einem Ritt zu versorgen, sind keine Reiter.

Wir aber wollen unsere Pferde nicht nur reiten, sondern auch ausreichend gut versorgen und pflegen. Das heißt dann früh aufstehen, denn das Pferd diktiert den Arbeitstag.

Trainingsarbeit
Die Kondition des Pferdes durch
- viel Schritt,
- ausreichend Trab und
- wenig Galopp

für lange Marschzeiten und große Marschleistungen fördern, ohne es zu überfordern.

Die Arbeit auf der Trainingsstrecke

Jede Arbeit mit dem Pferd beginnt und endet mit dem Schritt am hingegebenen oder wenigstens langem Zügel. Der erste Kilometer vom Stall weg und die letzten beiden Kilometer zurück in den Stall reiten wir unbedingt im Schritt. Das ist keine verlorene, sondern gewonnene Zeit. Denn beim Ausritt im Schritt haben wir – Pferd und Reiter – genügend Zeit, uns von der Enge der Box und des Arbeitsplatzes zu lösen. Das Pferd kann so seinen Gang und wir unseren Sitz finden. Denn wir lassen uns ja nicht als tote Traglast durch die Gegend tragen, sondern wir reiten. Das Pferd am langen Zügel, ausgenommen die Situation erfordert eine andere Zügelführung, und wir im Sattel, von der Mittelpositur an und mit den Beinen am Pferd. Pferd und Reiter haben Zeit sich umzusehen, stellen sich aufeinander ein. Wir haben auch ein Wort für das Pferd und sind bald in einem Gleichgewicht, das bei

Tägliche Heu- und Kraftfuttermengen (AID 1978)

	Pferde (erwachsen, ca. 600 kg Körpergewicht)	**Ponys** (erwachsen, ca. 400 kg Körpergewicht)	**Ponys** (erwachsen, ca. 200 kg Körpergewicht)
	kg Heu + kg Kraftfutter =		
Erhaltung	5,0 + 3,0	4,0 + 2,0	2,0 + 1,0
1 Std. Bewegung*	6,0 + 5,0	4,0 + 3,5	2,0 + 1,5
2 Std. Bewegung**	6,0 + 6,0	4,0 + 4,0	2,0 + 2,0
4 Std. Bewegung***	6,0 + 8,0	4,0 + 5,0	2,0 + 2,5

Rationsbeispiele für Pferde
(Körpergewichte der erwachsenen Tiere (ca. 600 kg) (AID 1978)

	Ration/Tag	verdaul. Energie Mcal	verdaul. Rohprot. g	Calcium g	Phosphor g
1 Std. Bewegung*	6 kg Wiesenheu, 5 kg Hafer, 100 g Mineralfutter für Pferde	25	750	38	30
2 Std. Bewegung**	6 kg Wiesenheu, 5 kg Hafer, 1 kg Ergänzungsfutter für Pferde	27	860	43	34
4 Std. Bewegung***	6 kg Wiesenheu, 6 kg Hafer, 2 kg Ergänzungsfutter für Pferde	32	1000	49	37

Zusammensetzung der Ergänzungs- und Mineralfutter entsprechend den Normtypen des Futtermittelgesetzes von 1975

Rationsbeispiele für Ponys
(Körpergewichte der erwachsenen Tiere (ca. 200 kg) (AID 1978)

	Ration/Tag	verdaul. Energie Mcal	verdaul. Rohprot. g	Calcium g	Phosphor g
1 Std. Bewegung*	2 kg Wiesenheu, 1,5 kg Hafer, 100 g Mineralfutter für Pferde	8	234	29	14
2 Std. Bewegung**	2 kg Wiesenheu, 1,5 kg Hafer, 0,5 kg Ergänzungsfutter für Pferde	9	294	16	11
4 Std. Bewegung***	2 kg Wiesenheu, 1 kg Hafer, 1,5 kg Ergänzungsfutter für Pferde	10	370	26	16

Rationsbeispiele für Ponys
(Körpergewichte der erwachsenen Tiere (ca. 400 kg) (AID 1978)

	Ration/Tag	verdaul. Energie Mcal	verdaul. Rohprot. g	Calcium g	Phosphor g
1 Std. Bewegung*	4 kg Wiesenheu, 3,5 kg Hafer, 100 g Mineralfutter für Pferde	17	512	42	25
2 Std. Bewegung**	4 kg Wiesenheu, 3 kg Hafer, 1 kg Ergänzungsfutter für Pferde	18	589	33	24
4 Std. Bewegung***	4 kg Wiesenheu, 3 kg Hafer, 2 kg Ergänzungsfutter für Pferde	21	709	43	30

Zusammensetzung der Ergänzungs- und Mineralfutter entsprechend den Normtypen des Futtermittelgesetzes von 1975

Pferd und Reiter nicht nur den Körper meint.

Wenn wir dann die Hilfe zum Antraben geben, tritt ein so gerittenes Pferd auch willig an. Es liegt nun durchaus in der Natur der Sache, wenn das Tempo des ersten Antrabens nicht ganz dem für einen längeren Ritt gewünschten Gebrauchstempo entspricht. Doch sollten wir das Pferd gewähren lassen. Wir wollen ja zunächst nichts anderes, als Takt und Losgelassenheit des Pferdes fördern. Wenn uns ein Galopp angeboten wird, sollten wir ihn ruhig annehmen. Nur sollte kein Gejage daraus werden.

Hat sich am Ende der Lösungsphase das Pferd abgeprustet, dann beginnt man mit der Schrittarbeit. Der Schritt am langen Zügel muß so frei wie möglich entwickelt werden. Denn der Schritt ist die Grundlage für alle weiteren Gangarten des Pferdes und für die Entwicklung der Muskulatur und der Kondition von großem Nutzen. Wir müssen allerdings darauf achten, daß wir das dem Pferd gemäße Schrittempo nicht überschreiten. Der freie Schritt hat keinen freien Takt. Also der Takt muß stimmen. Kein Eilen, das womöglich zum Zackeln führt. Keine unruhigen Hände und unruhigen Schenkel, vielmehr ruhige, sich frei tragende Zügelhand und leicht anstehende Zügel als sichere Brücke zum Pferdemaul, die Unterschenkel in Haarfühlung mit dem Pferdeleib, jedes Atmen, jedes Aufwölben der Rippen mitfühlend.

Das Gebrauchstempo im Schritt, welches wir anstreben, beträgt 125 Schritt in der Minute. Unter Berücksichtigung von Rahmen und Schrittlänge des Pferdes erreichen wir damit eine Schrittgeschwindigkeit von 6 km pro Stunde. Die Trabgeschwindigkeit liegt bei 275 Schritt in der Minute, welches einem Stundenmittel von 12 km entspricht.

Die genannten Werte sind natürlich außer vom Rahmen des Pferdes auch vom Gelände und der Bodenbeschaffenheit abhängig. Wenn ich also 40 Minuten trabe und 20 Minuten Schritt reite, dann kann ich in der Stunde 10 km zurücklegen. Dieses Tempo als Gebrauchstempo einhalten ermöglicht es, als tägliche Dauerleistung bis zu 60 km zurückzulegen. Wichtig aber ist, daß ich das dem Pferd gemäße Tempo reite und es in keiner Gangart zur Eile zwinge.

Gleichmäßiges Tempo: Wanderreiten heißt unterwegs sein und ankommen. Eine gleichmäßige Leistung im Gebrauchstempo ermüdet das Pferd nicht, auch wenn sie – durch Ruhepausen und Führstrecken unterbrochen – andauert. Ständiger Tempowechsel aber ist Gift. Wenn nun das Pferd während des vorbereitenden Konditionstrainings ermüdet, der Trab immer schleppender wird und es sich auf die Hand legt, dann sofort mit der Trabarbeit aufhören. Schritt reiten. Durch die Gegend bummeln. Auch einmal das Pferd führen. Die Trainingsarbeit erst dann wieder aufnehmen, wenn wir den sicheren Eindruck haben, daß das Pferd wieder frisch ist und marschieren will.

Gebrauchstempo ermitteln: Auf keinen Fall also in dem vorbereitenden Training schematisch vorgehen. Nicht die geplante Strecke und Zeit traben, weil der Trainingsplan nun einmal so gemacht ist und wir uns das vorgenommen haben. Niemals mehr an Leistung aus dem Pferd herausholen als im Pferd an Leistung vorhanden ist. Und ganz gewiß gilt, daß man das Leistungsvermögen eines Pferdes nicht ganz ausschöpft und es bis zur Er-

schöpfung ausreitet. Das wäre nicht nur unreiterlich, sondern auch Tierquälerei und ein Fall für den Richter. Reiterlicher und klüger ist, sich mit einer Leistung zu begnügen, die ein wenig unter der gewünschten liegt, als das Pferd zu überfordern.
Im Verlaufe unseres vorbereitenden Trainings haben wir das dem Pferd gemäße natürliche Tempo im Schritt und im Trab ermittelt. Es ist das Tempo, welches das Pferd in Selbsthaltung und ohne überfordert zu sein, zu gehen in der Lage ist. Vorstehendes gilt auch für die gelegentlichen Galopps, die wir als Würze und zur Erfrischung für Reiter und Pferd einlegen. Wir reiten also nun ständig in unserer Arbeit das ermittelte Gebrauchs- und Arbeitstempo, ohne es zu verstärken oder zu verkürzen. Wir traben leicht und vergessen auch nicht, den Fuß zu wechseln. Der Fußwechsel wird allerdings nicht in den einzelnen Trabreprisen vorgenommen, sondern nach einer Pause oder nach der eingelegten Schrittstrecke.
Und nicht gleich zu viel vornehmen! Die Länge der einzelnen Trabstrecken systematisch steigern, klein anfangen und nicht vergessen, daß die Länge der einzelnen Trabreprisen nicht nur vom Ausbildungsstand und Leistungsvermögen des Pferdes abhängt, sondern auch von dem des Reiters. Darum können Angaben über Strecken und Zeiten immer nur Richtwerte sein, die wir unserem und unseres Pferdes Ausbildungsstand anpassen müssen. Beginnen wir am besten mit einer Trabstrecke von einem Kilometer und steigern wir sie auf 6 bis höchstens 8 km Trab. Diese Steigerung der Trabreprisen geschieht nicht innerhalb weniger Tage, sondern verteilt sich auf die ganze für das Konditionstraining vorgesehene Zeit. Da wir von sechs Wochen vorbereitendes Training für Reiter und Pferd ausgegangen waren, sollte die vorgesehene Höchstleistung von 6–8 km in der fünften Woche erreicht werden. Wir sollten es zur guten Gewohnheit werden lassen, das Pferd nach Beendigung der Trabarbeit zehn Minuten zu führen oder fünf Minuten zu führen und fünf Minuten grasen zu lassen.
Wer im Mittelgebirge oder Gebirge zu Hause ist, muß natürlich sein Training darauf einstellen. Nur ganz flache und kurze Steigungen traben. Langgezogene Steigungen im Schritt überwinden, ebenso kurze und stärkere Steigungen. Für alle anderen Steigungen heißt es: das Pferd führen, hinauf wie hinunter. Muß eigentlich noch gesagt werden, daß man nach steilen und langen Aufstiegen sich und dem Pferd eine Verschnaufpause gönnt?
Signale des Pferdes beachten: Für manchen Reiter wird es eine neue Erfahrung sein, wenn während der Trainingsarbeit der Gang des Pferdes immer gespannter wird. Das muß nicht unbedingt ein Zeichen von Schwäche und Ermüdung sein, manchmal muß das arme Roß nur dringend stallen. Nun sind in diesem Punkte die Gewohnheiten unserer Pferde sehr voneinander verschieden: Manche können überall stallen, und manche brau-

Gebrauchstempo
Das dem Pferd gemäße natürliche Tempo, das es ohne besondere Anstrengung in guter Selbsthaltung zu gehen in der Lage ist. Es beträgt pro Kilometer

im Schritt	10 Minuten
im Trab	4 Minuten
im Galopp	2,5 Minuten

Trainingsziel

Über

- Takt
- Losgelassenheit
- Anlehnung
- Schwung

das dem Pferd gemäße natürliche Gebrauchstempo ermitteln.

chen – wenn auch nicht unbedingt – den Stall als stilles Örtchen – so doch etwas Stroh, dürres Gras oder Laub unter ihrer Hinterhand, wieder andere mögen es auch mit Musik, wobei die Ansprüche nicht sehr hochgeschraubt sind, Pfeifen genügt ihnen schon.

Alle diese Besonderheiten seines Pferdes muß man kennen, bevor man mit ihm einen längeren Ritt über Tage oder auch Wochen unternimmt.

Und immer auch haben wir ein Ohr und Auge für Beschlag und Sattelzeug. Wobei zu sagen ist, daß Reiterohren auch ihren Sitz im Allerwertesten haben, denn auch dort fühlt man, ob ein Eisen fehlt oder locker ist.

Langeweile kann also in der Trainingszeit nie aufkommen, weil wir immer Aufgaben haben. Auch beim Pferd sollten wir keine Langeweile aufkommen lassen. Also schaffen wir Abwechslung, indem wir einmal einen erfrischenden Galopp einlegen, mal unser Pferd auf einem Rasenweg oder einer größeren freien Fläche an den Zügel stellen und eine einfache Dressurlektion reiten: Übergänge aus den verschiedensten Gangarten, Schenkelweichen, Aussitzen, Mitteltrab, Wendungen auf der Vor- und Hinterhand, Volten, Schlangenlinien und was es alles noch für Möglichkeiten gibt, z. B. Stämme, die wie Cavalettis liegen oder zu einem kleinen Sprung einladen. Wir sollten alle Möglichkeiten ausschöpfen, die unser Pferd aufmerksam erhalten. Immer an der selben Stelle Schritt, Trab, Galopp oder Pause, das muß ja abstumpfen. Also auch einmal durch größere Gräben klettern und kleinere Gräben gelegentlich springen, Wasser aufsuchen und hineinreiten, Steilhänge zum Klettern benutzen. Viel Abwechslung, dann bleibt das Pferd aufmerksam und frisch und dankt uns unsere Bemühungen durch einen gesunden Appetit, dem wir durch Steigerung der täglichen Haferration Rechnung tragen und erfreut uns durch seine gesunde Kondition und durch seine glänzende Jacke, die kräftigen Muskeln und durch einen herrlichen Vorwärtsdrang.

Trainingsziel

Unser Pferd und wir haben uns inzwischen an ein bestimmtes Maß von Dauerbelastung gewöhnt und können dem Kommenden getrost ins Auge sehen. Auf Wochenendritten haben wir dem Sattel noch Packtaschen und Mantelsack hinzugefügt und sind auch einmal mit vollem Marschgepäck unterwegs gewesen. Unser Pferd hat bereits einmal in einem fremden Stall übernachtet, aus einer fremden Krippe gefressen und aus einem fremden Eimer das Wasser bekommen, mußte anderen Hafer und anderes Heu als die gewohnten Qualitäten fressen. Alles ist ihm wunderbar bekommen, es war und ist frisch und gesund. Nun bleibt uns nur noch – etwa eine Woche vor Antritt unseres großen Rittes – übrig, den Schmied aufzusuchen, um den Beschlag erneuern zu lassen. Wer allerdings ein Pferd mit eisenharten Hufen besitzt, das den Beschlag nicht braucht, der läßt die Hufe nur ausschneiden und berunden, es sei denn, daß der geplante Ritt in andere Bodenverhältnisse führt. Für einen Ritt ins Mittelgebirge oder Gebirge dürfte ein Hufbeschlag angebracht sein.

Zuckerwasser
100 g Zucker pro 1 l Wasser. Mit 100 g Zucker täglich beginnen und bis zur Höchstmenge von 1500 g steigern.

Energiespender Zucker: Wir sind ferner gut beraten, wenn wir schon während des Trainings das Pferd an Zuckerwasser gewöhnen. Zucker ist nicht nur Süßigkeit, sondern vor allem Energiespender. Durch das Auflösen des Zuckers im Wasser wird sein Eindringen ins Blut und Muskeln beschleunigt. Man rechnet 100 g Zucker auf ein Liter Wasser. Zuerst gibt man die vorgesehene Zuckermenge in einen Eimer. Dann füllt man den Eimer mit einem starken Wasserstrahl zu einem Viertel auf, um das Auflösen des Zuckers im Wasser zu beschleunigen. Schließlich schwenkt man den Eimer oder rührt das Wasser mit der Hand, bis sich der Zucker ganz aufgelöst hat. Dann wird das restliche Wasser aufgefüllt.
Gerne nehmen Pferde auch Traubenzucker. Es gibt preisgünstige Qualitäten, die für unsere Zwecke hervorragend geeignet sind. Man kann den Pferden – manche Pferde freilich mögen es nicht – zur Gewöhnung kleine Mengen über die abendliche Haferration streuen oder auch in Wasser auflösen. Die tägliche Zuckergabe wird mit dem Abendfutter bzw. dem abendlichen Tränken gegeben. Je nach der vom Pferd geforderten Leistung beginnt man mit 100 g Zucker täglich und steigert die tägliche Zuckermenge bis höchstens 1500 g.
Bis zum Wanderritt gibt es keinen Stehtag, ausgenommen der Tag vor dem Aufbruch zum Wanderritt. Doch sollte auch am Vortag das Pferd für einige Stunden Auslauf auf einer Koppel haben oder spazierengeführt werden.

Erziehung zur Verkehrssicherheit

Zwar reiten Wanderreiter am liebsten abseits der großen Straßen auf Feld-, Wald- und Wiesenwegen, aber es läßt sich auch bei bester Planung nicht vermeiden, daß sie kleine und große Orte durchqueren und verkehrsreiche Straßen kreuzen oder eine Zeitlang benutzen müssen. Dabei sind sie, wie auch in Feld und Wald, Verkehrsteilnehmer und müssen sich vorsichtig, rücksichtsvoll und gemäß den Regeln der Straßenverkehrsordnung verhalten.
Risiko Bundesstraße: Kein Wanderreiter wird z. B. ohne zwingenden Anlaß eine Bundesstraße benutzen, auch dann nicht, wenn das Pferd verkehrsgewohnt ist, denn ein Risiko ist immer damit verbunden. Aber wenn es denn schon sein muß, ist es doch beruhigend zu wissen, daß man ein verkehrsgewohntes Pferd unter dem Sattel hat. Das Risiko wird übrigens auch dadurch nicht geringer, daß man absitzt und das Pferd führt, eher größer. Denn die Angst ist für das Fluchttier Pferd ein schlechter Ratgeber und es neigt dann auch zu panischen Reaktionen.
Das Risiko läßt sich nicht ganz vermeiden, aber ganz entscheidend verringern: durch die Erziehung zur Verkehrssicherheit von Pferd und Reiter. Da ja beide am

Straßenverkehr teilnehmen, sollten auch beide miteinander sich darin üben. Denn ein ängstlicher Reiter wird auch auf einem verkehrssicheren Pferd ängstlich bleiben und umgekehrt, bis nicht beide Vertrauen in die Zuverlässigkeit des anderen gewonnen haben. Für den Wanderreiter, der ein sicheres Pferd im Stall hat, aber keine gemeinsamen Erfahrungen als Verkehrsteilnehmer, heißt das, daß er mit im Straßenverkehr erfahrenen Reitern ausreitet und das Teilnehmen am Straßenverkehr übt. Gut nach vorne, hinten und zur Seite durch verkehrssichere Pferde abgeschirmt. Zuerst auf Nebenstraßen mit wenig Autoverkehr, und dann, wenn Pferd und Reiter den anderen Verkehrsteilnehmern gelassen begegneten, die Anforderungen steigern. Nicht alles in einer Stunde und an einem Tage. Allmählich, aber immer mit viel Lob für das Pferd. Das gilt auch im umgekehrten Fall des erfahrenen Reiters mit dem verkehrsungewohnten Pferd. Es gibt zwar Pferde, die auch bei der ersten Begegnung mit Pkw, Lkw, Bussen, Verkehrslärm und allem anderen was auf den Straßen verkehrt, ganz gelassen reagieren und durch das Getümmel so ruhig wie durch die vertraute Stallgasse gehen. Solche Pferde sind aber die Ausnahme. Für alle übrigen heißt es: üben, üben.

„Trockenübungen“ sind uns aus der Reitausbildung bekannt, darum sollten wir diese Methode auch in der Erziehung des Pferdes zur Verkehrssicherheit anwenden. Als ersten Schritt stellen wir unseren Pkw auf der Weide oder dem Auslauf ab. Möglichst für mehrere Stunden und geben so dem Pferd Gelegenheit, sich mit dem Aussehen, Geruch usw. vertraut zu machen. Gelegentlich stellen wir uns dazu, rufen das Pferd und belohnen sein Kommen mit einer Möhre oder Brot usw. Vielleicht auch einmal in unmittelbarer Nähe das Kraftfutter geben. Auch einmal den Motor anlassen, laufen lassen, damit es die Geräusche kennenlernt. Wie schnell wir mit unserer Erziehung fortfahren bestimmen aber nicht wir, sondern immer nur das Pferd. Vertrauen läßt sich nicht erzwingen, und Angst kann man nicht mit Gewalt überwinden. Erst wenn das Pferd den Pkw akzeptiert hat, gehen wir zum nächsten Übungsteil. Die Offenstallhaltung, Weidegang oder Auslauf an einer Straße sind dabei eine gute Hilfe, Pferde an den sie umgebenden Straßenverkehr und alle damit verbundenen Eindrücke zu gewöhnen.

Gewöhnungsübungen: Die nächsten Übungen verlegen wir auf ruhige Feldwege, wo wir mit Hilfe von Freunden und bekannten Landwirten unser Pferd an die Begegnung mit haltenden und fahrenden Pkws und landwirtschaftlichen Fahrzeugen gewöhnen. Erst wenn wir in den verschiedenen gestellten Situationen unseres Pferdes sicher sein können, folgt als nächster Schritt der gemeinsame Ausritt mit verkehrssicheren Pferden und Reitern. Und auch hier überstürzen wir nichts, sondern lassen unserem Pferd Zeit, sich an den Straßenverkehr zu gewöhnen. Also nicht gleich zur Hauptverkehrszeit eine Bundesstraße passieren, sondern wenn es ruhiger läuft. Schritt für Schritt, nur so wird dem Pferd mögliche Angst genommen, wachsen Gelassenheit gegenüber den fremden Dingen und das Vertrauen zu uns.

Für den Wanderreiter sollte die Erziehung seines Pferdes zur Verkehrssicherheit ein Anlaß sein, sein theoretisches Wissen in dieser Hinsicht zu überprüfen und gegebenenfalls zu ergänzen.

Die wichtigsten Regeln für unsere Teilnahme am Straßenverkehr sind:

1. Reiter und Pferd sind Verkehrsteilnehmer wie andere auch und müssen die Straßenverkehrsordnung beachten. Sie haben keine besonderen Rechte und müssen nicht denken, daß andere Verkehrsteilnehmer ihnen Platz machen müssen.
2. Reiter und Pferd müssen hintereinander die rechte Straßenseite benutzen. Verkehrsschilder und Ampeln sowie die Vorfahrtsregel beachten, den Wechsel der Richtung deutlich durch Handzeichen zu erkennen geben und sich auf mehrspurigen Straßen einordnen. Diese Regel gilt auch beim Führen des Pferdes.
3. Vorhandene Reitwege müssen, Geh- und Radwege dürfen nicht benutzt werden.
4. Reiter und Pferde müssen bei Dunkelheit, Nebel oder Schneetreiben durch Lampen mit weißem oder schwachgelbem Licht gut sichtbar sein. Zur zusätzlichen Verwendung empfehlen sich Leuchtgamaschen, Stiefellampen, Leuchtwesten usw.
5. Der Reiter sollte sein Pferd im Straßenverkehr besonders ruhig und aufmerksam reiten und sich nicht auf die Rücksichtnahme der anderen Verkehrsteilnehmer verlassen.

Vom Halbtagesritt zum Mehr-Tage-Ritt

Die Ritte, die uns mit unserem Pferd für einen halben oder ganzen Tag, über das Wochenende oder für Feiertage in die nähere oder weitere Umgebung unserer Heimat führen, sind das Salz in der Suppe unseres Trainingsalltags. Dadurch haben wir auch Gelegenheit, den erreichten Leistungsstand zu überprüfen und die Verkehrssicherheit unseres Pferdes vorsichtig auf die Probe zu stellen. Zusätzlich bekommen wir auch einen Vorgeschmack auf alles das, was uns beim geplanten Wanderritt erwartet und passieren kann. Doch wenn wir bis zu diesem Zeitpunkt das Konditionstraining umsichtig durchgeführt und alle weiteren Vorbereitungen für Pferd und Reiter sorgfältig getroffen haben, dann werden uns diese Vorbereitungsritte beflügeln.

Immer in Begleitung: Nach Möglichkeit sollten wir die „Vorbereitungsritte“ nicht allein unternehmen. Vor allem dann nicht, wenn unsere Erfahrung mit solchen Ritten ungenügend ist. Die „Unwägbarkeiten“ sind zu groß. Probleme lassen sich in Gemeinschaft und mit Hilfe anderer meistens besser bewältigen.

Für einen Vorbereitungsritt in Begleitung eines oder zweier uns gut bekannter Reiter und Pferde sprechen folgende Argumente:

1. Wir sind nicht allein, ein Pferdehalter für alle Fälle ist immer zur Hand.
2. Pferd und Reiter gewöhnen sich durch geordnete Ausritte in der Gruppe, den eingenommenen Platz, Gangart und Tempo einzuhalten.
3. Mögliche noch vorhandene Unsicherheiten des Neulings, sei es Pferd oder Reiter oder beide, werden in der Gesellschaft verkehrssicherer und erfahrener Pferde und Reiter am besten überwunden.

Und wenn wir keinen berittenen Begleiter finden können, weil unsere Freunde kein Pferd haben? Nun, dann muß eben ein „Drahtesel" das Pferd ersetzen. Denn bei gegenseitiger Rücksichtnahme kann man einen Reiter auch mit dem Fahrrad begleiten. Und wenn der radfahrende Begleiter auch Reiter ist, dann kann man ja auch einmal umsitzen. Also organisieren läßt sich alles, man muß nur Einfälle haben. Ich persönlich würde der Begleitung durch einen Radfahrer schon den Vorzug geben, statt allein auszureiten. Aber noch reiten wir ja nicht, wir sind ja noch bei den Vorbereitungen.

Vorbereitungen

Die ersten Überlandritte sollten wir als Halbtages- oder Ganztagesritte vorbereiten. Das könnte z. B. so aussehen:
Zuerst legen wir an Hand einer *topographischen Karte* im Maßstab 1:50 000 oder 1:25 000 das Ziel fest. Wir stecken es nicht zu weit vom heimatlichen Stall, da wir ja doch die meiste Zeit Schritt reiten werden. Auch wählen wir die Streckenführung so, daß wir nach Möglichkeit Autobahnen, Bundesstraßen oder Bundesbahnstrecken meiden. Flatternde Lkw-Planen oder ein heranbrausender Intercity haben schon manches Pferd erschrekken lassen und Pferd und Reiter in vermeidbare Gefahren gebracht.
Die ersten Halb- oder auch Ganztagesritte sollten wir am besten so planen, daß wir unseren Zielort in direkter Richtung anreiten und dann auf diesem uns nun bekannten Wege auch wieder zurück zum heimatlichen Stall reiten. Von Ritt zu Ritt wählen wir dann eine andere Himmelsrichtung, einen anderen Weg. Am Ende haben wir dann, von unserem Ausgangspunkt ausgehend, im Radius von 20 bis 25 km einen strahlenförmigen Kranz von Wegen gelegt, die uns unsere nähere Umgebung haben gut kennenlernen lassen. Ich spreche in diesem Zusammenhang gerne von „Einbahnstraßen". Nur daß wir diese „Einbahnstraßen" in beiden Richtungen benutzen. Solche Ritte lassen sich dann auch leicht über das erste Halbtages- oder Ganztagesziel hinaus erweitern. Schließlich kann man die einem bekannten Wege verbinden und so wechselseitig den einen für den Hinweg und den anderen für den Rückweg benutzen.
Eine andere Möglichkeit für die Planung und Durchführung unseres Rittes ist, daß wir die Streckenführung halbkreis- oder kreisförmig um unseren Ausgangsort führen. Der Vorzug dieser Planung ist, daß wir uns immer in der Nähe unseres heimatlichen Stalles befinden. Sollten unvorhergesehene Ereignisse unsere Rückkehr nach Hause erforderlich machen, haben wir den Vorteil des kurzen direkten Weges zum Stall auf unserer Seite.
Rastplätze und Quartiere festlegen: Nach der Vorbereitung an Hand der Karte erkunden wir vielleicht mit dem Fahrrad die eine oder andere uns unklare oder schwierige Wegpassage. Sollten wir einen Ganztagesritt vorbereitet und den Quartierort für die Mittagsrast festgelegt haben, so bietet ein solcher Radausflug die beste Möglichkeit, uns dort für die Mittagspause eine geeignete Unterstellmöglichkeit für unser Pferd zu suchen. Eine Weide – und sei sie noch so grün – ist nicht immer der geeignete Platz. An sonnenwarmen Tagen ist für die Futterpause unseres Pferdes ein kühler Stall oder ein schattiger Ort vorzuziehen. Auch sorgen wir dafür, daß unser Pferd seine gewohnte Futterration bekommen kann, wobei

wir das Tränken nicht vergessen dürfen. Nichts ist dagegen einzuwenden, wenn wir die gewohnte Ration dann durch einen Arm voll Grünfutter ergänzen. Aber in Maßen. Allzuviel ist ungesund. Kolikgefahr! Anders natürlich, wenn unser Pferd schon über längere Zeit an regelmäßige Grünfutterrationen gewöhnt ist.

Was kann und darf ich meinem Pferd und mir zumuten? Die Vorbereitungsritte bringen es zwangsläufig mit sich, daß wir uns nicht auf geradem Wege vom Ausgangsort zum Ziel und zurück bewegen können. Wir meiden ja verkehrsreiche Straßen und Schienenwege und bevorzugen die Nebenwege, die sich abseits der Straßen durch Feld, Wald und Wiesen schlängeln. Auch reiten wir ja nicht um der zurückgelegten Kilometer willen oder des Zieles willen, sondern weil wir und unser Pferd uns für den geplanten großen Wanderritt vorbereiten wollen. Darum liegt uns nicht an der Summe der zurückgelegten Kilometer, sondern an den gesammelten Erfahrungen. Wieviel Kilometer sind sie denn heute geritten, ist eine Wanderreitern oft gestellte Frage, die den Kern unseres Reitens nicht trifft.

Nun kann man mit einem volljährigen, gesunden und trainierten Pferd täglich zwischen 40–60 km zurücklegen. Distanzreiter und ihre Pferde bringen es nach entsprechendem Training auf noch höhere Kilometerleistungen. Doch daran wollen wir uns nicht messen. Für uns Wanderreiter gilt, daß für das gute Gelingen eines Übungsrittes nicht die Zahl der zurückgelegten Kilometer entscheidend ist, sondern daß wir erkennen, welche Anforderungen ein Wanderritt an Pferd und Reiter stellt und ob wir zu den auf uns zukommenden Leistungen willens und fähig sind.

Gebrauchstempo Schritt: Das Gebrauchstempo des Wanderreitens ist der Schritt. Das schließt nicht aus, daß wir – vor allem bei unseren Halbtages- und Ganztagesritten – auf geeigneten Wegstrecken auch einmal traben und galoppieren. Eiserne Regel dabei sollte aber sein, unser Pferd unter keinen Umständen zu überfordern. Kein starker oder übereilter Trab, kein wilder Galopp, sondern ruhiger Kanter. Nicht die Distanz, sondern das Tempo tötet. Das gilt auch für Wanderritte.

Wir werden also viel Schritt reiten, gelegentlich auch einmal traben. Dabei kommen wir, je nach Größe unseres Pferdes, auf eine Marschleistung von 6–8 km pro Stunde. Damit können wir zum Beispiel bei einem Halbtagesritt – einen frühen Aufbruch vom Stall vorausgesetzt – bei einer reinen Reitzeit von drei bis vier Stunden immerhin zwischen 20–30 km zurücklegen. Die Gehlust unseres Pferdes ist dabei der entscheidende Punkt. Sie muß gefördert, beobachtet und erhalten werden.

Unser Marschtempo wird auch durch das Gelände, das Wetter und andere Faktoren bestimmt. Im bergigen Gelände oder bei starker Hitze etwa, werde ich vorzugsweise Schritt reiten, mein Pferd auch einmal führen und häufiger kleine Ruhepausen einlegen. Bei einem längeren Wanderritt drückt natürlich auch das Gepäck auf die Marschgeschwindigkeit.

Ausrüstung: Bei einem Halbtages- oder Ganztagesritt kommen wir ohne großes Gepäck aus. Was ich benötige, kann ich in einem Brotbeutel, den ich als Reiter umgehängt bei mir führe, unterbringen. Dazu vielleicht noch einen Regenschutz für alle Fälle. Im Brotbeutel haben die persönlichen Dinge und ein Stallhalfter mit

Ausrüstung für Tagesritte
Pferd: Zaumzeug, Sattel, Stallhalfter mit Anbindestrick.
Reiter: Reitkappe, Reitkleidung, Regenschutz, Brotbeutel und Feldflasche für die Marschverpflegung. Karte, Kompaß.

Anbindestrick Platz. Mehr braucht man auf so kurzen Ritten nicht.
Ganz anders natürlich, wenn wir uns auf einem mehrtägigen Wanderritt befinden und Packtaschen und Mantelsack mit uns führen. Dann beanspruchen alle über das Schrittempo hinausgehenden Gangarten Pferd und Ausrüstung stärker. Scheuer- und Druckstellen können dann von einer Minute zur anderen entstehen, nicht einwandfreies Riemenzeug reißt, ehe wir uns dessen versehen haben. Für solche Ritte wählen wir bewußt ein ruhiges Tempo und bewegen uns besonders vorsichtig und umsichtig. Wir wollen ja – Pferd und Reiter – wohlbehalten und an schönen Erlebnissen und manchen Erfahrungen reicher nach Hause kommen.
Nur keine Langeweile aufkommen lassen: So ein halb- oder ganztägiger Ausritt muß durchaus nicht langweilig sein. Dafür sorgen meist schon die natürlichen Gegebenheiten der Strecke und auch unser Pferd. Da sind rechts und links des Weges Gräben, die wir durchklettern und vielleicht auch einmal springen können. Oder wir sehen Baumstämme liegen, die wir im Schritt und im Trab als uns angebotene natürliche Cavalettis benutzen. Es gibt Wegstellen mit weichem oder auch morastigem Boden, durch die wir einmal ganz bewußt hindurchreiten, um uns und unser Pferd im Passieren solcher Stellen einzuüben. Denn bei einem Wanderritt über mehrere Tage könnten wir ja in die Situation geraten, solche Stellen, wenn wir keinen größeren Umweg in Kauf nehmen wollen, durchreiten zu müssen.
Wo immer ein Bach oder ein anderes Gewässer sich bieten, machen wir unser Pferd damit vertraut. Hineinreiten, durchreiten! Bei jeder sich bietenden Gelegenheit, wenn das Gewässer festen Untergrund hat. Davon kann man sich meistens schon durch den Augenschein und mit den ersten Schritten ins Wasser überzeugen. Auch hier gilt: keine Experimente. Immer vom Leichteren zum Schweren! Erst genügend Sicherheit in flachen Gewässern gewinnen, bevor man sich in tiefere wagt.
Bodenerhebungen und Bodenvertiefungen, wie Hügel, kleine Berge, Böschungen, Hohlwege oder Sandgruben lassen wir auch nicht aus, sondern benutzen sie für Kletterübungen aufwärts und abwärts. Auch hier bleiben wir dabei, daß wir die Anforderungen allmählich steigern.
Wenn wir so jede Möglichkeit benutzen, unser Pferd und uns an das gelassene Überwinden jeder Art Gelände und der darin vorkommenden natürlichen Hindernisse zu gewöhnen, dann wird jeder unserer Übungsritte ein Erlebnis, abwechslungsreich und manchmal auch voller Überraschungen.

Oben: Das Aufsitzen ist durch das Gepäck nicht immer leicht. Wenn möglich, stellen wir das Pferd tiefer oder suchen uns einen erhöhten Standort.
Unten: Unterwegs die Pferde so oft wie möglich tränken.

Orientieren – sich im Gelände zurechtfinden

Für uns Freizeitreiter, die wir mit unseren Pferden und Ponys nur allzugerne die Reithalle und den Reitplatz verlassen, um in der freien Natur Entspannung und Erholung zu suchen, ist das Ausreiten in jeder Jahreszeit eine Selbstverständlichkeit. Wir kennen die nähere und weitere Umgebung unseres Stalles. Darum sollte das Erreichen des selbstgesteckten Zieles für uns gar kein Problem sein. Wir müssen uns nur unserer ersten Ritte erinnern. Wie war es denn, als wir in „unserem Reitgelände" noch fremd waren, uns nicht auskannten? Wie haben wir uns da zurechtgefunden? Wir haben erst einmal gefragt und haben Erkundigungen eingezogen: Wo kann man hier reiten, und wo ist es womöglich nicht erlaubt. Und unser erster Ausritt vom Stall in das uns – unserem Pferd und uns – unbekannte Reitgelände folgte der alten Regel, zunächst einmal um das Quartier, das Karree zu reiten. Also z. B. eine Viertelstunde geradeaus, dann eine Viertelstunde nach rechts oder links, dann wieder nach rechts oder links, dann schließlich noch einmal. Und so gelangten wir zum Ausgangspunkt zurück. Dabei mußten wir da und dort einen kleinen Bogen schlagen, hier einen Bachübergang suchen. Aber wir hatten uns einige markante Punkte gemerkt, mit deren Hilfe wir unsere Marschrichtung einhielten. Oder aber wir ritten vom Stall aus zunächst geradeaus, um dann um unseren Ausgangspunkt – den Stall – einen großen Bogen zu schlagen. Von Ausritt zu Ausritt schlugen wir den Bogen weiter, erritten unser Reitgelände. Und waren wir uns wirklich einmal nicht so sicher mit unserer Ortsbestimmung, dann ritten wir einfach Richtung Stall so weit zurück, bis wir auf einen uns bekannten Punkt stießen, um uns von ihm aus wieder neu zu orientieren.

Oben: „Reiten auf Lucke" verhindert die Gefahr des Aufreitens.
Unten: Die „Doppelreihe" ist die übliche Formation beim Reiten im Verband.

Marschrichtungspunkte erleichtern die Orientierung

Bei all diesen Ausritten benötigten wir keine Karte. Da die uns bekannten Kreis- oder Bundesstraßen, die wir zwar nicht benutzten, uns aber gute Orientierungshilfe leisteten. Entweder wir mußten sie mit gebotener Vorsicht überqueren oder sie links oder rechts „liegen lassen". Waren sie manchmal auch nicht zu sehen, so konnten wir uns doch an den Fahrgeräuschen orientieren. Ähnliches gilt für Eisenbahnlinien. Schließlich noch das Netz der Feldwege. Viele waren ja früher Ortsverbindungswege. Wir wußten, wohin sie führten. Dann die markanten Naturdenkmale, die wir selbstverständlich auch kannten: Ein alter Baum oder eine Gruppe von Bäumen, Findlinge, Ruinen usw. Es gibt eine Vielzahl davon. Und alle haben ihre Geschichte und für uns ihre Bedeutung. Nicht zu vergessen Hügel, Berge, Täler, fließende und stehende Gewässer. Und dann noch der Wald von Masten. Seien es die für die Hochspannung, für Licht oder Telefon. Und schließlich auch noch die Kirchtürme, hochaufragende Fabrikschornsteine oder andere Bauwerke. Wir

Marschrichtungspunkte, wie zum Beispiel Kirchtürme, erleichtern die Orientierung.

Kirchtürme weisen immer Richtung Westen und Grabsteine Richtung Osten.

haben sie alle mittlerweile kennengelernt und können mit ihrer Hilfe in „unserem Reitgelände" unseren Standort jederzeit bestimmen. Zu guter Letzt ist, wenn unser Orientierungssinn versagen sollte, zum Glück auf den unserer Pferde Verlaß. Wer hätte als Freizeitreiter es nicht schon auf einem Ausritt erlebt, daß unser treuer Weggefährte – wie sollte er denn auch wissen, daß wir heute einen anderen Weg als den der letzten Tage reiten wollten – plötzlich ohne unser Zutun an jener Weggabel Richtung Stall/Heimat abschwenken wollte.

Auf all diesen Ritten haben wir gelernt, uns ohne Karte und Kompaß zurechtzufinden. Gewiß, es waren keine großen Überlandritte, allenfalls Halbtages- oder auch einmal ein Ganztagesritt darunter. Aber worauf es ankam, das haben wir auf diesen Ritten gelernt: uns mit Hilfe von festen Punkten – Marschrichtungspunkten – im Gelände zurechtzufinden.

Himmelsrichtungen erkennen

Nun habe ich die Gestirne nicht vergessen, sondern nur als bewegliche und für uns doch auch feste Punkte an den Schluß gestellt. Aus Kindertagen kennen wir alle den Vers: „Im Osten geht die Sonne auf, im Westen geht sie unter." Dabei erinnern wir uns, daß die Türme der Kirchen fast immer im Westen liegen, der Altarraum (Apsis) im Osten. Auch auf den Friedhöfen zeigen die Inschriften der

Grabsteine meist nach Osten, weil von dort aus das Licht des Auferstehungsmorgens erwartet wird. Wenn ich also weiß, welchen Weg die Sonne vom Aufgang bis zu ihrem Niedergang nimmt, dann kann ich mit ihrer Hilfe immer meinen Standort feststellen und mich im unbekannten Gelände orientieren. Wichtig ist das vor allem, wenn wir größere Waldungen – die es ja zum Glück in unserem Vaterlande noch gibt – durchreiten wollen. Die Vielzahl der Wege und der Fahrspuren läßt oft nicht zu, sich ihnen zu überlassen, um das Ziel zu erreichen. Unmerklich würde man in die Irre geführt, wenn es nicht die Sonne gäbe.

Bestimmen der Himmelsrichtungen
ohne Kompaß mit Hilfe von
- Sonne
- Sonne und Uhr
- Gestirnen
- trigonometrischen Punkten
- Kirchen (Apsis im Osten)
- Grabsteinen (weisen in der Regel nach Osten)

Mit Hilfe der Sonne: Der Blick zu ihr nach oben hilft in solchen Fällen. Die Himmelsrichtung des zu erreichenden Tageszieles liegt ja fest. So weiß man also – abhängig ist das natürlich von der jeweiligen Tageszeit und dem damit verbundenen unterschiedlichen Stand der Sonne – daß wir die Sonne entweder vor, hinter oder rechts oder links zur Seite haben müssen. Es gibt Faustzahlen und Faustregeln, die man kennen sollte.
Viele Taschenkalender haben in ihr Kalendarium auch die Angaben für das Auf- und Untergehen nicht nur der Sonne, sondern auch des Mondes aufgenommen.

Die Sonne steht, Abweichungen durch die jeweilige Ortszeit lassen wir außer acht, in folgender Himmelsrichtung:

um	im	der Schatten fällt nach
6 Uhr	Osten	Westen
9 Uhr	Südosten	Nordwesten
12 Uhr	Süden	Norden
15 Uhr	Südwesten	Nordosten
18 Uhr	Westen	Osten

Mit Hilfe von Sonne und Uhr: Die Himmelsrichtungen können wir auch mit Hilfe von Sonne und Uhr (Armband- oder Taschenuhr) feststellen: Es gibt folgende Regel:
1. Man hält die Uhr waagerecht auf der flachen Hand und dreht sie so, daß der Stundenzeiger (kleiner Zeiger) auf die Sonne zeigt.
2. Dann halbiert man die Strecke zwischen dem kleinen Zeiger und der 12 auf dem Zifferblatt. Wir haben dann *vormittags* genau die Südrichtung. Nachmittags – also ab 12 Uhr – halbieren wir die Strecke zwischen der 12 und dem Stundenzeiger, die der kleine Zeiger bereits durchlaufen hat, und haben dann auch die Südrichtung.

Himmelsrichtung nach der Uhr
Norden liegt immer genau in der Mitte zwischen dem Stundenzeiger und der 12 im Uhrzeigersinn, wenn der Stundenzeiger gegen die Sonne gerichtet ist.

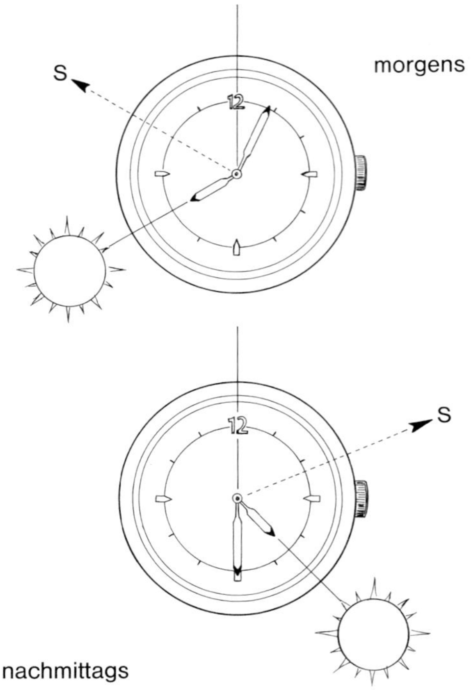

Die Himmelsrichtungen lassen sich mit Hilfe der Uhr und der Sonne erkennen.

Was aber bei Nacht? Bei Nacht sind alle Katzen grau. Und da wir uns auf unseren Ritten abseits der großen Heerstraßen bewegen, leuchten uns keine Straßenlaternen. Aber es nützt uns sowieso nichts, wenn wir bei „Nachtritten" angestrengt nach vorn oder unten starren. Auf die meist unverdorbenen gesunden Sinne unserer Pferde ist da schon eher Verlaß. Sie nehmen, wenn wir sie nicht hetzen, alle Hindernisse rechtzeitig wahr. Nun gibt uns das zwar Sicherheit, aber noch nicht die Himmelsrichtung.
Hier hilft nur der Blick nach oben! Ein stockdunkler Waldweg wird beim Blick nach oben heller, weil der hellere Himmelsstreifen über uns eine gute Wegmarkierung ist. Solche Dinge kann man übrigens zu Fuß in der heimatlichen Umgebung schon einmal ausprobieren, um für den „Ernstfall" ein wenig geübter zu sein! Wenn wir Glück haben, sehen wir beim Blick nach oben noch mehr: den Mond. Als Vollmond und als zu- oder abnehmenden Mond. Und auch für die Mondzeiten gibt es eine feste Regel.

Der Mond steht:

Uhrzeit	Erstes Viertel	Vollmond	Letztes Viertel
18 Uhr	Süden	Osten	Norden
24 Uhr	Westen	Süden	Osten
6 Uhr	Norden	Westen	Süden

Von den Sternen sei hier stellvertretend für alle nur der im Norden stehende Polarstern genannt. Wir finden ihn leicht, wenn wir vom uns allen bekannten Sternbild des Großen Wagens die Hinterachse um das Fünffache verlängern. Auch hier macht die Übung den Meister im Auffinden und Bestimmen der Sternbilder.

Und wenn nun kein Stern am Himmel?

Immer unter der Voraussetzung, daß wir uns ohne Kompaß orientieren müssen. Wir bleiben dann ganz einfach auf dem von uns eingeschlagenen Weg, auch wenn er uns in der Dunkelheit immer länger werdend vorkommt. Aber so groß sind die Wald- und Heideflächen bei uns nicht mehr, wir kommen schon irgendwo hin, denn selten enden Wege im Nirgendwo. Außerdem orientieren wir uns an optischen und akustischen Zeichen. Da gibt es Fahrgeräusche von Kraftfahrzeugen

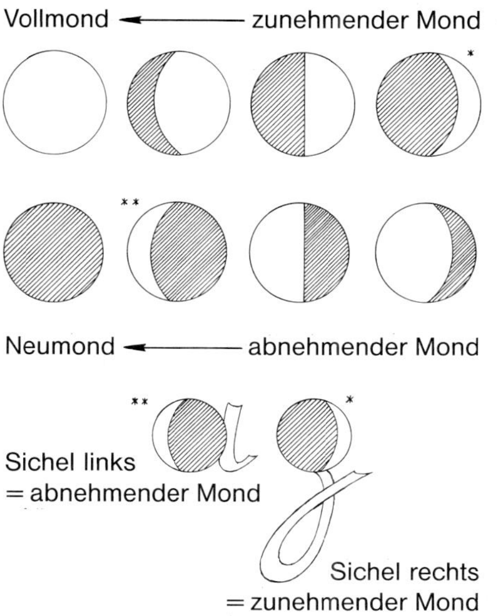

Mondphasen.

oder Schienenfahrzeugen. Und wo Hunde bellen, da sind Menschen nicht mehr weit. Auch ein Licht – und sei es noch so klein – kann für uns der Leuchtturm werden, der zu Menschen und damit zum Nachtquartier führt. Von Bodenerhebungen, es müssen nicht immer Berge sein, kann man wohl auch ein Dorf oder ein einzelnes Gehöft an der Beleuchtung wahrnehmen. Die Richtung sich einprägen und darauf zureiten, ist dann gar nicht so schwer.

Auch für unsere Übungsritte, die uns in die mehr oder weniger bekannte Umge-

Sterne helfen orientieren
Der Morgenstern steht früh im Osten.
Der Abendstern steht abends im Westen.
Der Polarstern steht nachts im Norden.

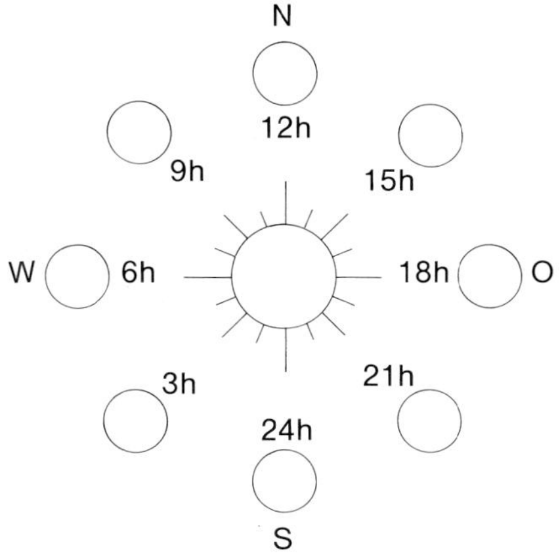

Der Vollmond steht der Sonne immer genau gegenüber.

Den im Norden stehenden Polarstern findet man, wenn man die Hinterachse des Großen Wagens um das Fünffache verlängert.

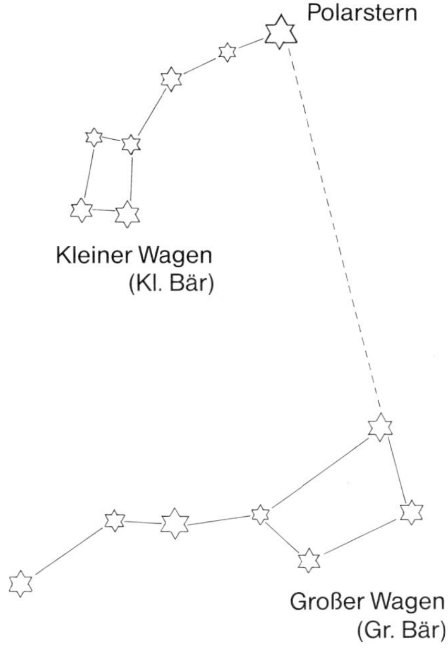

Hilfsmittel für die Planung
Übersichtskarten 1:300 000 – 1:100 000
Topographische Karten 1:50 000,
1:25 000
Kurvenkilometermesser
oder
Zentimetermaß
Textmarker
Bleistift und Papier

bung führen, sollte man sich vorher an Hand einer Karte den zu reitenden Weg angesehen haben. Dabei sollte unser besonderer Augenmerk markanten Geländepunkten gelten, mit deren Hilfe wir uns dann auf unserem Übungsritt auch ohne Karte orientieren können.

Umgang mit Karte und Kompaß

Wir werden, wenn wir uns im unbekannten Gelände sicher orientieren und das angestrebte Ziel zuverlässig erreichen wollen, uns im Gebrauch von Karte und Kompaß üben müssen. Zuverlässiges Kartenlesen und sicherer Umgang mit dem Kompaß sind erforderlich, damit wir uns in jedem Gelände schnell zurechtfinden und unser Pferd und uns vor Umwegen und Irrwegen bewahren. Das ist mit Hilfe einer Karte und des Kompasses möglich.

Die Karte und ihre Maßstäbe

Die Karte gibt das von oben gesehene verkleinerte und verebnete Bild eines bestimmten Ausschnittes der Erdoberfläche wieder, wobei besondere Kartenzeichen Einzelheiten wiedergeben und hervorheben. Da die Wiedergabe des Geländes in seiner natürlichen Größe nicht möglich ist, verkleinert man in einem bestimmten Verhältnis, im Maßstab. Dabei bestimmt der Verwendungszweck den Maßstab.
So werden wir zur Planung eines Wanderrittes, für die große Übersicht, eine Karte mit einem kleineren Maßstab wählen, den der „Generalstabskarte“ etwa mit dem Maßstab 1:100 000, für die einzelnen Tagesetappen aber eine Karte mit einem größeren Maßstab 1:50 000 oder 1:25 000.
Die Verwendung ausgesprochener Wanderkarten, die meistens einen Maßstab von 1:50 000 haben, empfiehlt sich nicht, da diese Karten vor allem die Wanderwege hervorheben. Das Benutzen von Wanderwegen ist aber Reitern nicht erlaubt, ausgenommen es handelt sich um als Wanderwege gekennzeichnete land- und forstwirtschaftliche Wege, die breiter als drei Meter sind.
Für unsere Zwecke sind die von Landesvermessungsämtern herausgegebenen Topographischen Karten, die „Meßtischblätter“ im Maßstab 1:50 000 (TK 50) oder 1:25 000 (TK 25) am besten geeignet. Für übersichtliches Gelände wird in der Regel die TK 50, die auf zwei Zentimeter Karte einen Kilometer in der Natur wiedergibt, uns ausreichend informieren. Je unübersichtlicher aber das Gelände ist, desto genauer wir die einzelnen Wegstrecken festlegen wollen, um so kleiner werden wir den Maßstab der zu verwendenden Karte wählen. Die TK 25, auch 4-cm-Karte genannt, die einen Kilometer in der Natur auf vier Zentimeter Karte wiedergibt, ist dann für unsere Zwecke die geeignetste, da sie uns über alle Einzelheiten wie Fußwege, Feldwege, Grä-

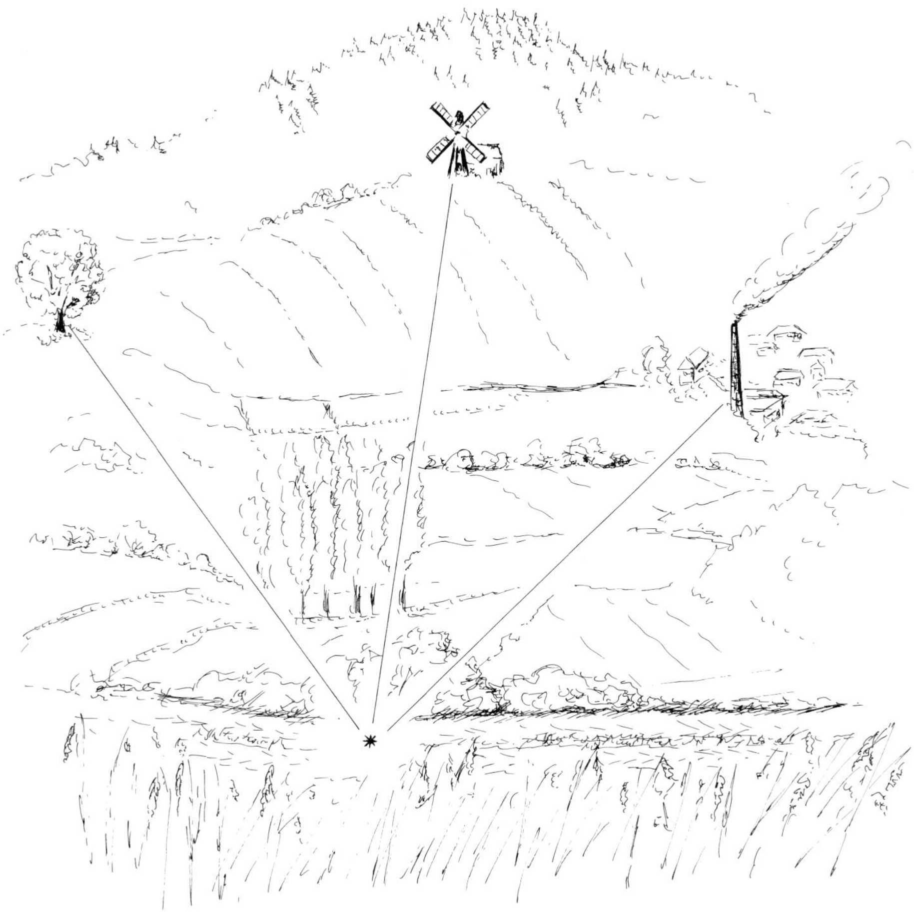

Standortbestimmung mit Hilfe markanter Punkte.

ben, Brücken und Furten, ob Sumpf oder Wiese, Laub-, Nadel- oder Mischwald usw. genau informiert, wenn wir die Karte zu lesen verstehen.

Kartensprache

Die Linien und Bogen, Farben und Formen, Zahlen und Zeichen der Karte wirken beim ersten Betrachten der Karte auf uns wie eine Fremdsprache. Am schnellsten werden wir damit vertraut, wenn wir Theorie und Praxis miteinander verbinden und in der vertrauten heimatlichen Umgebung mit dem Lernen der Kartensprache beginnen. Zunächst vergleichen wir, wie die uns bekannte Umgebung unseres heimatlichen Wohngebietes oder Reitgeländes auf der Topographischen Karte mit den uns bekannten Orten, Stra-

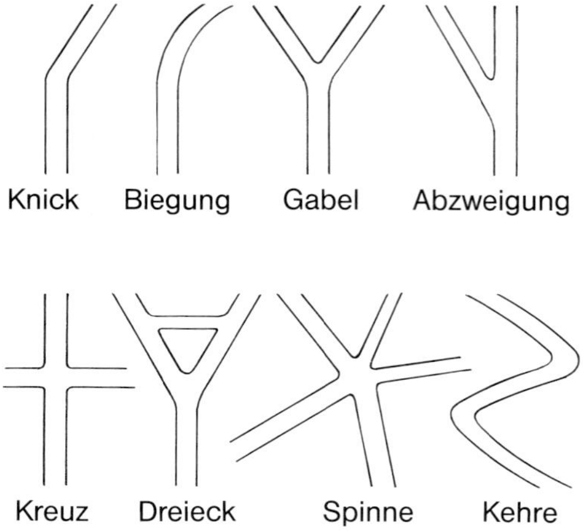

Die sichere Kenntnis der Wegbezeichnungen ist eine wichtige Orientierungshilfe.

So wird der Kompaß zum „Einnorden" der Karte angelegt.

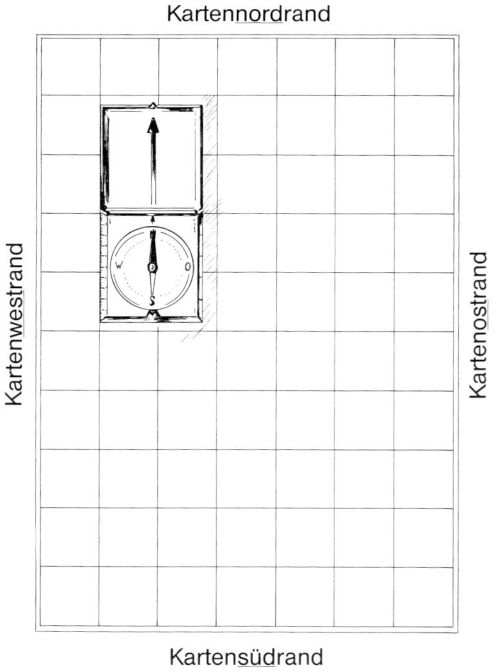

Wegenetz-Bezeichnungen
Gabel: Aus einem Weg werden zwei.
Kreuz: Zwei Wege schneiden sich in ihrer Richtung unverändert.
Spinne: Vier oder mehr verschiedene Wege laufen von einem Punkt in verschiedener Richtung auseinander.
Knick: Eine plötzliche Richtungsänderung.
Biegung: Eine allmähliche Richtungsänderung.
Kehre, Serpentinen: S-förmiger Verlauf zum Überwinden großer Steigungen.
Dreieck: Abkürzungen in einer Weggabel.
Abzweigung: Von einem geraden Weg abzweigender Weg.

ßen, Wegen usw., also allem, was sich auf der Erdoberfläche befindet, die „Bodenbedeckung" und die „Bodenformen" auf der Karte durch Kartenzeichen farbig dargestellt ist. Als zweiter Schritt folgt dann der Vergleich in der Natur. Und die weiteren Schritte an Hand der uns immer verständlicher werdenden Karte folgen. Bald können wir erfreut feststellen, daß die Karte zu uns redet und wir ihre Sprache verstehen: den Bach, den Feldweg mit Baumreihe, die Schneise, den Steinbruch, den Mischwald und die Försterei. Was auch immer die Karte uns sagen will, wir verstehen es.

Einnorden der Karte: Vor jedem Benutzen der Karte muß diese nach Norden eingerichtet werden, d.h. die Himmelsrichtungen, Bodenbedeckung, Bodenformen und Kartenzeichen müssen mit denen der Landschaft übereinstimmen. Sind wir des eigenen Standortes und der Himmelsrichtungen sicher, dann ist es nicht schwer, die Karte mit der Himmelsrichtung auch ohne Kompaß in Übereinstimmung zu bringen. Der obere Kartenrand zeigt dann nach Norden, der untere nach Süden. Eine weitere Hilfe beim Einnorden der Karte ist, daß die Schriftzüge der Ortsnamen in West-Ost-Richtung laufen.

Beim Lesen der Karte
die Karte immer so halten, daß alles im Gelände vor, hinter, rechts und links von Dir auch auf der Karte vor, hinter, rechts und links von Dir liegt.

Hilfen zur Standortbestimmung: Wenn uns die Himmelsrichtung nicht bekannt ist, wohl aber der eigene Standpunkt, dann kann diese Methode helfen: Vom eigenen bekannten Standpunkt aus suchen wir einen sichtbaren markanten auf der Karte eingezeichneten Geländepunkt, zum Beispiel einen Turm, ein Naturdenkmal usw. Dann drehen wir die Karte so lange, bis die Linie Standort – markanter Geländepunkt von Karte und Gelände übereinstimmt. Auch mit Hilfe einer auf der Karte eingezeichneten und zwei Orte verbindenden Straße kann man die Karte einnordnen. Man hält die Karte so, daß die Straße auf der Karte mit der in der Natur gleichläuft. Der obere Kartenrand zeigt dann nach Norden.

Es erleichtert das Zurechtfinden mit der Karte, wenn wir sie so benutzen, daß alle Richtungen der Karte mit denen übereinstimmen, auf denen wir uns bewegen. Dann ist was im Gelände vor, hinter, rechts und links von uns liegt, auch auf der Karte vor, hinter, rechts und links von uns. Liegt z. B. unser Ziel im Süden, drehen wir die Karte so, daß der Süden zum oberen Kartenrand wird. Die Schrift steht dann zwar auf dem Kopf, aber alles, was in Wirklichkeit vor, rechts oder links von uns liegt, ist auch auf der Karte dort.

Mit Hilfe einer nach Norden eingerichteten Karte ist es auch möglich, sich ohne Kompaß in unbekanntem Gelände zurechtzufinden. Dazu muß als erstes der eigene Standort bestimmt werden:

1. Wir stellen zuerst fest, ob sich in unserer unmittelbaren Nähe auf der Karte verzeichnete auffallende Punkte wie Gewässer, Bodenerhebungen, Gehöfte, Naturdenkmale, Wege usw. befinden.
2. Wir bestimmen die Entfernung zu diesem Geländepunkt durch Schätzen oder indem wir den Punkt aufsuchen und die Schritte zählen.
3. Hilfsweise kann man auch noch einen zweiten, hinter uns liegenden Punkt hinzuziehen, um den eigenen Standpunkt sicher festzulegen. Dazu verbinden wir die beiden Punkte durch eine Gerade und legen die Entfernung durch Abschreiten oder durch Schätzen fest.
4. Mit Hilfe des bestimmten eigenen Standortes ist die weitere Orientierung zum Ziel möglich.

Meinen Standort bestimme ich ohne Kompaß mit der Karte
- anhand des zurückgelegten Weges
- mit Hilfe markanter Punkte
- durch die geschätzte Entfernung markanter Punkte
- mit Hilfe der Ortsnamen auf der Karte, deren Schriftzüge in West-Ost-Richtung laufen
- mit Hilfe des oberen Kartenrandes, der nach Norden zeigt

Unterwegs auch dem Pferd Gelegenheit zum Stallen geben.

Marschkompaß

Der Marschkompaß ist auf einem Ritt das zuverlässigste und brauchbarste Mittel, sich zu orientieren. Denn mit seiner Hilfe können wir die Himmelsrichtungen, unseren eigenen Standort und die für den Weiterritt einzuhaltende Richtung genau bestimmen. Auch hier gilt wieder, daß man zu Hause in heimatlicher Umgebung geübt haben muß, was sich auf einem Wanderritt in unbekanntem Gelände bewähren soll. Folgende Regeln gilt es beim Gebrauch des Kompasses zu beachten:

Kompaß.

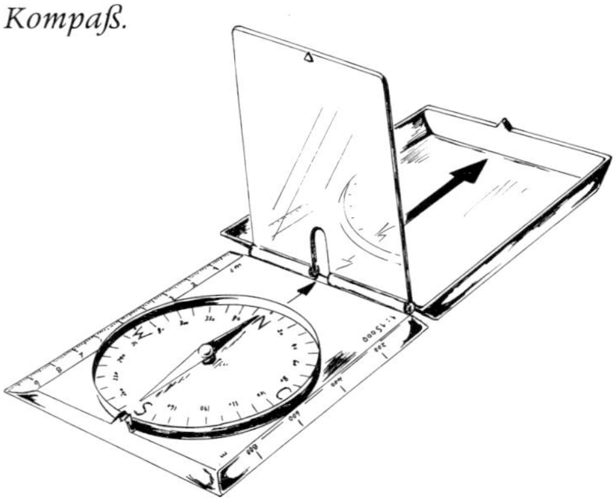

1. Niemals den Kompaß in unmittelbarer Nähe von Gegenständen aus Eisen oder in der Nähe von Hochspannungsmasten verwenden.
2. Den Kompaß öffnen und in waagerechter Haltung so lange die Teilscheibe drehen, bis Richtungszeiger und „Nord“ übereinstimmen.
3. Den Kompaß mit der Anlegekante an einer Gitternetzlinie der Karte oder dem Kartenrand anlegen. Der Richtungspfeil zeigt jetzt zum oberen Kartenrand.
4. Karte ohne Veränderung des Marschkompasses so lange drehen, bis sich das Nordende der Magnetnadel und die Mißweisung decken.

Die Karte ist jetzt nach Norden eingerichtet, der Richtungspfeil zeigt nach Norden. Übrigens liegt jedem Kompaß auch eine Gebrauchsanweisung bei, die uns in Zweifelsfällen weiterhelfen kann.

Planung des Wanderrittes

Sich auf sein Pferd setzen und losreiten, das geht selten gut. Unser gutes Straßennetz und die fehlenden Unterstellmöglichkeiten für Pferde sind ernst zu nehmende Schwierigkeiten. Denn wo gibt es noch neben den befestigten Straßen den unbefestigten „Sommerweg"? Und wo man früher „Ausspannen" konnte, d.h. sein Pferd oder Gespann in einem Gasthof einstellen und versorgen lassen, da sind aus den Stallungen Garagen geworden und vielfach gibt es auch auf den Dörfern keine Gasthöfe mehr.

Das Wohin eines Wanderrittes muß also vorbereitet werden. Aber nicht nur planerisch, sondern auch mit dem Herzen. Das ist etwas anderes als sich, wie es neudeutsch so schlecht heißt, sich „mental" vorbereiten. Was wir Wanderreiter suchen und wollen, ist das gemeinsame Erleben mit unserem Pferd, die Natur als Mitgeschöpf erleben. Dazu gehört auch die Wiederentdeckung der kleinen Dinge, des Unscheinbaren und Alltäglichen: Wie gut Brunnenwasser oder ein Kanten Brot aus der Hand schmecken können, wenn man durstig und hungrig ist. Was uns treiben muß, ist die Sehnsucht, für eine kurze Zeitlang, diese Ursprünglichkeit zu erleben, zu unseren Wurzeln und Quellen zurückzukehren: die Seele einmal tief durchatmen zu lassen.

Wir sollten wissen, daß ein Wanderritt uns nicht nur mehr Reitmöglichkeit und mehr Umgang mit unserem Pferd, sondern auch Erholung, Erleben der Naturschönheiten und das Kennenlernen unserer Heimat bringt! Deshalb kommt den Fragen mit wem wir reiten, wann wir reiten und wohin wir reiten große Bedeutung zu. Ein wenig belastbarer und immer nörgelnder Begleiter ist auf Dauer unerträglicher als heftige Regenfälle oder gar große Hitze.

Allein oder in Begleitung?

Bevor man sich für den geplanten Wanderritt ein Ziel setzt, muß man sich entscheiden, ob man allein oder in Begleitung eines oder mehrerer bekannter Reiter unterwegs sein möchte.

Die Beteiligung unbekannter Reiter und Pferde an einem mehrtägigen Wanderritt birgt immer ein Risiko. Man kennt sich nicht und weiß zu wenig voneinander. Will der andere auch vor allem unterwegs sein oder ist er ein Kilometerfresser? Hat er auch Freude an einem Sonnenuntergang, einer schönen Landschaft oder hält er das alles für sentimentalen Kram? Ist er auch einmal mit einem bescheidenen Quartier und einfacher Kost zufrieden? Ist er ein Schwätzer, der alles zerreden muß, oder kann man mit ihm auch schweigend einer Meinung sein? Ist er bereit, auch die Beschwernisse eines Wan-

Wanderreiter vor historischer Kulisse.

derrittes auf sich zu nehmen, reicht dazu sein Wille und seine Kraft? Und vor allem: ist er auch ein Reiter, ein wirklicher Pferdemann, der „Erst das Roß und dann der Reiter" nicht nur im Munde führt, sondern auch praktiziert? Und wie steht es mit seinem Pferd? Reicht dessen Kondition, ist es ausreichend trainiert? Ist es verträglich gegenüber anderen Pferden und Menschen?

Alles Fragen, die man sich vor einem Wanderritt stellen und beantworten muß. Es sei aber nicht verschwiegen, daß man mit gutem Willen und gegenseitiger Rücksichtnahme zu einem guten Miteinander aller gelangen kann.

Der Ritt allein hat den Vorzug, daß man nur sich selbst auf die Nerven geht. Vor allem aber kann man ganz allein das Ziel, die Streckenführung, Dauer, Quartier usw. des Wanderrittes bestimmen. Reitet man aber in Begleitung – und sei es der Freund, die Freundin oder der Ehegatte –, dann gebieten Höflichkeit und Anstand, mit ihnen gemeinsam die Einzelheiten des Rittes zu besprechen und festzulegen; die ja ganz andere Wünsche im Blick auf das Ziel, die Dauer usw. des Wanderrittes haben könnten als man selbst.

Reitet man allein, dann kann man sich den Tag einteilen wie man will, man kann sich nach Lust und Laune treiben lassen, keiner anderen Sorge verpflichtet als der für sein Pferd. Im Grunde genommen ist man mit dem Pferd ja nie allein, sondern hat immer ein ansprechbares, wenn auch stummes, Gegenüber.

Reitet man in Begleitung, dann muß man Rücksicht auf Pferde und Reiter der Begleitung nehmen, die unter Umständen nicht so trainiert sind oder ganz andere Vorstellungen über den einzuschlagenden Weg, die täglich zurückzulegende Strecke oder die Quartiere haben. Vor allem aber sollte man nicht mit Schönwetterreitern auf einen Wanderritt gehen. Wanderreiter müssen mitsamt ihren Pferden auch schon einmal einen Puff vertragen. Unverzichtbar ist auch die reitgeübte Sitzfläche, und zum Führen des Pferdes sollten Wanderreiter auch gut zu Fuß sein.

Es gibt aber auch gute Gründe für einen Wanderritt zu zweit oder in einer Gruppe: man ist nicht allein und hat immer einen Gesprächspartner. Vor allem hat man immer einen Pferdehalter zur Hand. Sei es nun, um in einem Hause einen Eimer Wasser zu erbitten oder nach Quartier und Futter zu fragen. Denn das kommt auf uns zu, wenn wir ohne vorbereitete Quartiere unterwegs sind. Es gibt viele Situationen, wo man auf sich allein gestellt, gerne einen Begleiter zum Halten des Pferdes bei sich hätte.

Denn leider sind auch auf dem Lande Personen rar geworden, die an den Umgang mit Pferden gewöhnt und bereit sind, ein Pferd für einige Zeit zu halten. Anbindemöglichkeiten gibt es nicht überall, und Anbinderinge sind vollends rar geworden.

Ein wichtiger Grund, sich für einen Wanderritt in Begleitung zu entscheiden, ist auch ein immer möglicher Unfall von Pferd oder Reiter. Allein auf sich gestellt, ist man bei einem Unfall arm dran. Wer leistet Erste Hilfe, wer holt Hilfe herbei? Man sollte wissen, was man tut, wenn man allein reiten will.

In der Gruppe steht und fällt der Wanderritt mit dem „schwächsten" Reiter und dem „schwächsten" Pferd, auf deren Können und Leistung Rücksicht genommen werden muß. Doch muß ein Gruppenritt,

auch der mit Jugendlichen und Kindern, nicht von vornherein mißlingen. Grundsätzliche Voraussetzung dazu ist, daß Vorbereitung, Ausrüstung, Wahl der Pferde, Länge der Tagesetappen, Speisezettel und Quartiere sowie Ruhepausen und Ruhetage die begrenzten Möglichkeiten der schwächeren Teilnehmer berücksichtigen.
Das A und O eines Wanderrittes mit einer Gruppe ist aber deren Führer, der Berittführer. Eine Aufgabe, mit der man nur einen sicheren und erfahrenen Wanderreiter betrauen sollte. Er sollte von allen am Wanderritt beteiligten Reitern gewählt und mit der Planung und Leitung des Rittes beauftragt werden. Dadurch ist die Gewähr gegeben, daß einerseits die Wünsche der Mitreiter berücksichtigt werden, andererseits aber die Gruppe loyal der Leitung des Berittführers auch dann folgt, wenn im Interesse aller die Wünsche einzelner nicht berücksichtigt werden können.

Wann, wohin, wie lange?

Auf keinen Fall im Winter, wenn auch ein Ritt an einem sonnigen Wintertag immer ein besonderes Erlebnis ist. Ob auch ein schönes Erlebnis, das hängt immer auch ein wenig von den herrschenden Minusgraden, den Schneeverhältnissen und der Dauer eines solchen Rittes ab. Und auch davon, daß unsere Pferde ihren gewohnten Stall samt Futter und uns Reiter die warme Stube und ein heißes Getränk, was immer wir darunter verstehen, erwarten. Steifgefrorenes Lederzeug, klamme Finger und kalte Füße sind nicht unbedingt erstrebenswerte Erfahrungen. Man sollte darauf verzichten, sich ohne Not die auf winterlichen Ausritten gesammelten Erfahrungen durch mehrtägige Winterritte bestätigen zu lassen.

Planung

- Frühjahr und Altweibersommer sind als Jahreszeiten vorzuziehen.
- 10–14 Tage ist die ideale Dauer.
- Ritt auf der Karte einzeichnen.
- Rastplätze und Quartiere festlegen.

Jahreszeiten

Es ist deshalb die selbstverständlichste Sache der Welt, daß wir einen Wanderritt für die schönen Jahreszeiten Frühling, Sommer und Herbst, die Monate Mai bis einschließlich September–Oktober planen. Welcher Jahreszeit und welchem Monat wir den Vorzug geben, ist unsere persönliche Entscheidung. Mit der Einschränkung, daß uns bis zum Aufbruch genügend Zeit bleibt, um unserem Pferd durch ein gezieltes Training die erwünschte Kondition zu geben und alle erforderlichen Vorbereitungen ohne Zeitdruck zu treffen.
Bei der Wahl der Jahreszeit und des Monats dürfen wir nicht vergessen, daß die Tage im Frühjahr und im Herbst kürzer, die Temperaturen niedriger und milder sind als im Sommer. Die kürzeren Tage im Herbst aber lassen uns weniger Zeit für den eigentlichen Ritt und die Versorgung des Pferdes im Quartier bei Tageslicht. Dagegen bringen uns Frühjahr und Frühsommer mit den länger werdenden Tagen mehr Möglichkeiten für Unternehmungen über das Reiten hinaus. Auch kann man sich für das Unterwegssein mehr Zeit lassen.

Der Herbst mit seinen kürzer werdenden Tagen verlangt für die Zeitplanung mehr Disziplin von uns. Ein ganz besonderer Vorzug dieser Jahreszeiten aber ist das Fehlen der lästigen Bremsen, es gibt weniger Mücken und Fliegen und große Hitze ist auch nicht mehr zu erwarten. Die Quartiermöglichkeiten für Reiter und Pferd sind in diesen Jahreszeiten auch besser, da die Hauptreisezeit noch nicht begonnen hat bzw. schon vorbei ist.
Wählen wir den Sommer mit seinen langen und warmen Tagen für unseren Wanderritt, dann müssen wir Frühaufsteher werden, damit wir dem Pferd und uns Gelegenheit geben, der Mittagshitze durch eine längere Rast im Schatten auszuweichen. Der Sommer bringt uns lange Tage mit Sonne und Hitze, Staub und Insekten. Aber auch mondhelle Nächte, die uns einladen, den Reiz eines Nachtrittes auszukosten.

Ziel und Dauer

Als nächsten Schritt legen wir Ziel und Dauer unseres Wanderrittes fest. Zunächst das Ziel, weil von der Entfernung zum Zielort die Dauer des Rittes maßgeblich bestimmt wird. Da ein Wanderritt in der Regel vom heimatlichen Stall ausgeht, kann man das vertraute Reitgebiet sowie weniger reizvolle Reitstrecken oder Ballungsgebiete vermeiden, wenn man Pkw und Pferdetransporter verwendet. Ein Transport zum eigentlichen Ausgangspunkt des Rittes sollte kein Problem sein, auch das Umgehen eines bestimmten Streckenabschnittes, der etwa nur sehr weiträumig und zeitaufwendig umritten werden müßte, läßt sich mit gutem Willen und guter Ortskenntnis aller Beteiligten organisieren. Doch wer im grauen Alltag nicht täglich zum Reiten kommt, sollte sein Ziel nicht zu weit stekken, sondern sein und seines Pferdes Leistungsvermögen berücksichtigen. Auch die ihm bis zum Aufbruch verbleibende Zeit, um seinem Pferd und sich durch ein vorbereitendes Training die erforderliche Kondition zu geben.
Für einen ersten Wanderritt, wo man sein und seines Pferdes Leistungsvermögen noch nicht richtig einschätzen kann, empfiehlt es sich, die tägliche Marschleistung auf 30–40 km zu begrenzen. Dabei müssen selbstverständlich auch die geographischen Bedingungen berücksichtigt werden, ob Flachland oder Mittelgebirge, ob sandige Heide oder rasenweiche Wege einer Auenlandschaft. Grundsätzlich sollte man sich mit geringen Tagesleistungen zufrieden geben, denn auf einem Wanderritt suchen Pferd und Reiter Erholung und nicht den sportlichen Erfolg wie etwa bei einem Distanzritt.

Mit Begleitfahrzeug?

Ein Wanderritt mit mehreren Teilnehmern sollte nur mit Begleitfahrzeug vorbereitet und durchgeführt werden. Dessen Fahrer und mögliche Begleiter müssen deshalb auch Reiter sein und ausreichende Kenntnisse und Erfahrungen in der Pferdehaltung und Pferdepflege haben. Denn leicht können Situationen eintreten, wo Pferdeverstand wichtiger ist als fahrerisches Können. Zur Ausrüstung des Begleitfahrzeuges gehört die Anhängevorrichtung samt Pferdetransporter. Dadurch hat die Gruppe nicht nur die Möglichkeit, Gepäck, Futtermittel usw. mitzuführen, sondern von Fall zu Fall einen Reiter oder Pferd oder beides.

Mit einem solchen Transport- und Begleitfahrzeug samt Anhänger ist man bestens versorgt und auch für den Fall gerüstet, daß ein Pferd oder Reiter rasch zum Arzt gebracht werden muß.

Am wichtigsten ist zweifellos das Begleitfahrzeug für den Transport von Futtermitteln und Stallutensilien und des Gepäcks der Reiter. Denn nicht überall ist mit der zugesagten Einstellmöglichkeit für die Pferde auch die Zusage für Rauh-, Kraftfutter und Einstreu verbunden. Oft fehlt das eine oder andere, mitunter auch alles zusammen.

Das Begleitfahrzeug kann Futtermittel mitführen und auch herbeiholen. Auch in der Wahl und der Versorgung des Biwakplatzes ist man mit einem Begleitfahrzeug unabhängiger, da alle „Lebensmittel" für Pferd und Reiter zum Biwakplatz transportiert werden können. Unter der Voraussetzung, daß der Biwakplatz mit den Besitzern vereinbart wurde, mit einem Fahrzeug anzufahren ist und alle Beteiligten den Platz auch ohne sich zu verfahren oder zu verreiten rechtzeitig erreichen.

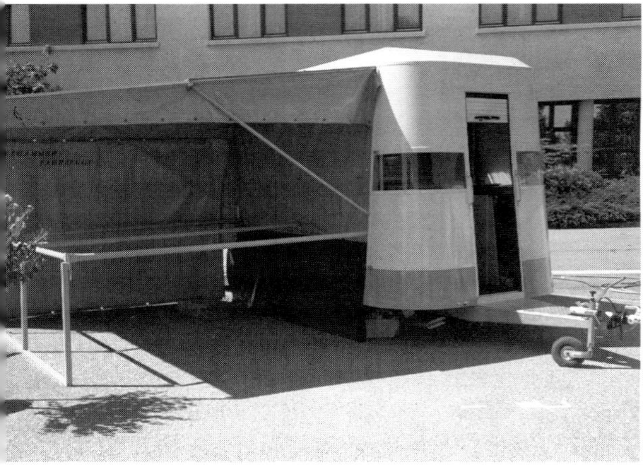

Pferdeanhänger mit Klappbett und integriertem Stallzelt.

In gewisser Hinsicht übernimmt der Fahrer des Begleitfahrzeuges samt weiteren Begleitern, die Aufgaben eines Vorkommandos. Er bereitet die Biwakplätze, stellt evtl. den Weidezaun für das nächtliche Einkoppeln auf und was dergleichen Dinge mehr sind. Auch zugesagte Stallungen trifft man nicht immer besenrein an. Die Gruppe des Begleitfahrzeuges wird deshalb bis zum Eintreffen der Reiter über Langeweile nie zu klagen haben.
Da auch die fahrenden Begleiter Reiter sind, kann man die Plätze im Pkw und im Sattel auch von Zeit zu Zeit tauschen, so kommen alle in den Genuß des Wanderrittes. Und durch den Wechsel zwischen Pferd und Pkw werden die Etappen für ungeübte Wanderreiter nicht beschwerlich.
Der Fahrer des Begleitfahrzeuges sollte sich darum nicht nur vergewissern, ob seine Begleiter im Besitz einer gültigen Fahrerlaubnis sind, sondern auch von der Verkehrssicherheit des Anhängers und davon, ob Reiter und Pferde mit dem Verladen und Hängerfahren vertraut sind.

Folgende Regeln müssen unbedingt beachtet werden:
- Sind Zugfahrzeug und Hänger verkehrssicher? Wird das zulässige Gesamtgewicht nicht überschritten?
- Sind breitere Außenspiegel erforderlich?
- Sind die Absperrholme alle vorhanden und funktionieren alle Verschlüsse?
- Funktioniert die Lichtanlage einschließlich des bei Dunkelheit benötigten Lichtes im Hänger?
- Pferde und Reiter müssen rechtzeitig mit dem Verladen vertraut gemacht werden. Beim Be- und Entladen immer für sicheren Stand des „Gespanns“ sorgen.
- Das Gespann immer so aufstellen, daß nach vorwärts abgefahren werden kann. Vor allem auf Wiesen, Weiden und nassem Untergrund nicht bergauf, da im nassen Gras (Tau, Regen) die Räder leicht durchdrehen.
- Beim Verladen, Entladen und Fahren sich Zeit lassen!

Für einen Wanderritt in der Gruppe ist ein Begleitfahrzeug in jeder Beziehung ein Gewinn. Und sollte uns dafür ein gut eingefahrenes Gespann – Fahrer und Fahrzeug – zur Verfügung stehen, dann ist das Begleitfahrzeug die Krönung eines solchen Rittes. Dazu braucht man allerdings eine gewaltige Begeisterung, um alle damit verbundenen Schwierigkeiten gering zu achten.

Kartenmaterial

Wenn man auf einer Karte in kleinerem Maßstab das Ziel des Wanderrittes festlegt und sich einen Überblick über die Strecke und ihre möglichen Schwierigkeiten, wie z. B. über schwer zu überschreitende Autobahnen, Wasserstraßen, Brücken, Über- oder Unterführungen oder Bahnstrecken, verschafft hat, muß man sich einen gründlicheren und genaueren Überblick verschaffen. Vor allem dann, wenn man mit mehr als einem Begleiter unterwegs ist und die Biwakplätze und Quartiere sowie die Marschroute genau planen muß. Ist man allein oder zu zweit, kommt es auf einen Umweg nicht an, findet man leichter Quartier.

Für den Wanderreiter sind die von den Landesvermessungsämtern herausgegebenen topographischen Karten die wichtigste und beste Informationsquelle. Von den verschiedenen Maßstäben sollte man sich für den genauesten entscheiden, den 1:25 000 (TK 25). Auf Karten dieses Maßstabes sind alle Fuß- und Fahrwege, Wald und Feld, einzelne Gehöfte und markante Punkte und Naturdenkmale und viele wichtige Einzelheiten bis zu den Höhenunterschieden genau festgehalten. Wer die Karte lesen gelernt hat, kann auf die oft falschen und irreführenden Auskünfte Einheimischer verzichten.

Topographische Karten gibt es in unterschiedlicher Ausstattung: einfarbig, mehrfarbig, mit Schummerung und als ausgesprochene Wanderwegkarten. Die einfarbige Karte hat immer ein schwarzes Druckbild, dessen Stärke den Erfordernissen des Wiederzugebenden folgend, unterschiedlich ist. Mehrfarbige Karten stellen den Grundriß schwarz, Gewässer blau, Höhenlinien braun und Waldflächen hellgrün dar. Wer das mit dem ersten Blick erkennen möchte, muß die topographische Karte „N" verlangen. Die Karte mit Schummerung gibt es ab der TK 50 und empfiehlt sich zur Verwendung in Gebirgslagen. Durch die Schummerung, die dunkelbraune Reliefschattierung einer Seite der Hänge und Berge, wird das Erkennen der Geländeformation erleichtert. Die zur Vorbereitung eines Wanderrittes wichtigen Informationen geben alle Karten durch ihr Kartenbild mit den ergänzenden Zeichen und Beschriftungen und den Erklärungen am Kartenrand.

Die beste Karte ist aber wertlos, wenn sie nicht auf dem neusten Stand ist und z. B. alle Veränderungen durch Straßen- und Wegebau richtig wiedergibt. Darum muß man einen Blick auf das Ausgabejahr am unteren Kartenrand werfen, welches das Alter der Karte angibt. Die Wahl der richtigen topographischen Karten für die geplante Reitstrecke treffen wir an Hand einer Kartenübersicht, die von den Landesvermessungsämtern kostenlos angefordert werden kann. Die Kartenübersicht enthält Angaben über die lieferbaren Karten, deren Blattnamen (z. B. Verden/Aller) und die Blattnummer (z. B. L 3021).

Topographische Karte 1 : 25 000 (TK 25)
Kurzbezeichnung N. Die Vierzentimeterkarte ist die genaueste und farbigste Karte. Grundriß in Schwarz, Gewässer in Blau, Höhenlinien in Braun, Waldflächen in Hellgrün.
Ab der TK 50 (1 : 50 000) die Bodenbewachsung in Dunkelgrün, der Straßenaufdruck in Rot bzw. in Orange und Gelb, Schummerung in drei Farben.

Bei der Wahl der Karte beachten

- den Maßstab
- Kartennummer und Kartenname
- Ausgabejahr
- gefaltet oder ungefaltet.

Blattnummern befinden sich auch an den vier Seiten des Kartenrandes jeder Karte als Angabe, welche Anschlußkarte weiterführt.

Topographische Karten gibt es gefaltet und ungefaltet. Für Wanderreiter empfiehlt sich die ungefaltete Karte, da wir diese nach unseren Bedürfnissen zur Verwendung in einer Kartentasche, Jackentasche usw. falten können. Topographische Karten können in Buchhandlungen oder direkt von den Landesvermessungsämtern bezogen werden:

Landesvermessungsbehörden

Landesvermessungsämter der
Bundesrepublik Deutschland
Vermessungsbehörden von Berlin,
Bremen und Hamburg

Landesvermessungsamt
Baden-Württemberg
Büchsenstraße 54
Postfach 10 29 62
70174 Stuttgart

Bayerisches Landesvermessungsamt
Alexandrastraße 4
Postfach 22 00 04
80538 München

Landesvermessungsamt Brandenburg
Heinrich-Mann-Allee 103
14473 Potsdam

Hessisches Landesvermessungsamt
Schaperstraße 16
Postfach 32 49
65195 Wiesbaden

Landesvermessungsamt
Mecklenburg-Vorpommern
Lübecker Straße 289
19059 Schwerin

Niedersächsisches Landesverwaltungsamt
– Landesvermessung –
Warmbüchenkamp 2
Postfach 1 07
30159 Hannover

Landesvermessungsamt
Nordrhein-Westfalen
Muffendorfer Straße 19–21
Postfach 20 50 07
53177 Bonn

Landesvermessungsamt Rheinland-Pfalz
Ferdinand-Sauerbruch-Straße 15
Postfach 14 28
56073 Koblenz

Landesvermessungsamt des Saarlandes
Neugrabenweg 2
66123 Saarbrücken

Landesvermessungsamt Sachsen
Olbrichtplatz 3
01099 Dresden

Landesamt für Landesvermessung und
Datenverarbeitung Sachsen-Anhalt
Barbarastraße 2
06110 Halle/Saale

Landesvermessungsamt
Schleswig-Holstein
Mercatorstraße 1
Postfach 50 70
24106 Kiel

Thüringer Landesverwaltungsamt
– Landesvermessung –
Schmidtstedter Ufer 7
99084 Erfurt

Senatsverwaltung für Bau- und Wohnungswesen Abt. V – Vermessung –
Mansfelder Straße 16
10713 Berlin

Kataster- und Vermessungsverwaltung Bremen
Wilhelm-Kaisen-Brücke 4
Postfach 10 78 47
28199 Bremen

Vermessungsamt der Freien und Hansestadt Hamburg
Wexstraße 7
Postfach 30 05 80
20355 Hamburg

Eine Hilfe für die Planung eines Wanderrittes sind folgende Bücher:

Der Deutsche Reiterpfad Nr. 1. Wanderungen zu Pferde von der Weser bis zum Neckar. Friedberg: Ahnert-Verlag.

Der Deutsche Reiterpfad Nr. 1 – Niedersachsen – Wanderungen zu Pferde von der Elbe bis zur Weser. Hannover: Reiterverband Hannover-Bremen e.V.

Beide Werke beschreiben den Deutschen Reiterpfad an Hand von topographischen Karten mit großer Genauigkeit, so daß mit ihrer Hilfe ein sicheres Reiten zum jeweiligen Ziel möglich ist. Die zusätzlichen Informationen von Unterkünften, Tierärzten, Hufschmieden usw. sind eine wertvolle Hilfe für Vorbereitung und Durchführung eines Wanderrittes.

Marschroute und Quartiere

Für die Marschroute, die Streckenführung eines Wanderrittes, gibt es verschiedene Möglichkeiten. Für einen „Fernwanderritt", der uns vom heimatlichen Standort aus über mehr als 100 km wegführt, ist der gerade Weg nicht immer der kürzeste. Zudem spielen bei der Planung nicht nur die uns zur Verfügung stehende Zeit und das zu erreichende Ziel eine große Rolle, sondern auch die auf dem Weg vorhandenen natürlichen oder künstlichen Hindernisse, Biwakplätze und Quartiere. Nicht zuletzt soll ein Wanderritt allen Teilnehmern Freude an der Natur und Erholung schenken.
Zu bedenken ist bei der Marschroute auch, daß manche Gemeinden sich durch das sogenannte Reitrecht für das Reiten in der freien Landschaft zu einem modernen Wegelagertum ermutigt fühlten und mancherorts Schranken errichtet haben, die dem Jahrhunderte alten Gewohnheitsrecht der Reiter und der Verwendung des Pferdes als Reise- und Verkehrsmittel widersprechen. Da kann es passieren, daß ein ordinärer Waldweg, also zum Reiten erlaubt, plötzlich in die Kurpromenade mündet und dadurch für den Reiter zur Sackgasse geworden ist. Die Kurgäste nehmen zwar für gewöhnlich keinen Anstoß an sich wohlverhaltenden Pferden und Reitern, aber der Gesetzgeber.

„Waldgesetz" beachten

Der Schutz des Waldes und des Wildes versteht sich für jeden Einsichtigen von selbst. Dennoch geht es wohl nicht überall ohne das Sperren von Wegen und Waldungen für Reiter. Andererseits, was die Hufspuren angeht, die Pferde hinterlassen, so weiß jeder Kundige, daß eine Rotte Sauen in einer Nacht einen Weg oder Bestand erfolgreicher zerwühlen kann, von den Schlepperspuren vom Holzabfahren nicht zu reden. Daß in den Ballungsgebieten Reitwege ausgewiesen werden müssen, bleibt im Interesse aller Erholungssuchenden unbestritten, aber das sogenannte Waldgesetz ist Unrecht gegenüber Reitern und Fahrern. Das kann besonders in der Nähe von Städten zu großen Umwegen führen und sollte bei der Planung berücksichtigt werden.

Ob man die geplante Route in gerader Richtung zum Zielort und wieder zurück führen soll oder um den Ausgangspunkt einen Halbkreis oder Rundkurs reitet, die Geometrie bietet viele Vorlagen, die Streckenführung auf beliebigsten geometrischen Formen zu verändern. Die folgenden Vorschläge haben sich bewährt, können aber entsprechend der unterschiedlichen Ansprüche an die Streckenführung beliebig geändert werden.

Die Einbahnstraße

Vom Ausgangsort A-Dorf über B, C, D nach E oder F-Dorf und von dort nach A-Dorf zurück. In A-Dorf beginnt der Wanderritt, B, C, D-Dorf usw. sind die Quartierorte. Am vorgesehenen Zielort E- oder F-Dorf kann man einen oder mehrere Ruhetage einlegen, und diese zu Ritten in die Umgebung, zum Besuch von Sehenswürdigkeiten usw. sowie zur gründlichen Kontrolle der Pferde und Ausrüstung benutzen. Die „Einbahnstraße" läßt sich beliebig weit ausdehnen, je nachdem wie viel Zeit man zur Verfügung hat. Der Vorzug dieser Streckenplanung für den Rückmarsch zum Ausgangspunkt ist, daß man die Strecke und die Quartiere kennt und wieder benutzen kann. Das schließt Abweichungen nach links oder rechts von der Marschroute und wieder zurück nicht aus. Die bekannten Quartiere und ihre Wirte, man benutzt sie ja zum zweiten Mal, sind ein weiterer Vorzug dieser Planung.

Man kennt sich aus und wird erwartet, was auch einmal ein Eintreffen zu später Stunde nicht zum Problem werden läßt. Immer unter der Voraussetzung, daß man mit den Quartiergebern entsprechende Vereinbarungen getroffen und vielleicht auch Teile des Gepäcks und Futtervorräte deponiert hat. Man kann diese Streckenführung aber auch so planen, daß man vom Zielort aus für den Rückweg zum Ausgangspunkt Pkw und Pferdetransporter benutzt.

Rundkurs, Kreis

Wir legen einen Rundkurs fest und erreichen in einem großen Zirkel – von Quartierort zu Quartierort – unseren Ausgangspunkt. Ob wir vom heimatlichen Stall aus aufbrechen oder einen Ort als Ausgangspunkt wählen, steht bei uns, auch wie weit wir den Bogen schlagen. Der Vorzug dieses Kurses ist, daß man von der Kreislinie, der Marschroute, zum Zentrum, dem Ausgangspunkt, immer einen verhältnismäßig kurzen Weg hat, und der zentrale Ausgangspunkt als Versorgungsbasis (Futter, Ausrüstung, Hufschmied, Tierarzt usw.) zur Verfügung steht.

Parallelkurs, Gegenverkehr

Die Strecke wird so geplant, daß wir in etwa gerader Linie, über eine bestimmte Anzahl von Quartierorten und in einer bestimmten Zeit (etwa der halben für un-

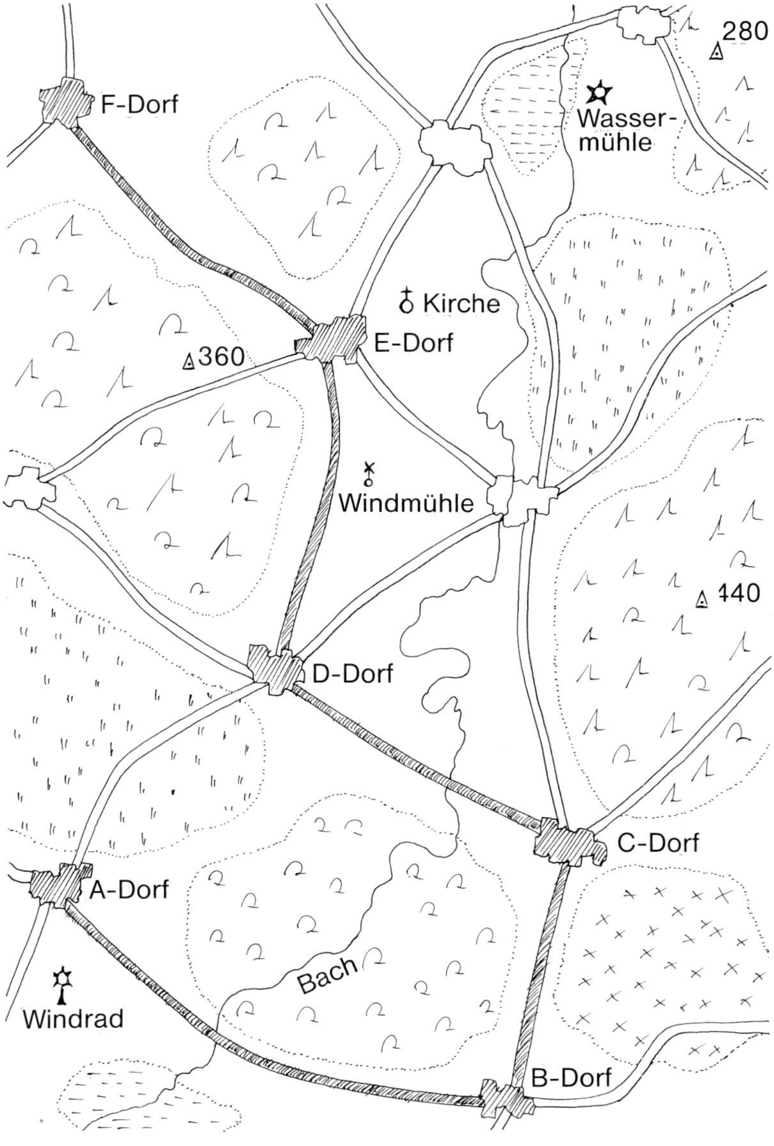

Einbahnstraße.

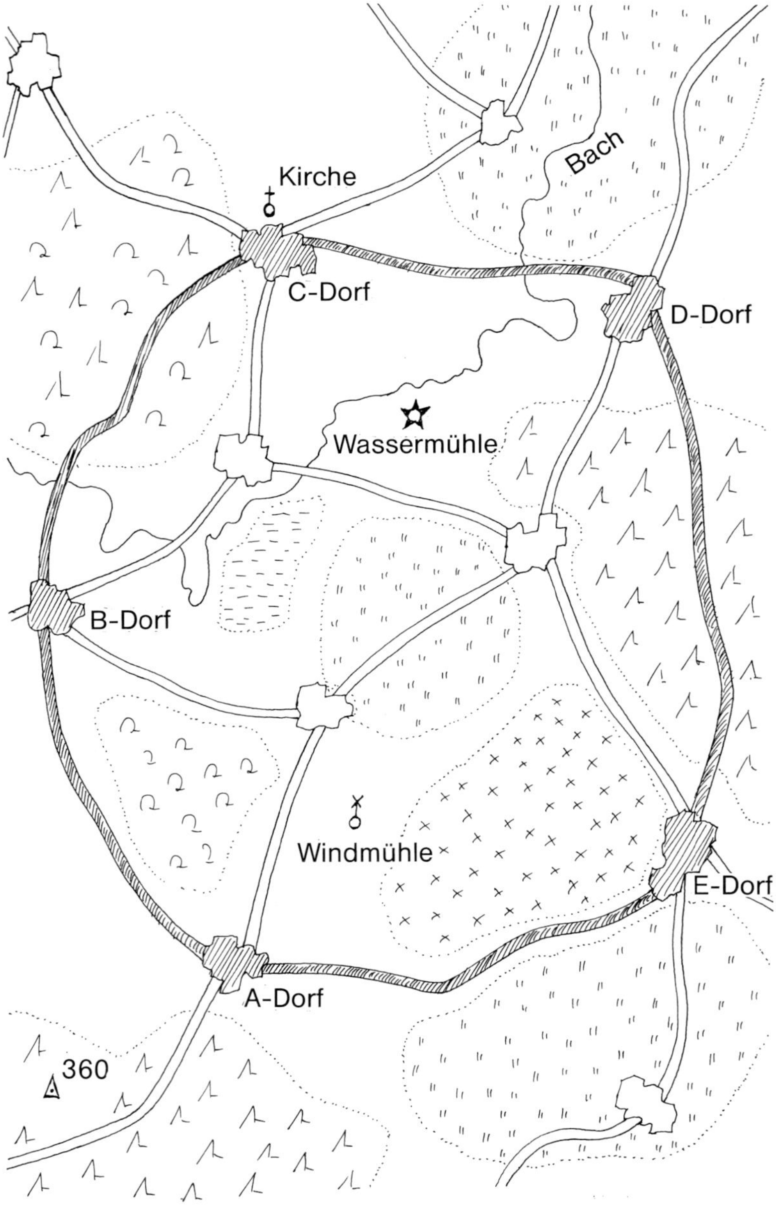
Kirche
Bach
C-Dorf
D-Dorf
Wassermühle
B-Dorf
Windmühle
E-Dorf
A-Dorf
360

Rundkurs.

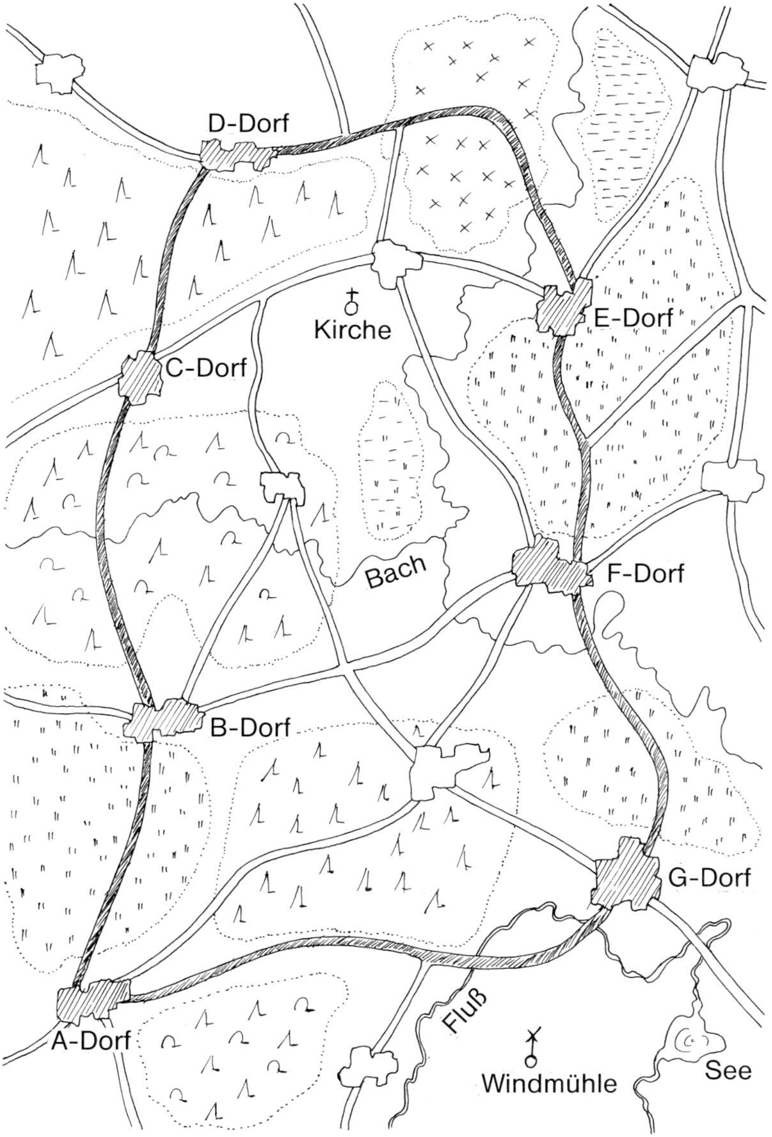
D-Dorf
Kirche
E-Dorf
C-Dorf
Bach
F-Dorf
B-Dorf
G-Dorf
Fluß
A-Dorf
Windmühle
See

Parallele.

seren Wanderritt vorgesehenen Zeit), den dafür vorgesehenen Zielort erreichen. Dort können dann einige Ruhetage eingelegt werden. Man kann sich ausruhen, kleinere Ritte unternehmen, die Ausrüstung pflegen und anderes mehr. Der Rückmarsch geschieht dann parallel zur ursprünglichen Strecke, seitlich um 10 bis 20 km nach links oder rechts von der Strecke des Hinrittes versetzt. Man kann nun kennenlernen, was rechts oder links am Wege liegen geblieben war und in der Ferne winkte.
Man kann auch den „Ernstfall" üben und ausprobieren wie es ist, wenn man sich am Abend eines jeden Tages nicht nur für die eigenen müden Glieder, sondern auch für die ebenso müden Glieder des vierbeinigen Kameraden ein Quartier suchen muß.
Der Vorzug auch dieser Streckenführung ist, daß man, wenn alle Stricke reißen und sich kein gastfreies Haus mit Stall findet, man noch immer das bekannte Quartier vom Hinritt erreichen kann.
Ist der Wirt vorbereitet und durch Absprache mit ihm beim Hinritt oder durch einen Anruf unterrichtet, dann kann man auch noch in der Dunkelheit im Quartier eintreffen und findet trotzdem alles für Pferd und Reiter wohl vorbereitet.

Quartiere

Bei der Auswahl der Quartiere steht, was jedem Reiter selbstverständlich sein sollte, das Wohl des Pferdes an erster Stelle und nicht die Bequemlichkeit des Reiters. Pferdebesitzer, deren Pferde an die Wohltat der Offenstallhaltung gewöhnt sind, haben es bei der Quartiersuche leichter als die Besitzer von Pferden aus Boxenstallungen. Den einen bietet die Weide oder ein Paddock das gewohnte Wohlbefinden, die anderen haben mit der Unterbringung ihrer „Stallpferde" Probleme. Denn auch auf dem Lande sind Stallgebäude im Zeitalter des Schleppers und der „viehlosen" Landwirtschaft rar geworden. Das macht die Quartiersuche nicht immer einfach.

Weide-Quartier
Vor dem Weidegang überprüfen:
- Weidetor und Weidezaun
- Wasserversorgung
- „Schattenspender" (Weideschuppen, Bäume)

Vermeiden sollte man:
- Weidegang mit fremden Pferden oder ungewohnten Partnern (z. B. Rindern)

„Ein guter Stall ist immer mehr wert, als ein schönes Zimmer." *G. Zippelius*

Weide-Quartier: Bringen wir unser Pferd auf einer Weide unter, dann sollte man nicht unbesorgt der Zusage des Quartiergebers vertrauen, daß alles in Ordnung sei, sondern die Zaunanlage auf ihre Vollständigkeit und Sicherheit überprüfen, einschließlich der Wasserversorgung. Gemeinsamer Weidegang mit fremden Pferden ist wegen der „Rangordnung" auch bei sonst friedlichen Artgenossen ein großes Risiko. Hufschlagverletzungen haben schon manchen Wanderritt jäh enden lassen. Im Hochsommer ist, ausgenommen wir benötigen die Weide nur für die Nacht, Schatten, sei es durch ein Dach, Schuppen oder Bäume, den Pferden angenehm, und wir sollten dafür sorgen. Wenn nötig, sollten wir auf großen

Stall-Quartier
Vor dem Aufstallen sorgen für:

- Sauberkeit des Stalles
- Sauberkeit der Krippe und Tränke
- Beseitigung möglicher Verletzungsgefahr durch Nägel, Eisenteile, Gerümpel usw.
- saubere Einstreu
- frische Luft
- Futter und Wasser

Weiden durch ein Weidezaungerät ein Stück abtrennen und unser Pferd damit von anderen Tieren trennen, dabei aber die Wasserversorgung nicht vergessen.
Stallquartier: Wer sein Pferd aufstallen will oder muß, hat andere Probleme. Ausgenommen in Pensionsställen, werden Wanderreitern mitunter unordentliche und wenig geeignete Einstellmöglichkeiten angeboten. Vom alten Schuppen voller stinkender Knochen bis zum verwaisten Kuhstall voller Gerümpel. Nicht aus Gleichgültigkeit und Bosheit, sondern weil heute auch auf dem Lande viele Leute nicht mehr wissen, was pferdegemäß ist und wie man mit Pferden umgeht. In solchen Fällen müssen wir dann aufräumen, lüften und alles das beseitigen, woran sich ein Pferd verletzen könnte. Wenn es uns unvorbereitet trifft, auch dann, wenn wir hundemüde sind! Solche Situationen lassen sich aber vermeiden, wenn man Strecke und Quartiere durch Augenschein kennengelernt und vorbereitet hat.

Erkundungsfahrten, Vorkommando

Das Abfahren der geplanten Marschroute mit dem Pkw gibt uns Gelegenheit, die Landschaft und mögliche Quartiere wie Gasthöfe, Reitervereine, Pensionsstallungen, Reiterhöfe usw. zwanglos kennenzulernen. Man kann, unter Angabe dessen, was man vorbereitet, sich unverbindlich einen Eindruck über Quartier und Stall sowie Preise und Leistungen verschaffen und sich Gewißheit verschaffen, ob zum geplanten Zeitpunkt ein Unterkommen überhaupt möglich ist. Oft erlangt man so auch Hinweise über andere und möglicherweise besser gelegene Unterkünfte für Pferde und Reiter.
Mit dem Pkw lassen sich auch bestimmte Abschnitte der geplanten Strecke anfahren und in Augenschein nehmen. Ist diese Wegstrecke gut zu reiten? Gibt es eine Möglichkeit, diese „schwierige oder gefährliche“ Stelle zu umreiten? Komme ich auch auf Nebenwegen durch den Ort mit der vielbefahrenen Hauptstraße? Nicht alles wird man mit dem Pkw erkunden können. Reitwege machen ein Erkunden zu Fuß zwingend notwendig. Man kann aber auch Fahrräder mitführen und von einem bestimmten Punkt aus die Strecke mit dem Fahrrad – sicher mitunter auch schiebend – abfahren. Und eine weitere Möglichkeit ist, ab einem bestimmten Punkt die Erkundungen zu Pferde durchzuführen. Das ist auch eine gute Übung für den Fahrer des Begleitfahrzeuges, der Pferde und Reiter mit Pkw und Hänger zum Ausgangspunkt des vorgesehenen Streckenabschnittes bringt, sich dann mittags an einem bestimmten Platz zur gemeinsamen Rast

Ein zufriedenes Pferd im Quartierstall.

trifft und nach der Mittagspause zum Zielort der Tagesetappe fährt, um Pferde und Reiter zur Heimfahrt aufzunehmen.

Die Erkundungsfahrten bieten die Möglichkeit, nicht nur alle Teilnehmer am Wanderritt einzubeziehen, sondern auch Familienangehörige, Freunde und wer immer einmal schnuppern will, wie denn das so ist mit einem Wanderritt.

Manchmal zwingt eine Erkundungsfahrt auch zu Änderungen in der Streckenführung oder der Wahl eines Biwakplatzes oder Quartiers, weil Wege gesperrt, eine zugesagte Weide mit Vieh besetzt ist und was es für Gründe mehr gibt. Wir sollten dann nicht klagen, denn es ist besser, jetzt im Stadium der Vorbereitung als beim Ritt vor gesperrten Wegen oder einem geschlossenen Quartier zu stehen.

Vorbereitung des Wanderrittes

Sobald die Entscheidung darüber getroffen worden ist, ob wir allein oder in Begleitung reiten wollen, kann man an die eigentliche Vorbereitung des Wanderrittes gehen. Diese muß sorgfältig getroffen werden, da die Teilnehmer in der Regel unterschiedliche Vorstellungen für die Durchführung des Wanderrittes haben. Es müssen deshalb klare Absprachen über das Ziel, die einzelnen Etappen und die Dauer des Rittes getroffen werden. Reitet man allein oder zu zweit, kommt man unterwegs schneller überein, wenn z.B. die Streckenführung geändert oder ein Ruhetag verlängert werden soll. In einer größeren Gruppe ergeben sich daraus häufig nutzlose Diskussionen und Verstimmungen, die nicht sein müssen, wenn man rechtzeitig vor dem Wanderritt ein für alle verbindliches Ziel festlegt und einen Zeitplan aufstellt.

Beachtenswert für die Vorbereitung

- Erste Tagesetappe kurz.
- Autobahnen, Bundesstraßen, Schienenwege, Schiffahrtsstraßen, Brücken, Tunnel umgehen.
  Der gerade Weg ist nicht immer der kürzeste.

Ziel, Strecken- und Zeitplan

Wenn wir Dauer und Ziel des Wanderrittes festlegen, sollten wir das eigentliche Ziel des Wanderrittes – Erholung für Reiter und Pferde, gemeinsames Erleben – nicht aus dem Auge verlieren und das Ziel nicht so weit stecken. Unbewußt vielleicht, weil die Strecke uns beim Abfahren mit dem Pkw nicht eben weit erschienen ist. Wir dürfen auch nicht vergessen, daß wir nur mit einer Pferdestärke unterwegs sind, einer wunderbaren zwar, aber eben nicht einem kilometerfressenden Motorfahrzeug. Und wir haben auch nicht die Absicht, Bundesstraßen und andere direkte Verkehrswege von Dorf zu Dorf und Stadt zu Stadt zu benutzen, sondern wollen uns durch die Wälder und Auen nach Lust und Laune treiben lassen. Deshalb sind wir gut beraten, wenn wir die Entfernung von Etappe zu Etappe nicht zu weit wählen.

Für den ersten Tag, zum Einlaufen für Pferd und Reiter, sollten wir uns deshalb mit der halben täglichen Marschleistung zufrieden geben. Das ist ein entspannteres Reiten und gibt uns die für den ersten Rittag so wichtige Gelegenheit, die Kondition und Leistungsbereitschaft zu kontrollieren. Schreitet unser Pferd frei und frisch aus, zeigt es sich interessiert? Sitzen Sattel, Zaumzeug, Mantelsack und Packtaschen gleichmäßig und richtig? Der Reiter hat Gelegenheit, seine geübte Sicherheit im Kartenlesen und Orientieren unterwegs in der Wirklichkeit eines Wanderrittes zu überprüfen. Mitunter stellt man schon in der ersten Marschpau-

se fest, daß man Wichtiges vergessen und Überflüssiges mitgenommen hat. Das eine kann man sich dann noch zum ersten Nachtquartier nachbringen lassen, wenn man frühzeitig dort eingetroffen ist, Überflüssiges und Unnützes schickt man zurück oder deponiert es.
Auch für die weiteren Wandertage nehmen wir uns als Tagesleistung nicht gleich zu viel vor. Vor allem gilt es den Grundsatz zu beachten, daß beim Wanderreiten der gerade Weg nicht immer der kürzeste und der beste ist. Denn was hat man von einem direkten und kurzen Weg, der uns über Bundesstraßen und durch Ortschaften mit starkem Durchgangsverkehr führt.

Gefahrenpunkte umreiten

Es ist wahrlich keine Freude, sein Pferd am Rande von Verkehrsströmen oder vorbei an parkenden Fahrzeugen zu reiten oder zu führen. Und das Warten vor einer geschlossenen Schranke auf einer Bundesstraße gehört auch nicht zu den Höhepunkten eines Reiterlebens, gekrönt dann auch noch durch einen vorbeibrausenden ICE. Auch nervenstarke Pferde nehmen solche Vorfälle oft zum Anlaß, ihr Mißfallen durch ein paar Bocksprünge zum Ausdruck zu bringen. Das bringt geübte Reiter nicht gleich aus dem Sattel, aber dabei ist schon mancher Sattelgurt geplatzt und mancher Packtaschenriemen gerissen.
Auch das Überschreiten von Flüssen und Kanälen muß erwähnt werden. Nach Möglichkeit vermeiden wir es, Flüsse und Kanäle auf Brücken im Verlauf von Bundesstraßen zu überqueren. Das ist vor allem in der Hauptreisezeit mit dem starken Fahrzeugverkehr kein Vergnügen. Wenn man allein unterwegs ist, und seine und seines Pferdes Möglichkeiten und Reaktionen genau kennt, auch der Verkehrssicherheit seines Pferdes sicher sein kann, mag es noch angehen, aber mit einer Reitergruppe geht man immer ein Risiko ein. Allzu leicht lassen sich auch sonst ruhige Pferde durch ein nervöses und unruhiges Pferd anstecken. Wir sollten auf einem Wanderritt ein Risiko um jeden Preis vermeiden, auch um den Preis eines sogenannten Umweges und uns von der Maxime leiten lassen: Der beste und sicherste Weg ist der kürzeste!
Doch auch abseits der großen Verkehrswege gibt es Gefahrenpunkte, die wir nicht auf die leichte Schulter nehmen sollten. Straßentunnel und Autobahnüber- und -unterführungen, die z. B. durch Autobahnen getrennte Flurstücke verbinden, sind solche Gefahrenpunkte. Hier heißt es absitzen und das Pferd führen, da die lange Tunnelröhre, zusammen mit dem Widerhall des Hufgeklappers, eine für Pferde in der Regel ungewohnte Situation ist, die Nerven von Pferd und Reiter strapaziert. Kommt dann auch die Begleitmusik durch einen den Tunnel durchfahrenden Schlepper, Lkw oder Pkw dazu, ist das Maß oft voll.
Auf den kleinen, die Autobahnen überspannenden Brücken, ist es ähnlich. Es ist schon ein Unruhe verbreitendes Geräusch, wenn die Fahrzeuge wie Geschosse heranbrausen, unter der Brücke hindurch – und weiterrasen. Man muß nicht immer an das Schlimmste denken. Doch schon mancher Ausrutscher auf glattem Brücken- oder Tunnelboden hat unangenehme Folgen für das Pferd oder den Reiter oder auch für beide gehabt. Die Vorsicht des Wanderreiters ist auch hier die Mutter der guten Heimkehr. Deshalb soll-

te man das Ziel des Wanderrittes so legen, daß solche neuralgischen Punkte umritten werden können.

Ruhetage

Bei der Aufstellung des Streckenplans müssen wir die Ruhetage an dafür besonders gut geeigneten Quartierorten unbedingt berücksichtigen. Nach einer bewährten Regel sollte jeder dritte Wandertag einen halben Ruhetag für Pferd und Reiter bringen. Dem sechsten Wandertag sollte der ganze Ruhetag, in der Regel der Sonntag, folgen.

Bei der Auswahl der für die halben und ganzen Ruhetage vorgesehenen Dörfer müssen wir darauf achten, daß sie Pferden und Reitern Ruhe und Erholung bieten. Für die Pferde heißt das: guter Stall von ausreichender Größe mit gutem Futter und ausreichender Einstreu, dazu Gelegenheit zum Weidegang, oder eine gute Weide mit Wasser und einem Weideschuppen. Für die Reiter sollte bei der Quartierwahl nicht der Komfort der eigenen Unterkunft, sondern vielmehr die Pferdefreundlichkeit der Quartierwirte ausschlaggebend sein. Ist dann noch ein Schwimmbad in der Nähe und die Gelegenheit zum Besuch von Sehenswürdigkeiten, bleiben keine Wünsche offen. Schließlich kann man auch noch per geborgtem Fahrrad oder zu Fuß ein Stück der nächsten Tagesetappe erkunden, was mögliches Verreiten auf ein Minimum reduziert.

Marschleistung

Die tägliche Marschleistung wird in der Regel 40–50 km täglich nicht überschreiten. Das heißt, daß die tägliche Reitzeit, ausgehend vom Schrittempo, als der für das Wanderreiten gemäßen Gangart, etwa 5–8 Stunden beträgt. So viele Stunden sitzen wir im Sattel unseres Pferdes oder führen es. Dazu kommen noch die Ruhepausen, die Mittagsrast und die Zeit, die wir am Morgen und Abend für die Versorgung und Pflege unseres Pferdes auf den Beinen sind. Für den Normalbürger, der nur in seiner freien Zeit reiten kann, alltäglich aber viele Stunden am Arbeitsplatz und zu Hause sitzend verbringt, eine anerkennenswerte körperliche Leistung.

Diese Tagesleistung läßt sich selbstverständlich mit einem gesunden, leistungsstarken Pferd und einem ebensolchen Reiter steigern. Nur wird man dann den größeren Teil der täglichen Marschleistung auf die Nachmittags- und Abendstunden verlegen müssen und nicht, wie es eine goldene Wanderreiterregel sagt, auf den frühen Morgen und Vormittag. Denn einem frühen Aufbruch, es sei denn wir biwakieren oder verzichten auf das Frühstück vor dem Aufbrechen, steht in der Regel die Gewohnheit vieler Wirte im ländlichen Bereich entgegen, daß vor 8 Uhr die Küche nicht in Betrieb ist und man kein Frühstück bekommt. Man muß froh sein, wenn man vorher zu seinem Pferd in den Stall kommt, weil alle Türen verschlossen sind und der Wirt sich noch morgentrunken die Augen reibt. In Quartieren, die sich auf Reiter eingestellt haben, und mit eigenen Pferden im Stall, sieht es in dieser Beziehung viel besser aus und ist ein früher Aufbruch kein Problem. Wenn wir aber die größere Tagesleistung auf den Nachmittag und Abend legen, so geht das nur, wenn unser Quartiergeber unterrichtet wurde und damit einverstanden ist. Aber nicht jeder ist er-

Orientierungshilfen

- Strecke auf der Karte an Hand markanter Punkte markieren.
- Oder Wegeskizze für jeden Tag an Hand der Karte anfertigen. Dabei alles Überflüssige weglassen.
- Von Markierungspunkt zu Markierungspunkt reiten.
- Ständig auf die Himmelsrichtung achten.
- Die auf der Karte gemessene Entfernung muß zur Ermittlung der tatsächlichen Strecke mit 1,4 multipliziert werden.

freut, wenn zu seinen Pferden spät nach dem Abendfutter noch fremde Pferde kommen und Unruhe verbreiten. Wer verstünde das nicht.

Anders, wenn ein separater Stall für uns vorbereitet ist oder uns eine Weide zur Verfügung steht. Bedenken sollten wir aber, daß wir vor allem müde sein werden. Unsere Pferde sind härter im Nehmen. Das Absatteln und Versorgen der Pferde ist in der Dunkelheit für müde Wanderreiter oft hart. Wir sollten es unseren Pferden und uns ersparen. Solchen Anforderungen sollte man sich nur in Ausnahmefällen stellen.

Aufgabe der Vorbereitung ist es, festzustellen, wie viele Kilometer vom Ausgangsort bis zum Zielort und zurück zum Ausgangsort als Marschleistung zurückzulegen sind. Wenn für Streckenabschnitte verladen wird, muß das bei der Berechnung der tatsächlich erforderlichen Marschleistung berücksichtigt werden. Die ermittelte gesamte Kilometer-Marschleistung teilen wir durch die zur Verfügung stehenden Marschtage, wobei ganze Ruhetage nicht mitgerechnet werden dürfen und halbe Tage nur als solche. Haben wir so die täglich zu erbringende Marschleistung und den ungefähren Zeitplan errechnet, müssen wir diesen theoretischen Zeitplan noch überprüfen.

Marschzeitberechnung, Tagesziele

Damit unser Zeitplan nicht graue Theorie bleibt, müssen wir noch die Marschzeit für die täglich zurückzulegenden Strecken mit Hilfe der Karte eines Kurvenkilometermessers oder eines Stechzirkels und eines Zentimetermaßes errechnen.

Als ersten Schritt legen wir auf der topographischen Karte, die wir auch unterwegs mitführen werden, den Weg zum Tagesziel fest. Dabei bevorzugen wir Feld-, Wald- und Wiesenwege mit pferdeschonendem Geläuf. Gleichzeitig achten wir auch auf die im Kartenbild wiedergegebenen Geländepunkte, die wir auf der Karte markieren oder uns notieren.

Umwege berücksichtigen

Unterwegs müssen wir allerdings damit rechnen, daß der eine oder andere Wiesenweg durch einen Weidezaun gesperrt ist oder andere Wege inzwischen durch Flurbereinigungsmaßnahmen nicht mehr existieren, aufgehoben wurden, wie

Oben: Während die einen das Mittagessen zubereiten, lassen die anderen die Pferde grasen.
Unten: Begleitfahrzeuge erleichtern die Versorgung von Pferden und Reitern bei der Mittagsrast.

elco

der Fachbegriff es nennt. Umwege sind auf einem Wanderritt nicht zu vermeiden. Es sei denn, man bereitet einen Wanderritt so genau vor, daß man die Strecke Kilometer um Kilometer erkundet. Aber wer kann und will das. Wir müssen also in unserer Marschzeitberechnung auch immer so viel Luft haben, daß wir auch bei einem erforderlichen Umweg von ein oder zwei Stunden unser jeweiliges Tagesziel sicher erreichen. Nicht unberücksichtigt bleiben dürfen auch Höhenunterschiede, schlechte Wegstrecken, unvermeidliche Ortsumgehungen oder Durchquerungen, und daß gekennzeichnete Reitwege benutzt werden müssen.

Strecke markieren

Den so gefundenen Weg markieren wir und messen die Entfernung von Punkt zu Punkt, immer der Markierung folgend, bis zum jeweiligen Tagesziel. Die Faustregel zur Ermittlung der tatsächlichen Marschroute mit Hilfe der gemessenen Wegstrecke ist dann folgende: Reitstrekke von Punkt A nach B = Luftlinie mal 1,4. Diese Rechnung geht jedoch in der Lüneburger Heide besser auf als in einem unserer Mittelgebirge. Als nächsten Schritt verteilen wir die insgesamt ermittelten Kilometer auf die einzelnen Tagesetappen und überprüfen gleichzeitig, ob die so ermittelten Tagesleistungen ohne Überforderung von Pferden und Reitern

Oben: Auf einem Wanderritt muß des Reiters Fürsorge zu jeder Zeit dem Pferd gelten. Unten: Die Satteldecken so oft wie möglich zum Trocknen aufhängen und ausschütteln.

Marschtempo
Die einzelnen Trabstrecken können zwischen 1 und 5 km betragen, denen immer eine Schrittstrecke folgen sollte.
Faustregel: Die Länge der Schrittstrecke sollte etwa ein Drittel der Trabstrecke betragen. Beim Traben wird der Fuß nicht gewechselt, sondern nur nach der Schrittstrecke.

möglich sind und sich mit den Entfernungen zu den eingeplanten Tageszielen dekken. Dabei vergessen wir nicht, daß die tägliche Marschleistung von 40–50 km nicht überschritten werden sollte, und an halben Wanderrittagen nur die Hälfte der Marschleistung eines ganzen Tages betragen sollte. Auch nicht, daß wir es zu Beginn des Wanderrittes, zum Einlaufen sozusagen, gemächlich angehen lassen sollten. Das gilt auch dann, wenn wir ohne Gepäck reiten, weil dieses im Begleitfahrzeug transportiert wird.
Die Marschleistung von Tagesziel zu Tagesziel wird von der festgestellten Entfernung einschließlich der Einbeziehung der Wegeverhältnisse, des Wetters sowie der Gangart errechnet. Die durchschnittliche Marschgeschwindigkeit eines Pferdes im Schritt ist ein Kilometer in 10 Minuten, im Trabe benötigt ein Pferd für einen Kilometer etwa 5 Minuten.
Die einzelnen Trabstrecken werden vom Leistungsvermögen und der Kondition des Pferdes bestimmt und können zwischen 1 und 5 km betragen. Jeder Trabstrecke sollte eine Schrittstrecke folgen, deren Länge nach einer alten Faustregel etwa $\frac{1}{3}$ der Trabstrecke betragen sollte. Beim Traben wird der Fuß auch bei längeren Reprisen nicht innerhalb der Trab-

Ausgangs-ort	ab	km	Marsch-zeit	Mittags-pause	km	Marsch-zeit	an	Tagesziel Quartier	km
1. Tag									
A-Dorf	7.00	28	5 Std.	12–14 Uhr	18	3 Std.	17.00	B-Dorf	46
2. Tag									
B-Dorf	7.00	35	5 Std.	12–14 Uhr	25	4 Std.	18.00	C-Dorf	60
3. Tag									
C-Dorf			usw.						

strecke gewechselt, sondern nur nach der Schrittstrecke. Rein theoretisch kann ich in der Stunde etwa 8 km zurücklegen, wenn ich etwas über ¼ der Zeit trabe und sonst Schritt reite. Auf etwa 10–12 km in der Stunde komme ich, wenn ich etwas über die halbe Zeit trabe und die restliche Zeit Schritt reite.

Die durchschnittliche Marschgeschwindigkeit von 10 Kilometer pro Stunde sollte man bei einem Wanderritt nicht überschreiten. Eine Stundenleistung, die durch schlechte Wege und Höhenunterschiede in Berglagen geringer wird. Auch das muß immer berücksichtigt werden. Immerhin, das wollen wir auch nicht vergessen, kommen wir mit den 10 km pro Stunde und einer Marschzeit von sechs Stunden auf eine Tagesleistung von 60 Kilometer. Eine Leistung, die ein gut konditioniertes und gesundes Pferd nicht überfordert und zu der es bei gutem Futter und guter Pflege auch für die Dauer des Wanderrittes fähig ist.

Die festgelegten Tagesziele werden mit der für jeden Tag errechneten und zu erbringenden Marschleistung verglichen. Liegen wir nur geringfügig darüber oder darunter, sollten wir unseren Zeitplan und die Tagesziele nicht korrigieren. Liegen wir darüber, sorgen ein immer mögliches Verreiten, ein Schwatz mit Landwirten oder anderen uns begegnenden Menschen, oder eine etwas längere Pause oder Rast für einen ganz natürlichen Ausgleich. Liegen wir mit der errechneten Marschleistung und Marschzeit darunter, d.h. wir erreichen unser Ziel mit der vorgesehenen Marschleistung nicht in der dafür vorgesehenen Zeit, dann versuche man nicht, den Zeitplan durch ein höheres Tempo einzuhalten. Die Grundlage einer Dauerleistung sind gleichmäßige Gangarten (Schritt, Trab), gleichmäßiger Wechsel und vor allem gleichmäßiges Tempo: Eile und ständiger Tempowechsel sind Gift. Muß man aus sehr wichtigen Gründen unterwegs einen Zeitverlust ausgleichen, dann lieber durch eine längere Trabstrecke im Gebrauchstempo oder durch einen ruhigen Galopp.

Die ermittelten Werte tragen wir zur Kontrolle und Verwendung auch auf dem Ritt auf einen Zeitplan, der auch die Plätze für die zweistündigen Mittagspausen und die Tagesziele mit den Quartieren enthält (siehe Tabelle oben).

Festlegung der Quartiere

Mit den Quartiergebern der jeweiligen Tagesziele können nun die endgültigen und verbindlichen Vereinbarungen ge-

Quartier-Vereinbarungen
sollten verbindlich festhalten:

- Zahl der Reiter und Pferde
- deren Eintreffen
- Dauer des Aufenthalts
- Unterbringung der Reiter: Zimmer, Scheune, Zeltplatz
- Unterbringung der Pferde: Stall, Scheune, Weide
- Verpflegung der Reiter: Selbstverpfleger oder Frühstück, Mittag- und Abendbrot
- Verpflegung der Pferde: Selbstversorger, Weidegang oder in Futter
- Kosten für Reiter und Pferd

troffen werden. Wo Änderungen vorgenommen werden müssen, ist noch ausreichend Zeit, neue Quartiere zu suchen, zu besichtigen und verbindliche Vereinbarungen zu treffen. Auch wenn sich dadurch evtl. Zeitverschiebungen ergeben, weil durch die notwendig gewordene Änderung eines oder mehrerer Tagesziele diese nun zu nahe oder zu weit auseinanderliegen. Liegen die Tagesziele zu nahe beieinander, dann kann man das durch einen halben Ruhetag ausgleichen. Ist aber die Entfernung weiter geworden, dann gleichen wir das durch einen früheren Aufbruch und/oder eine längere Marschzeit aus. Nicht aber, ohne unsere Quartiergeber vom späteren Eintreffen zu verständigen. Keinesfalls aber durch eine höhere Marschgeschwindigkeit! Wer rasen will, der soll Auto fahren.

Klare Vereinbarungen treffen

Die mit den Quartierwirten getroffenen mündlichen Vereinbarungen bestätigen wir rechtzeitig schriftlich. Unser Eintreffen, Dauer des Aufenthalts, Anzahl der Pferde und Reiter, Stall, Weide, Futter usw., nicht zuletzt der vereinbarte Preis sollte in diesem Schreiben (mit einem Durchschlag für uns) enthalten sein. Das erspart Mißverständnisse und Ärger. Ausdrücklich sollte aus diesem Schreiben auch hervorgehen, wer die Gruppe als verantwortlicher Gesprächspartner gegenüber dem Wirt allein vertritt. Dieser muß auch wissen, an wen er sich zu halten hat, und wer die Gruppe mit Wünschen ihm gegenüber vertritt. Ausgenommen die Wünsche, die jeder auf eigene Rechnung und Verantwortung vorbringt.

Berittführer

Wenn man ihn bislang noch nicht gewählt hat, so ist es nun an der Zeit, es zu tun. Reitet man nur zu zweit, kommt man ohne ihn aus. Wenn wir aber auf einem Ritt mehr als zwei Köpfe sind, dann sollte nur einer, in allen die Gruppe als Ganzes betreffenden Fragen, das Sagen haben. Der Berittführer muß unterwegs alle die Entscheidungen treffen, die man nicht schon zu Hause gemeinsam festlegen konnte. Deshalb sollte der Berittführer in gemeinsamer Beratung von allen am Wanderritt teilnehmenden Reitern gewählt werden. Nur so ist die Gewähr gegeben, daß er das Vertrauen aller Teilnehmer besitzt.
Welche Voraussetzungen muß ein Berittführer mitbringen?
Alter allein genügt als Voraussetzung nicht. „Denn es gibt Männer von Zwanzig und dumme Jungens von Vierzig." Doch ist für eine Gruppe jugendlicher Reiter

Berittführer

Die Berittführerausbildung soll den Reiter befähigen, eine Reitergruppe im Straßenverkehr, in der freien Landschaft und im Wald unter Beachtung

- der Bestimmungen des Straßenverkehrsrechts und des jeweiligen Landesrechtes über das Reiten in Feld und Wald,
- der Belange des Umweltschutzes, insbesondere des Tier-, Natur- und Landschaftsschutzes,
- des sachgemäßen Umgangs mit Pferden,
- der Maßregeln zur Unfallverhütung

zu begleiten.

Anforderungen

Im Lehrgang werden folgende Fächer unterrichtet:

1. Reiten
Praktisches Können: Es entspricht im dressurmäßigen Reiten etwa den Anforderungen der Kl. A. Das Springen beschränkt sich auf die Überwindung von 4 festen Hindernissen (bis zu 0,80 m hoch) im Gelände im leichten Sitz. Reiten mit Handpferd. Andere Reitweisen (z. B. Western) sind zulässig.
Fachliches Wissen: Grundkenntnisse der Reitlehre, typische Merkmale anderer Reitweisen.

2. Pferdehaltung, Veterinärkunde
Praktisches Können: Pflege, Vorführen eines Pferdes, Zäumung, Sattelung, Hilfe beim Beschlagen, Messung von PAT-Werten.
Fachliches Wissen: Fütterung, Grundzüge der Anatomie des Pferdes, Kenntnis der typischen Pferdekrankheiten gemäß „Richtlinien“ Band IV.

3. Sport und Umwelt
Verhaltensweisen für die Umweltverträglichkeit der Pferdehaltung und des Freizeitreitens.

4. Organisation von Wanderritten
Zusammenstellen einer Reitergruppe: Vorbereiten eines Ausrittes/Wanderrittes, Grundkenntnisse im Umgang mit der Karte.

5. Sportlehre, Unfallverhütung und sportartspezifische Erste Hilfe
Grundkenntnisse der Pädagogik und Psychologie, Anforderungen an die Reitergruppe, Maßregeln zur Unfallverhütung, Kenntnisse in Erster Hilfe (Reiter und Pferd).

6. Rechtsvorschriften
Straßenverkehrsrecht, jeweiliges Landesrecht über das Reiten in Feld und Wald, Tierschutzgesetz, Tierhalterhaftung und Versicherungsfragen.

ein älterer und besonnener Berittführer kein Nachteil. Auf jeden Fall sollte es sich um einen erfahrenen Wanderreiter handeln, der neben guten praktischen und theoretischen Reitkenntnissen auch über ausreichende Erfahrung in Haltung und Pflege von Pferden besitzt. Dazu noch ausreichende Kenntnisse über die zu beachtenden gesetzlichen Vorschriften für den Straßenverkehr und das Reiten in der „freien Landschaft“, über die Erste Hilfe bei Unfällen von Reitern und Pferden und was zu tun ist, wenn ein Eisen klappert oder ein Riemen gerissen ist. Und schließlich dürfen Karte und Kompaß sowie die anderen Hilfen sich im Gelände zu orientieren, für den Berittführer keine böhmischen Dörfer sein. Denn er ist es, der die Gruppe von Tagesziel zu Tagesziel sicher führen soll und für das Wohl und Wehe von Pferden und Reitern verantwortlich sein wird.

Es ist Aufgabe des Berittführers, durch eine zusätzliche Marschpause bei großer Hitze oder das Verbleiben im Quartier bei einem Gewitter, bis hin zum Marschtempo, Pferde und Reiter an jedem Wanderreittag sicher zu führen.

Bei den Anforderungen an Pferde und Reiter auf dem Ritt muß der Berittführer sich maßvoll zeigen und vor Überforderungen hüten: Also keinen Parforceritt, aber auch kein „Krähenwinkler Landsturm". Dem Berittführer obliegt es, die Übermütigen und Selbstsicheren zu mäßigen und die Zaghaften und Unsicheren zu ermutigen, damit der Ritt allen zu einem frohen und schönen Erlebnis wird.

Von allen Teilnehmern aber wird man erwarten dürfen, daß sie ihren Berittführer bei dieser schönen aber auch schwierigen Aufgabe unterstützen, sie ihm leicht machen.

Es sei deshalb an dieser Stelle auf die von der Deutschen Reiterlichen Vereinigung (FN) und anderen Verbänden angebotenen guten Lehrgänge, sich zum Berittführer ausbilden zu lassen, hingewiesen.

Ausrüstung von Reiter und Pferd

Wer an einem durch Reiterverbände organisierten Wanderritt teilnimmt, bekommt in der Regel von den Veranstaltern zu beachtende Hinweise für die Ausrüstung von Pferd und Reiter. Ausgenommen die Ritte von gewerblichen Veranstaltern, wenn diese das Pferd samt dessen Ausrüstung zur Verfügung stellen. Der teilnehmende Reiter muß dann nur für seine persönliche Ausrüstung sorgen. Dabei sollte er, wenn ein solcher Ritt nicht von einem Fahrzeug für das Gepäck der Reiter begleitet wird, das Interesse des Pferdes im Auge haben und Unnötiges weglassen und nur das unbedingt Notwendige mitnehmen.
Finden sich mehrere befreundete Reiter zu einem Wanderritt zusammen, wird man übereinkommen müssen, was jeder über die für sein Pferd und seine persönliche Ausrüstung hinaus, noch an Ausrüstungsstücken mitnimmt. Das um so mehr, als ja nicht alle Reiter eine Erste-Hilfe-Ausrüstung, Hufbeschlagwerkzeug usw. mit sich führen müssen. Es genügt, je nach Zahl der Teilnehmer, daß etwa jeder fünfte Reiter eine Erste-Hilfe-Ausrüstung mitführt, und einer für alle das Hufbeschlagwerkzeug. Ich selbst habe auf dieses Werkzeug auf allen meinen Ritten verzichtet. Hufeisen, die noch nicht zu lange liegen, wie das bei einem Wanderritt der Fall sein sollte, verliert man so schnell nicht. Und einen losen Nagel hat man schnell wieder fest, auch ohne Hufbeschlagwerkzeug.

Ganz anders verhält es sich, wenn man von einem Fahrzeug begleitet wird. Dann kann man schon großzügiger verfahren und nicht nur das Allernötigste mitnehmen, sondern auch weniger Wichtiges.

Die Ausrüstung des Reiters

Die Ausrüstung des Reiters wird vom Zweck und auch von der Jahreszeit bestimmt. Wer im Frühjahr oder im Herbst über Land reitet, tut gut daran, sich auch mit wärmerer Unter- und Oberbekleidung zu versehen. Damit sollen nicht Regen und Sturm an den Urlaubsritthorizont gemalt werden, sondern es soll nur daran erinnert werden, daß die Abende im Frühjahr und Herbst oft noch oder schon wieder recht kühl sein können. Dann ist es doch ein beruhigendes Gefühl, wenn man müde und ein wenig fröstelnd dem abendlichen Quartier zustrebt, daß man im Mantelsack oder im Begleitfahrzeug warme Bekleidung zur Hand hat. Manchmal ist es auch in den Quartieren recht kühl, weil man nur nach dem Kalender heizt und nicht nach den Außentemperaturen. Und will man nicht im Mantel in der Gaststube sitzen, ist man doch recht froh, wenn man wärmere Unterwäsche zur Hand hat.
Auch im Hochsommer – ganz besonders gilt das natürlich für das Mittelgebirge und Gebirge – sollte man wärmere Ober- und Unterbekleidung mitführen. Wetter-

stürze können nicht nur im Hochsommer in Gebirgslagen auftreten und sehr unangenehm sein. Daran müssen wir denken, wenn wir die Packliste für den Wanderritt zusammenstellen. Wir wollen schließlich – wie auch unser Pferd – erholt und gesund zurück nach Hause kommen.
Die nachfolgende Aufstellung soll einen Anhaltspunkt dafür geben, was mitzunehmen ist. Danach sollte, zugeschnitten auf Jahreszeit, Dauer des Rittes und persönliche Bedürfnisse, ob mit oder ohne Begleitfahrzeug, eine Packliste aufgestellt werden, damit auch nichts vergessen wird. Auch wenn wir mit Begleitfahrzeug unterwegs sind, sollte das Gepäck nicht nach Lust und Laune eingepackt werden, weil wir dann sicher wichtige Kleinigkeiten vergessen, sondern nach einer Packliste.
Es kann hilfreich sein, wenn man auf der Liste der mitzuführenden Ausrüstungsgegenstände zwischen den Stücken unterscheidet, die man unbedingt mitnehmen muß und denen, die man gerne dabei haben möchte. Dann lege man alle Ausrüstungsstücke auf ein oder zwei große Tische. Dazu den Mantelsack und die beiden Sattelpacktaschen. Vor das „geistige" Auge stelle man das Begleitfahrzeug und den Berg der Dinge, die von den anderen Reitern mitgenommen werden möchten. Hat man das intensiv genug getan, fällt einem das Aussortieren der nicht unbedingt notwendigen Gegenstände sehr viel leichter. Das weitere Aussortieren erfolgt zwangsläufig auf dem Wanderritt.
Ist man aber auf das begrenzte Volumen von Mantelsack und Packtaschen angewiesen, sind dem Mitführen unnötiger und unwichtiger Ausrüstung grundsätzlich Schranken gesetzt. So kann ein Wanderritt auch zum Nachdenken darüber führen, daß wir, von den oft selbst auferlegten Zwängen befreit, sehr viel weniger zum Leben brauchen als wir vorgeben haben zu müssen.
Wir sollten auch bedenken, daß wir manche Ausrüstungsstücke auch unterwegs ergänzen können. Die halben und ganzen Ruhetage bieten uns dazu die Möglichkeit.

Für die Kleidung des Wanderreiters gilt die goldene Regel: Weit, bequem und warm genug, um einer evtl. Änderung des Wetters, z. B. durch einen Wettersturz, zu entsprechen.

Da es um den Reiter und seine Bekleidung vom Kopf bis zu den Füßen geht, fangen wir die Packliste mit der Oberbekleidung an und beginnen beim Kopf.
Reitkappe: Ohne diesen festen Kopfschutz sollte man nicht auf den Wanderritt gehen. Auch sonst trittsichere Pferde stolpern, und der Reiter fällt aus dem Sattel, stürzt und verletzt sich folgenschwer am Kopf. Auch das Zusammenstoßen mit einem übersehenen starken Ast hat oft genug schon mehr als nur Schädelbrummen verursacht. Das alles spricht für die Sicherheits-Reitkappe nach DIN. Sie nützt aber nur dann, wenn sie uns auch einwandfrei paßt!
Mütze: Sportmütze oder Baskenmütze sind empfehlenswert. Nicht nur als Kopfbedeckung an den Ruhetagen, sondern auch für unterwegs, da sie an heißen Tagen leichter und luftiger sind als die Reitkappe und wir Reiter auch zeitweise unvernünftig handeln. Man sollte also eine Mütze aus einem leichten Material, das Zusammenknautschen und Einstecken verträgt, mitführen.

Hut: Der breitkrempige Hut à la Western mit einem Kinnband, damit ihn kein Windstoß wegfegen kann, ist er auch eine bei vielen Wanderreitern beliebte Kopfbedeckung.

Reitmantel: Im Sommer ist ein ausgesprochener Reitmantel aus Vistram oder gummiertem Material, lang und mit „Reitschürze", dem Regenschutz für die Beine, meist zu warm. Im zeitigen Frühjahr und im Herbst hat er seine Vorzüge: Gegenüber dem Reitmantel aus Loden, Gabardine oder anderen Textilien hat er den Vorzug, daß er unempfindlicher ist. Viel gelobt werden auch die australischen Reiter-Regenmäntel aus gewachster Baumwolle wegen ihrer Wasserundurchlässigkeit und ihres leichten Gewichtes.

Dem Wärmestau beim Tragen reduzieren die neuen regenfesten und winddichten Textilfasern aus Sympatex und Goretex. Beim Reitmantel kommt es vor allem darauf an, daß er die richtige Knie- und Sattel-bedeckende Länge und Weite hat und zum bequemen Aufsitzen den langen Rückenschlitz mit „Kellerfalte". Dazu als Knieschutz die „Regenschürze" mit Beinriemen, um ein Naßwerden und Aufklappen des Mantels zu verhindern. Der Kragen muß ausreichend breit sein, um hochgeklappt den Nacken wirklich schützen zu können, die Taschen mit „Durchgriff", tief und aus festem Material, die Ärmel mit Windschutz. Der „Durchgriff" erlaubt das Durchgreifen in die durch den Mantel bedeckten Hosentaschen, ohne erst umständlich die Ösen und den Mantel aufknöpfen zu müssen. Das ist im Sattel und vor allem bei Regen wichtig.

Umhänge als Regenschutz aus Nylon etc. sind leicht und lassen sich bequem mitführen. Ihr Nachteil ist, daß sie sich bei Wind aufblähen und zu flattern und knattern anfangen. Geräusche, auf die Pferde oft panisch reagieren. Umhänge aus Loden oder anderem Material, auch Regenponchos, haben meistens die gewünschte ausreichende Weite, sind aber zu wenig „atmungsaktiv", saugen sich bei andauerndem Regen zu schnell voll und werden dadurch schwer und unangenehm.

Zeltbahn: Die dreieckige Zeltbahn mit Kopfschlitz ist ein einfacher, zweckmäßiger und vielfach bewährter Regenschutz, wenn man sie zusammengeknöpft als Umhang verwendet. Dabei sind die Knie und der Sattelkranz ausreichend geschützt. Die Arme kann man bei sehr schlechtem Wetter auch unter dem „Zeltbahnumhang" lassen, ohne in der Zügelführung beeinträchtigt zu werden. Übrigens: Aus drei Bahnen kann man auch ein Drei-Mann-Zelt bauen.

Regenjacken, aus welchem Material auch immer, als Regenschutz erfüllen ihren Zweck nur dann, wenn sie ausreichend lang sind. Hinten sollen sie den Sattelkranz bedecken, damit das Regenwasser nicht in den Sattel laufen kann und das Gesäß trocken bleibt, und vorn soll die ausreichende Länge nasse Knie verhindern helfen. Wer eine solche Jacke besitzt, kann sich glücklich preisen.

Zeltformen

aus dreieckigen Zeltbahnen:
3 Bahnen = Dreierpyramide
4 Bahnen = Viererpyramide
6 Bahnen = Sechserhauszelt

aus viereckigen Zeltbahnen:
3 Bahnen = Dreierpyramide
4 Bahnen = Viererhauszelt
6 Bahnen = Sechserhauszelt

Reitjacke: Ob wir uns für einen Anorak, ein Blouson, eine Reitjacke, eine Wanderreitjacke, oder wie auch immer diese Jakken heißen, entscheiden, liegt bei uns. Ganz ohne dieses Bekleidungsstück sollten wir aber nicht auf einen Wanderritt gehen. Wichtig ist auch hier die Zweckmäßigkeit: robust, pflegeleicht und viele Taschen außen und innen mit ausreichender Tiefe und einige, vor allem die Innentaschen, für wichtige Papiere mit guten Reißverschlüssen zum Schutz gegen das Verlieren des Inhalts.
Pullover: Ob mit oder ohne Ärmel, auf unseren Pullover sollten wir nicht verzichten, auch Sommerabende können kühl sein.
Sporthemden: Solche aus Baumwolle und mit Brusttasche sind allen anderen vorzuziehen.
Reithose: Ob Stiefelhose, Jodhpurs, Jeans oder eine „Wanderreiterhose", das wird immer eine Frage der Gewohnheit und des persönlichen Stils sein. Wichtig für die Hose sind ausreichende Unempfindlichkeit und Strapazierfähigkeit, bequemer Sitz ohne drückende Nähte, kneifende Falten, außerdem genügend tiefe und feste Hosentaschen.
Lange Hosen jeglicher Art, zum Tragen mit Stiefeletten usw., sind vor allem im Sommer Stiefelhosen vorzuziehen, da sie bequemer und luftiger sind. Ist man aber mit Begleitfahrzeug unterwegs, sind die Stiefel und die dazugehörende Reithose eine mögliche Alternative. Vor allem dann, wenn es durch Wasser geht.
Für welche Hose wir uns je nach Zweckmäßigkeit und Vorliebe auch entscheiden, eine zusätzliche leichte lange Hose samt einem Paar leichter Schuhe sollten wir zur Marscherleichterung im abendlichen Quartier dabeihaben.

Packliste Grundausrüstung des Reiters
Reitkappe
Regenschutz
Reitjacke
Pullover
Reithose
feste Stiefel oder Schuhe
Sporthemden
Unterwäsche
Strümpfe
Badezeug
Taschentücher
Toilettenartikel
Sonnenbrille
Brotbeutel
Feldflasche
Fahrtenbesteck
Taschenmesser
Kartentasche
Kompaß
Taschenlampe
Feuerzeug/Streichhölzer
Nähzeug
Verbandspäckchen
Hansaplast

Handschuhe: Luftige aus Baumwolle oder farbechte aus Leder.
Stiefel, Schuhe: Gut eingelaufen sollten sie sein und mit ausreichend dicker Sohle, damit wir nicht jedes Steinchen spüren, wenn wir, wie das auf Wanderritten häufig der Fall ist, das Pferd bei steilen An- und Abstiegen oder zur Erholung für Pferd und Reiter führen.
Mini-Chaps: Sind vor allem im Sommer empfehlenswert. Sie sind leichter als Reitstiefel und man kann sie mit verschiedenen Schuhen kombinieren.

Stiefelknecht: Nicht in jedem Quartier hält man einen Stiefelknecht für uns bereit, auch eingeklemmt – zwischen Tür und Pfosten – geht nicht jeder Stiefel von den Füßen. Und wenn wir allein reiten, fehlt uns der Partner zum Stiefelausziehen. Dann ist man froh, einen dabei zu haben.
Unterwäsche: Guter Sitz und gute Trageeigenschaften, also ohne drückende Nähte an der falschen Stelle, sind hier besonders wichtig, um ein Wundreiten auszuschließen. Wäsche aus Baumwolle ist, der besseren Trageeigenschaften wegen, allen anderen Materialien vorzuziehen.
Badezeug: Im Sommer sollte es nicht fehlen, auch eine Turnhose nicht.
Strümpfe, Socken: Baumwolle oder Wolle, kein synthetisches Material. Stiefelträger, die nach einem langen Tag nur mit großer Schwierigkeit aus ihren Stiefeln kommen, ziehen ein Paar auf Wadenlänge abgeschnittene alte Nylons unter die Socken. Die Stiefel gehen dann leichter vom Fuß.
Taschentücher: Kräftiges Material, groß und bunt.
Toilettenartikel: Nur das Notwendigste. Rasierzeug und Toilettenpapier nicht vergessen. Von letzterem auch immer etwas bei sich mitführen.
Brustbeutel: Ausreichend groß und mit fester Schnur, um Bargeld, Scheckkarte etc. sicher am Körper zu tragen.
Gürteltasche: Wird wie ein Gürtel getragen und gibt es für die unterschiedlichste Verwendung als Safe für Geld und wichtige Ausweispapiere und zur Aufbewahrung wichtiger Kleinigkeiten.
Sonnenbrille: Unverzichtbar für jeden.
Ersatzbrille: Unverzichtbar für Brillenträger.

Eiserne Ration
1 Stück Brot
1 Stück Hartwurst
1 kleine Dose Schmalzfleisch etc.
1 Dose Ölsardinen oder Fischkonserve
1 Tafel Schokolade
1 Portion Zwieback

Brotbeutel: Aus Segeltuch mit Koppelschlaufen und Trageband zum Umhängen, um das Frühstück oder Lebensmittel für unterwegs und andere nützliche Dinge bei sich mitzuführen. Mit Hilfe der Schlaufen läßt sich der Brotbeutel auch am Sattel befestigen.
Feldflasche: Aus Aluminium mit Schutzüberzug für kalten Tee, Kaffee usw. Die Ausführung mit Metallbecher ist der mit dem zerbrechlichen Kunststoffbecher vorzuziehen. Beim Biwak kann man den aus Metall auch einmal in die Glut eines Feuers stellen, um ein Getränk zu erwärmen.
Kochgeschirr: Das ehem. Wehrmachtsmodell läßt sich zum Aufbewahren von Lebensmitteln und auch zum Kochen verwenden. Zum Mitführen am Armeesattel 25 (ehem. Wehrmachtsmodell) gibt es auch einen Kochgeschirrbehälter, der am linken Packring des Sattels befestigt wird.
Taschen-Kocher: Der „Esbit-Kocher“ für Trockenbrennstoff ist ein bewährter Nothelfer, um schnell ein warmes Getränk oder eine warme Mahlzeit zu bereiten. Durch sein handliches Format, zusammengeklappt ist er nur 95 × 75 × 20 mm groß, läßt er sich bequem in jeder Packtasche unterbringen.
Büchsenöffner: Flach und klein, ca. 15 × 40 mm groß, der nicht aufträgt, damit

man ihn im Portemonnaie oder Brustbeutel immer zur Hand hat. Denn nicht alle Konserven lassen sich aufdrehen oder aufreißen.
Proviantdose: Sogenannte Butterdose aus Aluminium, mit Glaseinsatz und Schraubverschluß.
Eßbesteck: „Fahrtenbesteck" (Messer, Gabel, Löffel) aus rostfreiem Material unbedingt mitnehmen.
Taschenmesser: Kein Spielzeug, sondern ein Messer mit wenigstens einer kräftigen, langen Klinge, um damit auch einmal Brot schneiden zu können. Auch Pfriemen (Ahle), Büchsenöffner und Flaschenöffner sollten nicht fehlen.
Bindfaden: Einige Längen, nicht zu dick und nicht zu dünn, sollten wir in der Hosentasche oder der Satteltasche dabei haben.
Nähzeug: Knöpfe, Nähnadeln, Zwirn, Sicherheitsnadeln verschiedener Größe. Dazu auch ein paar Nadeln für evtl. erforderliche Reparaturen am Lederzeug mit einigen Längen zum Nähen fertigen Sattlerzwirn, die man sich am besten von einem Sattler- oder Schuhmachermeister besorgt.
Verbandspäckchen: Ein Verbandspäckchen und etwas Hansaplast sollten wir „am Körper", unabhängig von der Erste-Hilfe-Ausrüstung, bei uns haben.
Feuerzeug/Streichhölzer: Auch wenn man Nichtraucher ist, gehören sie zur Ausrüstung.
Taschenlampe: Mit „Signallicht" (rot, grün weiß) wird man allen möglichen Situationen gerecht.
Kartentasche: Zum Umhängen, mit kratzfester, durchsichtiger Vorderseite, damit man jederzeit Gelände und Kartenbild vergleichen kann. In der Karte Notizbuch, einige Zettel, Bleistift, Kugelschreiber, Textmarker, Filzstift, wichtige Adressen, Telefongroschen oder Telefonkarte.
Kompaß: Unverzichtbar dafür die Anlegekante, die gute Lagerung der Nadel (Sa-

Unentbehrliche Begleiter: Brotbeutel, Feldflasche, Kochgeschirr und Proviantdose.

Die Kartentasche sollte enthalten:
- Karte(n)
- Notizbuch
- Papier
- Bleistift/Kugelschreiber
- Textmarker/Filzstift
- wichtige Adressen
- Telefonkarte oder -geld

phir, Achat etc.) und die Öl-Dämpfung zur Verwendung des Kompasses im Sattel.
Beil: Ein „Handbeil", etwa 500 g schwer, mit kurzem Stiel, griffbereit angeschnallt an der Packtasche oder am Sattel.
Feldspaten: Mit seiner Hilfe lassen sich natürliche Abfälle (Reste von Mahlzeiten, Papier usw.) leichter beseitigen, und man kann einen Rastplatz so verlassen, wie man ihn vorzufinden wünscht.
Feldstecher: Nicht zu schwer, damit wir uns nicht unnötig belasten. Ein Allround-Fernglas mit sieben- bis achtfacher Vergrößerung reicht für unsere Zwecke. Den Vergrößerungswert eines Feldstechers gibt von der Zahlenkombination, z. B. 8 × 20, immer die erste Zahl an, die zweite Zahl gibt den Durchmesser des Objektivs und damit der Lichtstärke an. Je größer diese Zahl, also der Wert der Lichtstärke ist, um so besser die Sicht. Unterschlagen werden soll aber in diesem Zusammenhang nicht, daß bei mangelhafter Qualität, wie z. B. schlechter „Vergütung" des Objektivs, auch große Werte nicht halten, was die Zahlen versprechen.
Fotoapparat: Wenn er nicht zu groß ist.
Reitgerte und Sporen: Beim Wanderreiten brauchen wir sie nicht.
Zelt: Wer sein Zelt als zusätzliches Ausrüstungsstück am Pferd mitnehmen möchte, wird ein „Leicht"- oder „Mini-Zelt" wählen. Diese Zelte zeichnen sich durch ihr geringes Gewicht und geringes Volumen aus. Da Wanderreiter in der Regel das Zelt nur zum Schlafen benutzen, muß das Zelt vor allem diesem Anspruch nach Größe – zwei Personen sollte es Platz bieten – und Ausstattung genügen. Wer aber mit einem Begleitfahrzeug unterwegs ist, muß bei der Wahl des Zeltes nicht unbedingt Rücksicht auf dessen Gewicht und Größe nehmen.
Schlafsack: Er soll wärmen, ausreichend groß sein und gegen aufsteigende Nässe aus dem Boden und solche von oben schützen, auch den Kopf! Dazu auch möglichst leicht sein und ein geringes Volumen haben. Bewährte Modelle sind der Bundeswehr-Schlafsack (ca. 2700 g), der Pilot-Schlafsack (ca. 1700 g), der Trekking-Schlafsack (ca. 1800 g), der Minipack-Schlafsack (ca. 1600 g) und der Hyperlight-Schlafsack (ca. 1300 g), um nur einige Modelle zu nennen.

Für die persönliche Ausrüstung gilt, daß man nicht mitnehmen sollte, was man sich unterwegs beschaffen kann. Und was man nicht mehr braucht, nicht immer ist das nur die schmutzige Wäsche, sollte man an einem Ruhetag per Post nach Hause schicken. Das gilt vor allem für die Wanderreiter, die ohne Begleitfahrzeug oder Packpferd unterwegs sind.

Die Ausrüstung des Pferdes

Hufbeschlag: Sieben bis zehn Tage vor Beginn des Rittes muß der Hufbeschlag erneuert bzw. müssen die Hufe ausgeschnitten und berundet werden, damit man noch genügend Zeit hat, etwaige Mängel im Hufbeschlag und den Hufen abzustellen. In der Vorbereitungszeit mit den Halb- und Ganztagsritten hatten wir Gelegenheit, die Hufhornqualität unseres „Barfußgehers" unter größeren Belastungen durch die längeren Ritte zu prüfen. Auch wenn die Probe zu unserer Zufriedenheit ausgefallen ist, sollten wir uns, da wir mit wechselnden und veränderten Bodenverhältnissen rechnen müssen, *sicherheitshalber für den Hufbeschlag entscheiden.*

Grundausrüstung des Pferdes
Hufbeschlag
zwei Ersatzeisen
Zaumzeug
Sattel
Führzügel
Packtaschen
Ersatzbügelriemen
Woilach
Mantelsack
Stallhalfter
Leuchtgamaschen, Stiefellampe
Putzzeug

Wenn wir uns nicht für einen „Rundum-Beschlag" erwärmen können, sollten wir die harten Hufe unseres „Barfußgehers" wenigstens an den Vorderfüßen beschlagen lassen. Um ein seitliches Verschieben der Hufeisen zu verhindern, lassen wir die Eisen mit Aufzügen versehen, für die Vordereisen je einen Zehenaufzug und zwei seitliche Aufzüge, für die Hintereisen je zwei seitliche Aufzüge. Man nennt diese mit Aufzügen versehenen Hufeisen auch Greifeisen.

Ob wir Stollen verwenden, ist eine Frage des Bodens und der Gewohnheit. Wer ständig Stollen verwendet, sollte auch dabei bleiben. Für gewöhnlich aber wird man ohne Stollen auskommen.

Wenn allerdings der Ritt ins Gebirge führt, ist es ratsam, den Beschlag mit Stollen auszurüsten. Wenigstens sollten die Eisen durch Schraubstollenlöcher zum Eindrehen der Schraubstollen vorbereitet sein. Die erforderlichen Schraubstollen und einen passenden Schlüssel führt man im Gepäck mit sich. Auch das Mitnehmen vorbereiteter Ersatzhufeisen und einiger Hufnägel für den „Fall des

Eine praktische Kombination: Einohrtrense mit untergeschnalltem Stallhalfter.

Falles" ist nicht unbedingt eine unnütze Last.

Zaumzeug: Keine Experimente, sondern das ständig benutzte Zaumzeug, das zu unserem Pferd gehört. Woran es gewöhnt ist, verwenden wir auch auf dem Wanderritt. Das wird der normale Trensenzaum mit einer dicken Wassertrense und dem Hannoverschen oder Englischen Reithalfter sein. Auch Westernreiter werden zur gewohnten Zäumung greifen, warum auch nicht.

Nur die Kandare ist für einen Wanderritt nicht geeignet.

Wandertrensenzaum (ohne Gebiß).

Wanderzaum mit Doppelring-Knebeltrensengebiß.

Marschhalfter: Ergänzt wird das Zaumzeug durch ein Stallhalfter mit Anbindestrick, das wir als Marschhalfter unter den Trensenzaum legen. Das Marschhalfter ist also ein ganz gewöhnliches Stallhalfter aus nicht zu dickem, aber festem Material. Den Anbindestrick, den wir immer am Marschhalfter lassen, legen wir um den Pferdehals und verknoten ihn. Wir können nun mit Hilfe des dem Pferd aufgelegten Marschhalfters jederzeit anbinden, auch führen oder grasen lassen.

Ein „Wandertrensenzaum", Trense und Stallhalfter in einem, ist jedoch zweckmäßiger. Der Anbindestrick wird beim Reiten um den Kehlriemen und Nasenriemen verbindenden Riemen gewickelt. Zur Verwendung als Stallhalfter wird die Wassertrense mit den Zügeln ausgeschnallt.

Auch ein einfacher Arbeitszaum, wie er früher vor allem in der Landwirtschaft und im Gewerbe verwendet wurde, wird zu einem praktischen Wanderzaumzeug, wenn wir das Kopfgestell durch eine Trense mit Kette und Knebel, auch noch durch einen Stirnriemen, falls dieser fehlen sollte, ergänzen.

Auch das von uns ständig verwendete Zaumzeug läßt sich als „Wanderhalfter" zum schnellen Herausnehmen der Wassertrense verändern, damit es sich als Stallhalfter verwenden läßt. Es genügt, Wassertrense und Backenstücke durch Karabinerhaken und Kehl- und Nasenriemen durch einen zusätzlichen Riemen zu verbinden. Den Anbindestrick befestigt man direkt an diesem Verbindungsriemen oder an einem Anbindering, den man auf den Verbindungsriemen aufsteckt oder in diesen einnäht.

Zügel: Wir verwenden die zum Zaumzeug gehörenden auch beim Wanderritt. Bei einer Neuanschaffung sollten wir uns für griffige Zügel, solche aus Gurten, mit Lederstegen usw. entscheiden, die auch bei Nässe nicht so leicht aus der Hand gleiten.

Führzügel/Führstrick: 120 bis 150 cm lang, aus Leder, Hanf oder anderem Material und mit Karabinerhaken und Handschlaufe. Auch der Halfterstrick kann als Führzügel verwendet werden. Er wird dazu im inneren Trensenring befestigt und an seinem Ende zu einer Handschlaufe verknotet.

Führleine: Ein Hanfstrick von ca. 10 mm Durchmesser, 4–4,5 m Länge und je einer Öse an jedem Ende, einer kleinen zum Durchziehen der Leine und einer großen als „Handschlaufe".

Sattel: Der ständig benutzte Vielseitigkeitssattel genügt auch den Ansprüchen eines Wanderrittes, wenn wir mit sehr wenig Gepäck auskommen oder das Gepäck durch ein Begleitfahrzeug transportiert wird. Unter der Voraussetzung allerdings, daß er gut und richtig gepolstert ist und eine ausreichend große und breite Sattelkammer hat, um Widerristschäden auszuschließen. Falls noch nicht am Sattel vorhanden, lassen wir von einem erfahrenen Sattlermeister Ösen und Krampen (siehe Zeichnung) anbringen, um daran den Mantelsack und die beiden Packtaschen, je vorne links und rechts, anschnallen zu können.

Trachtensattel: Der Wanderreitsattel schlechthin, sofern er in der Größe zum Pferd paßt. Er zeichnet sich vor allem durch seine betonten Trachten und die damit verbundene Entlastung des Pferderückens aus, da durch die Trachten die Last breitflächiger auf dem Rücken des Pferdes verteilt wird. Es muß aber unbedingt darauf geachtet werden, daß die Trachtenenden ein wenig vom Pferdekörper weggebogen sind und Rücken und Widerrist nicht klemmen. Ein weiterer Vorzug des Trachtensattels ist seine reiche Ausstattung mit Packringen und Ösen zur Befestigung von Packtaschen, Mantelsack und Teilen der Ausrüstung.

Von den „Wanderreitsätteln" ist das bewährte Wehrmachtsmodell, der Armeesattel 25, der neu und gebraucht in verschiedenen Größen angeboten wird, für die Zwecke des Wanderreitens bestens geeignet.

Armeesattel 25: Grundlage des bei Wanderreitern beliebten Sattels ist der Sattelbaum mit seinen zwei Trachten, die ein gutes breitflächiges Aufliegen auf dem Pferd ermöglichen und die Last von Reiter und Ausrüstung verteilen und für das Pferd erträglicher machen. Beachtet werden sollte, daß die oberen Trachtenenden den Pferdekörper nirgends klemmen,

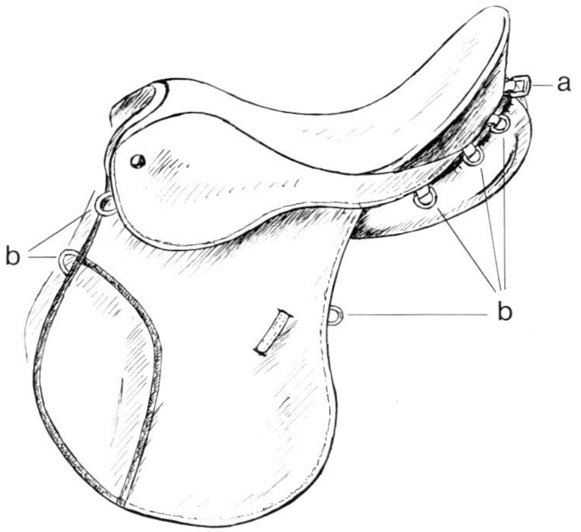

Umgerüsteter Vielseitigkeitssattel.
a) Große Kramme als Hauptstütze für den Mantelsack.
b) Kleine Krammen und Ringe für die Packtaschen.

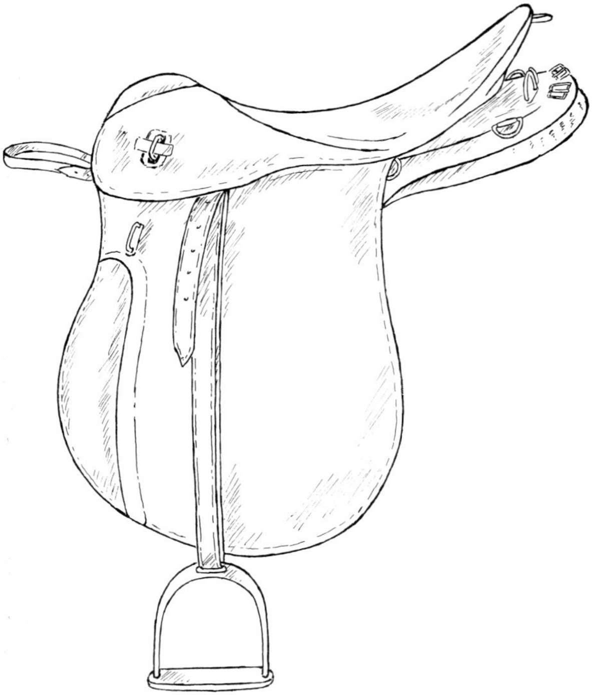

Der Armeesattel 25 ist ein bewährter Trachtensattel, der keiner Empfehlung für seine hervorragende Eignung als Freizeitreitersattel bedarf, da er sich für alle Zweige des Freizeitreitens eignet, ganz besonders für das Wanderreiten.

weshalb sie etwas abgebogen sein sollten. Die vielen mit dem Sattel von Grund auf fest verbundenen Ösen und Krammen ermöglichen eine sichere Befestigung von Packtaschen und anderen Ausrüstungsstücken für einen Wanderritt. Der Sattelsitz erlaubt ein bequemes Sitzen, was für die Durchführung von Wanderritten wichtig ist.
Den Armeesattel 25 gibt es in folgenden Größen (nach Heeres-Dienstvorschrift - 476/2):
Größe Nr. 1 für schmalgerippte Pferde mit hohem Widerrist,
Größe Nr. 2 für schmalgerippte Pferde,
Größe Nr. 3 für mittelstarke Pferde mit hohem Widerrist,
Größe Nr. 4 für mittelstarke Pferde,
Größe Nr. 5 für Pferde schweren Schlages.

Westernsattel: Seine Vorzüge sind die des Trachtensattels: die günstige Verteilung des Reitergewichtes auf dem Pferderücken durch die breite Auflage und die Befestigungsmöglichkeiten für Ausrüstungsteile.
Für alle Sattelarten gilt, daß der verwendete Sattel sich in allen seinen Teilen in einem einwandfreien und gepflegten Zustand befinden sollte und wir seine Tauglichkeit in der Vorbereitungszeit überprüft haben.

Sattelgurt: Ein geplatzter Sattelgurt muß nicht sein! Ob aus Baumwolle, Eisengarn, Leder oder anderem Material, der Sattelgurt muß sich in einem einwandfreien Zustand befinden, um jeder Belastung standzuhalten. Schwache Stellen oder gar Knoten, die Drücke verursachen, dürfen nicht sein! Dazu muß er ausreichend lang sein, damit die Schnallstücke sich nach dem Gurten in gleicher Höhe gegenüberliegen.

Packtaschen: Zum Armeesattel 25 sind die beiden großen ledernen Packtaschen ein unverzichtbares Zubehör. Mit ihren rostfreien Beschlägen lassen sie sich fest mit dem Sattel verbinden, sie sind geräu-

Oben: Korrekt gespannte Stalleine. Das Pferd kann sich nicht darin verheddern. Unten: Diese Stalleine ist zu hoch gespannt, sie sollte nicht höher als das Buggelenk sein.

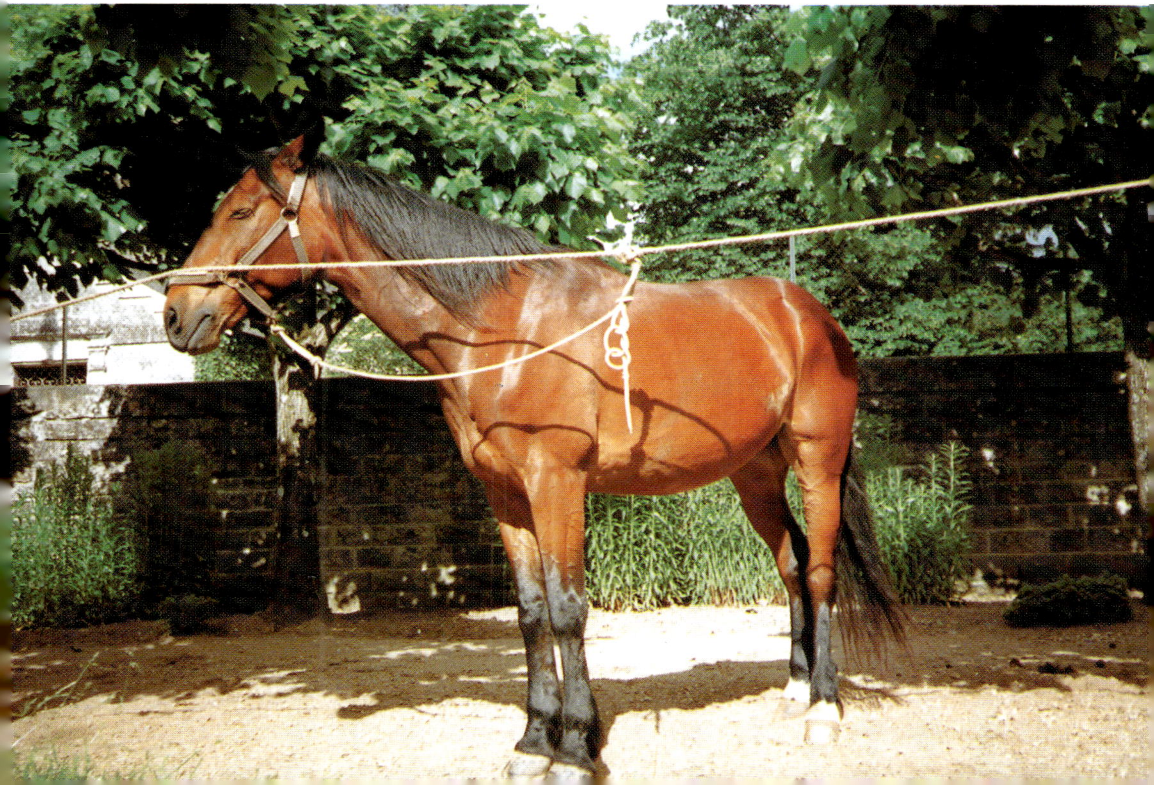

Packtaschen

Der Handel bietet Modelle in verschiedenen Größen und aus dem verschiedensten Material an. Packtaschen aus Leder oder Segeltuch sind denen aus Kunststoff im allgemeinen vorzuziehen. Wir benötigen ein Paar Vorderpacktaschen, die wir vorne rechts und links der Sattelkammer anbringen, und ein Paar Hinterpacktaschen, die wir an den Ösen am Sattelkranz so befestigen, daß sie hinter den Seitenblättern des Sattels auf dem Woilach zu liegen kommen.

mig und tragen als Vorderpacktaschen zur besseren Verteilung der toten Traglast bei. Es gibt sie paarweise, die linke Packtasche hat eine Vortasche für Hufeisen. Vom Fachhandel werden Packtaschen in verschiedenen Größen und aus unterschiedlichem Material angeboten. Solche aus Leder oder Segeltuch sind denen aus anderen Materialien vorzuziehen.
Alle Packtaschen, ob Vorder-, Hinter- oder Doppelpacktaschen, müssen so befestigt werden, daß sie nicht wippen und scheuern können, d. h. sie dürfen nicht unmittelbar auf dem Pferd (Fell) aufliegen, sondern auf der Sattelunterlage. Diese, ob Woilach, Schabracke oder Pad, müssen deshalb immer ausreichend groß gewählt und aufgelegt werden.

Oben links: Ein für Islandpferde bewährter Trachtensattel.
Oben rechts: Ein Trachtensattel mit Krampen und Ösen sowie Wanderreiter-Schabracke ist ideal für Pferd und Reiter.
Unten: Der Freßbeutel ist vielseitig verwendbar, auch zum Tränken.

Linke Vorderpacktasche mit Hufeisentasche zum Armeesattel 25.

Mantelsack: Ein altbewährtes und für Wanderreiter unentbehrliches Ausrüstungsstück, das schon der Jäger aus Kurpfalz schätzte. Der Mantelsack wird aus Segeltuch, Leder oder anderem Material mit Lederriemen an den Packringen am hinteren Sattelkranz so festgeschnallt, daß er nicht auf dem Pferderükken aufliegt, um jegliches Scheuern zu vermeiden. Manche Sättel sind deshalb am Hinterzwiesel mit einer abnehmbaren Mantelsackstütze ausgerüstet bzw. mit einem besonders stabilen „Mittelpackring“ aus Metall oder Leder.
Einen einfachen Mantelsack kann man

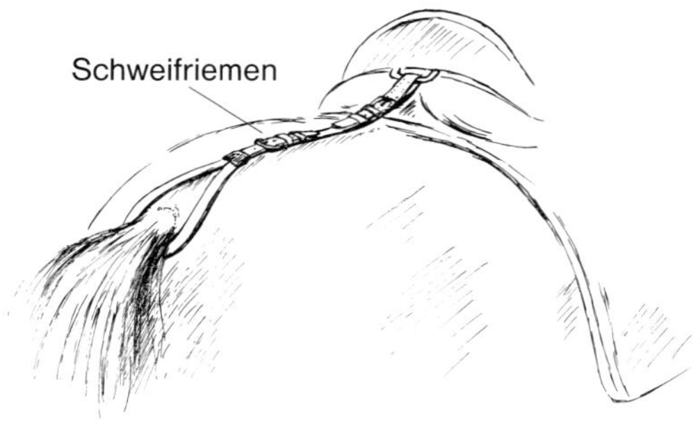

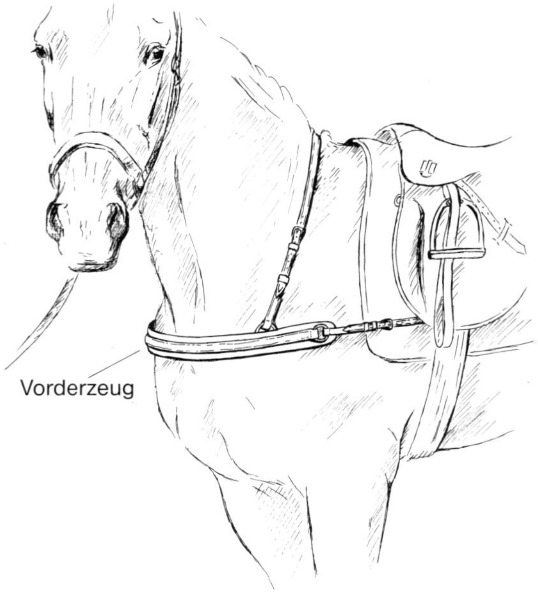

Gut verpaßt, halten Schweifriemen und Vorderzeug den Sattel in seiner Lage.

Mantelsack. Zu den angegebenen Maßen noch einige Zentimeter für die Nähte zugeben. Die Lederriemen befestigt uns jeder Sattler- oder Schuhmachermeister.

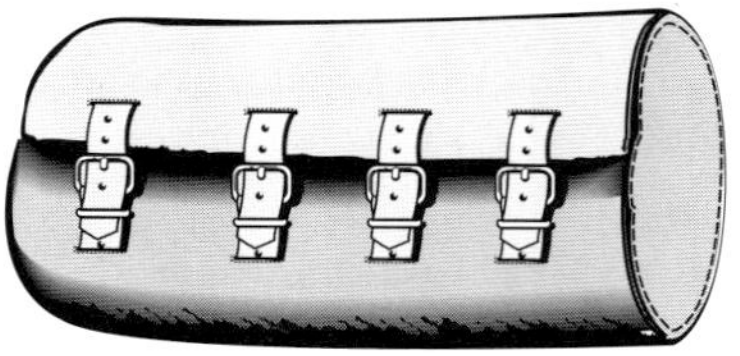

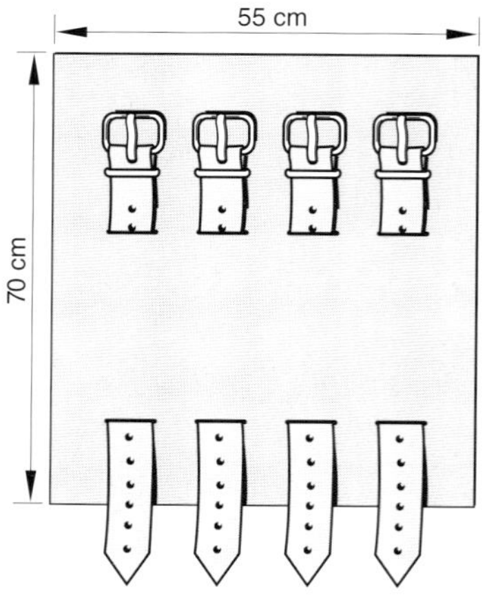

sich aus Segeltuch (einer alten Zeltbahn zum Beispiel) Leder oder anderem Material selbst herstellen, wenn man nicht einen Sattler damit beauftragt (siehe Zeichnung).

Mantelsack
Ein Mantelsack aus Segeltuch oder Leder – an einer Krampe oder auch Mantelsackstütze am Hinterzwiesel und zusätzlichen Ösen befestigt – bietet eine Menge Platz für unser Marschgepäck. Eine geübte Schneiderin kann einen Mantelsack aus Segeltuch selbst mit der Nähmaschine anfertigen.

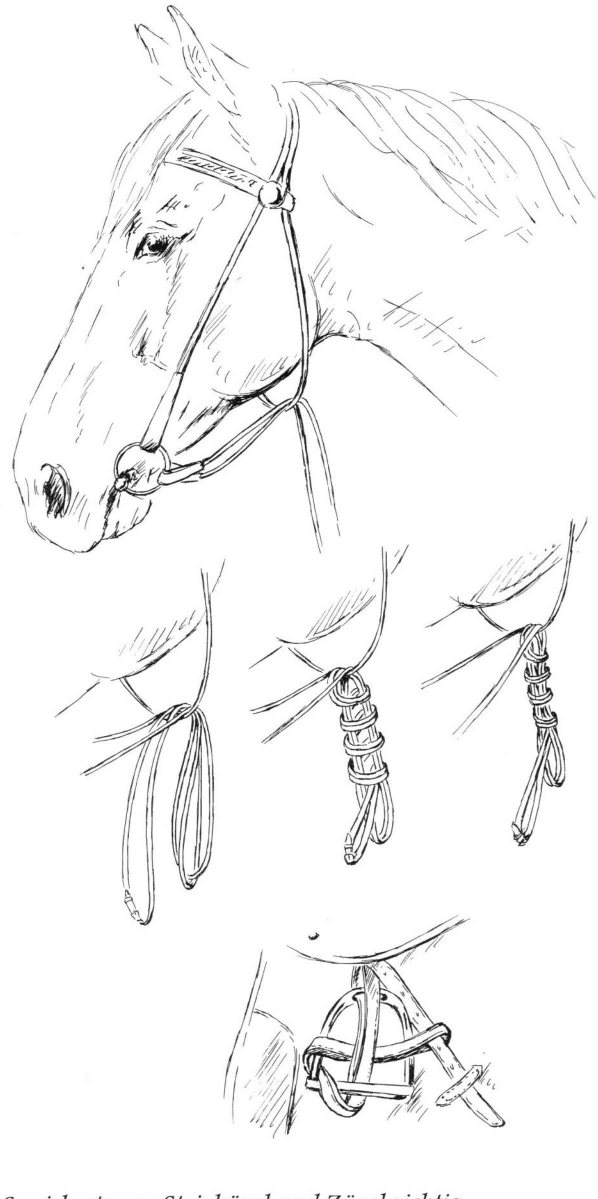

So sichert man Steigbügel und Zügel richtig.

Bügelriemen: Auch die Bügelriemen müssen in einem einwandfreien Zustand sein und jeder Belastung standhalten. Keine alten, brüchigen Bügelriemen verwenden, die möglicherweise reißen.

Ersatzbügelriemen: Um den Pferdehals gelegt ist er keine zusätzliche Belastung und sollte unbedingt mitgenommen werden. Kann dem Reiter in mancherlei Situationen zusätzlichen Halt gewähren und läßt sich auch als Halsriemen verwenden.

Steigbügel: Es muß kein ausgesprochener Wanderreiter-Steigbügel sein, wenn der Steigbügel nur genügend breit und schwer ist. Nur dann fällt er, die richtige Länge der Bügelriemen vorausgesetzt, von selbst wieder auf den Fuß, wenn wir ihn einmal verloren haben. Die ausreichende Breite des Steigbügels für den Fuß ist wichtig, damit dieser sich nicht im Steigbügel verklemmen kann. Das ist nicht nur bei einem möglichen Sturz unangenehm. Wanderreiter-Steigbügel der verschiedenen Ausführungen sind nicht nur schwer genug und haben einen bequemen weiten Tritt, sondern schützen den Fuß auch durch ein offenes oder geschlossenes korbartiges Gestell aus Metall oder anderem Material. Damit sollen Verletzungen im Fußbereich, z.B. beim Passieren von „Engpässen“, Gestrüpp usw. vorbeugend verhindert werden.

Vorderzeug/Schweifriemen: Vorderzeug und Schweifriemen verwenden wir, wenn es das Gebäude des Pferdes erfordert, um den Sattel in der richtigen Lage zu halten.

Satteldecke: Auf die in Form des Sattels geschnittene Satteldecke aus Wollfilz, Baumwolle, Lammfell usw. müssen wir verzichten, weil sie den Pferdekörper nicht gegen mögliche Drücke durch Packtaschen, Mantelsack oder andere Ausrüstungsteile schützt. Wir sollten sie nur verwenden, wenn wir ohne jegliches Gepäck am Sattel reiten können, weil ein

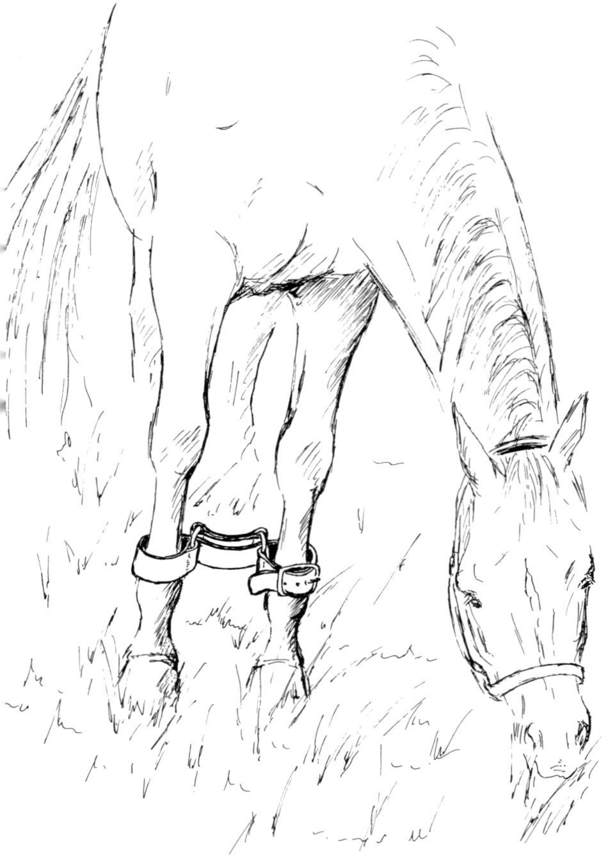

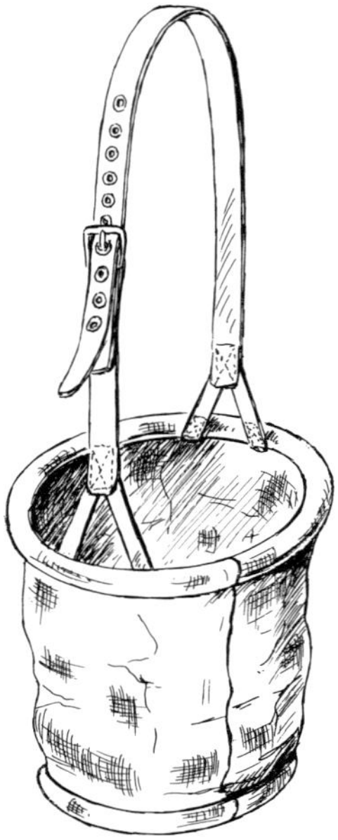

Freßbeutel aus wasserdichtem Baumwollstoff oder Segeltuch.

Man sollte ein Pferd langsam und sehr behutsam an Beinfesseln gewöhnen (siehe Seite 110).

Begleitfahrzeug alles Notwendige transportiert.

Wanderreitersatteldecke: Eine Satteldecke in Form einer Schabracke oder ein Sattelpad mit rutschfester Einlage und Rückenschlitz, um das Gewicht von Sattel, Reiter und Gepäck gleichmäßiger auf dem Pferderücken zu verteilen, und die Luft besser zirkulieren zu lassen, um Hitzestau und Satteldruck zu verhindern. Zusätzlich ist oft noch eine Tasche eingearbeitet.

Woilach: Die am besten für die Zwecke des Wanderreiters geeignete Satteldecke, die sechsfach gefaltet als Sattelunterlage statt der üblichen Satteldecke verwendet wird. Zugleich haben wir damit auch eine Decke zum Eindecken des Pferdes oder auch des Reiters. Der Woilach sollte wenigstens 180 × 240 cm groß sein. Das Material Schurwolle oder auch Baumwolle. Der zum Armeesattel 25 passende Woilach aus Schurwolle hatte die Maße 195–205 cm breit und 228–238 cm lang.

Freßbeutel: Ein Freßbeutel aus festem Segeltuch läßt sich auch als Tränkeimer verwenden. Man kommt aber auch ohne ihn zurecht. Wenn auch vielerorts öffentliche Brunnen mit Trog rar geworden sind, so gibt es doch allerorts hilfsbereite, freund-

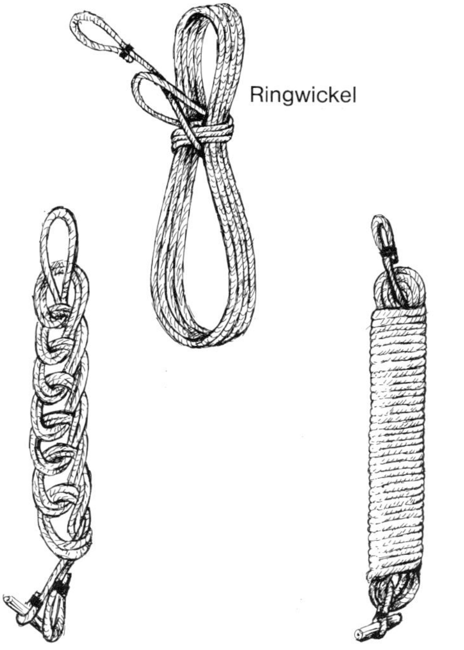

Zeitraubendes und mühsames Entwirren der Leinen erspart man sich durch sachgemäßes Aufwickeln. Die gebräuchlichsten Wickel sind: Ringwickel, Stabwickel, Aufziehwickel.

liche Menschen, die uns gerne mit Eimer und Wasser zum Tränken unserer Pferde aushelfen. Das Körnerfutter verfüttert man im Stall, wenn keine Krippe vorhanden ist, aus einer schüsselförmigen Mulde aus Heu, unterwegs aus einer kleinen Bodenvertiefung oder ein paar zusammengelegten Steinen. Und keine Sorge, Pferde polieren auch den Boden so blank wie eine Krippe, es wird kein Korn verlorengehen.

Futtersack: Die von der Kavallerie verwendete Ausführung war aus wasserdichtem graugrünem Makkostoff und 136 cm lang und hatte eine schmale Form. Das obere Ende wurde mit einer durch zwei Schnurlöcher gehenden Schnur geschlossen. Zum Befestigen am Sattel waren an zwei Stellen Doppelschlaufen für die Packriemen angebracht.

Stallhalfter: Es kann nicht schaden, zusätzlich zum Marschhalfter am Pferd noch ein Stallhalfter aus Gurt, Sisal usw., einschließlich Führstrick, mitzuführen.

Stalleine: Eine etwa 20 m lange Leine aus Hanf mit Öse an einem Ende, am anderen Ende einem Holzknebel. Zum Anbinden der Pferde im Biwak wird sie z.B. zwischen zwei Bäumen gespannt, um die Pferde daran mit dem Halfterstrick anzubinden.

Damit der Pferdepflock seine Aufgabe erfüllen kann, muß er tief genug in den Boden geschlagen und das Pferd an das „Tüdern“ gewöhnt werden.

Koppelriemen: Der Koppelriemen, ein ca. 40–45 cm langer Lederriemen mit Karabinerhaken an jedem Ende, dient zum paarweisen Zusammenkoppeln der Pferde. Pro Pferd wird ein Koppelriemen benötigt. Dazu werden die Pferde paarweise gegeneinander mit dem Kopf am Sattel des anderen Pferdes gestellt und je ein

Koppelriemen an den Trensenring des einen Pferdes und in einen Ring am Sattel des zweiten Pferdes eingehakt. Das „Koppeln“ muß rechtzeitig geübt werden, und die Pferde müssen einander mögen, nur dann stehen die gekoppelten Pferde auch ruhig.

Weidezaungerät: Es gibt ein empfehlenswertes Weidezaun-Set für Wanderreiter, das man, leicht und handlich wie es ist, bequem in der dazugehörigen Packtasche am Sattel mitnehmen kann. Ein kleiner Paddock für die Rast oder das Biwak läßt sich damit schnell aufbauen.

Pferdepflock: Ein etwa 39 cm langer und 4 cm starker Hartholzpflock, unten zugespitzt und oben gegen mögliches Aufsplittern durch ein eisernes Band oder Kappe geschützt. 3–7 cm von oben ist eine Öse mit einem beweglichen eisernen Ring von 3–7 cm Durchmesser zum Anbinden des Pferdes.

Leuchtgamaschen: Fluoreszierende Gamaschen, zusätzlich evtl. noch eine „Leuchtbandage“ für den Schweif und eine „Leuchtdecke“ für die Hinterhand, geben nicht nur in der Dämmerung und Dunkelheit mehr Sicherheit, sondern können helfen, auch auf nachtdunkler Weide unser Pferd zu orten.

Beinfesseln (Hobbles): Wir kennen sie vor allem aus den Vereinigten Staaten und aus England. Dort wurden und werden sie noch immer benutzt, um Pferde auf nicht eingefriedeten Grundstücken ohne Aufsicht weiden zu lassen. Doch auch in Europa sind sie nicht unbekannt. Man benutzte sie schon vor langer Zeit, z. B. auch um Pferde am Weben zu hindern. Schon in der k. u. k. Kavallerie Österreichs wurde die „Pferdefußfessel", eine 74 cm lange Leine aus gedrehtem Hanf, mit zwei Fußstücken und einem Überzug aus Schafwollstoff sowie einem 34 cm langen Mittelstück, verwendet. Wer Beinfesseln auf einem Wanderritt anwenden möchte, darf das seinem Pferd aber nicht unvorbereitet antun. Durch eine ausreichend lange und geduldige Ausbildung muß ein Pferd darauf vorbereitet werden. Manche Pferde neigen beim ersten Anlegen zu heftigen oder auch panischen Reaktionen, die zu Zwängen und Verletzungen anderer Art, bis zum Überschlagen als Folge ängstlichen Steigens, führen kann. Äußerste Behutsamkeit ist bei der Anwendung von Beinfesseln unbedingt geboten (Zeichnung Seite 108).

Bandagen: Das Bandagieren wird beim Wanderreiten unterlassen. Unterwegs können sich Sand und Steine unter die Bandage setzen, die drücken und reiben. Naß gewordene Bandagen ziehen sich unangenehm zusammen, während schlecht angelegte und gebundene Bandagen drücken oder aufgehen können. Eine „stützende" Wirkung haben Bandagen ohnehin nicht, ihr Schaden ist größer als ihr fragwürdiger Nutzen.

Putzzeug: Kardätsche, Striegel und Hufräumer sind am wichtigsten, auch ein Wollappen zum Abwischen des Pferdes leistet gute Dienste. Ein kleiner Schwamm und Sattelseife zur Pflege des Lederzeuges sollte auf längeren Ritten nicht fehlen. Ob wir auch einen Mähnenkamm, Wurzelbürste mitnehmen, wird nicht nur von unseren persönlichen Vorstellungen, sondern vor allem vom Volumen unserer Packtaschen bestimmt.

Deckengurt: Wenn im Mantelsack dafür noch Platz ist, sollten wir ihn mitnehmen. Man kann aber zur Not den dem Pferd aufgelegten Woilach auch mit Bindegarn gegen das Herunterfallen sichern.

Grundsätzlich gilt, daß die Ausrüstung für Pferd und Reiter reichhaltiger sein darf, wenn alles das, was nicht am Sattel mitgeführt werden kann, durch ein Packpferd oder ein Begleitfahrzeug transportiert werden soll.

Alle Ausrüstungsstücke, angefangen vom Zaumzeug und dem Sattel bis zu den Packtaschen und dem Mantelsack, überprüfen wir rechtzeitig auf ihren einwandfreien Zustand. Kleine oder große Mängel lassen wir durch einen erfahrenen Sattler beheben. Morsche Teile ersetzen wir durch neue. Nichts ist unterwegs ärgerlicher, als reißende morsche Packriemen oder platzende Nähte an Packtaschen oder Mantelsack. Deshalb müssen sich alle Ausrüstungsstücke in einem gebrauchsfähigen Zustand befinden.

Hufbeschlag und Schutzimpfung

Die Ritte in der Vorbereitungszeit haben uns sichere Erkenntnisse darüber gegeben, ob wir mit unserem „Barfußgeher" auch ohne Eisen auf den Wanderritt gehen können oder nicht doch ein Hufbeschlag notwendig ist. Sei es, daß wir während der zahlreichen und länger andauernden Ritte in der Vorbereitungszeit die Neigung zu einem „klammen Gang" feststellen mußten. Es ist die Vorwarnung einer möglichen Huflahmheit, bei der das betroffene Pferd die Füße sehr vorsichtig

Hufbeschlag
8–10 Tage vor dem Wanderritt erneuern, um etwaige Mängel am Beschlag noch korrigieren zu lassen.

setzt und wie auf Eiern geht. Ein Warnsignal, welches unbedingt beachtet werden muß. Oft genug führt die stärkere Belastung durch die Ritte der Vorbereitungszeit bei unbeschlagenen Pferden zu ausgefransten Tragerändern, zu stark abgelaufenen Zehen, vor allem an den Vorderfüßen, Tragerandspalten oder anderen mehr oder minder schweren Verletzungen im Hufbereich. Grund genug, diese Hufverletzungen nicht auf die leichte Schulter zu nehmen und entsprechend zu handeln.

Unser Hufschmied oder Tierarzt sind die bewährtesten Ratgeber. Vor dem Rat der vielen selbsternannten Fachleute kann ich nur warnen! Bei den erwähnten Hufverletzungen müssen die Hufe beschlagen werden. Oft, weil die Hufe der Vorderbeine stärkeren Belastungen ausgesetzt sind, genügt ein Beschlagen der Vorderhufe und die Hinterhufe können ohne Eisen bleiben. Auch müssen es nicht immer Eisen sein, da es inzwischen schon bewährte Alternativen aus anderen Materialien gibt.

Wir sollten die letzte große Hufkontrolle spätestens 8–10 Tage vor dem Aufbruch vornehmen. Nur so bleibt uns ausreichend Zeit, die erforderlichen Korrekturen bzw. das Umschlagen oder das Beschlagen durchführen zu lassen und den Erfolg zu überprüfen. Denn nur ein gut gepflegter Huf und ein einwandfreier Hufbeschlag erhalten unser Pferd gesund und marschfähig.

Folgende Punkte müssen dabei vor allem beachtet werden:

1. Sitzt das Hufeisen noch fest?
2. Ist das Eisen noch ausreichend stark, besonders im Zehenbereich?
3. Ist das Hufeisen zu kurz und zu eng geworden?
4. Ist Horn über den Rand des Hufeisens gewachsen?
5. Sind die Schenkel der Hufeisen in die Eckstrebenwinkel gewachsen?
6. Hat sich das Hufeisen verschoben?
7. Sind alle Hufnägel vorhanden?
8. Haben sich Niete gelockert?
9. Ragen Niete aus der Hornwand?
10. Sind Hornwand, Hufsohle, Strahl von einwandfreier Beschaffenheit?

Schutzimpfung

Ohne vorbeugende Schutzimpfung des Pferdes gegen Husten, Wundstarrkrampf (Tetanus) und Tollwut sollten wir nicht auf den Wanderritt gehen. Auch nicht ohne die erforderlichen und in regelmäßigen Zeitabschnitten durchzuführenden Auffrischimpfungen, denn nur deren Einhaltung gibt unserem Pferd den erwünschten Schutz. Ob wir mit unseren Schutzimpfungen auf dem laufenden sind, darüber gibt uns der hoffentlich korrekt geführte Impfpaß Auskunft.

Den Impfpaß führen wir auch auf dem Wanderritt unbedingt mit. Nicht wenige „Stallbesitzer" nehmen ihnen unbekannte Pferde zum Einstellen nur dann auf, wenn der Impfpaß ihnen deren Grundimmunisierung gegen Husten, Tetanus und Tollwut bestätigt. Auch ein Gesundheitszeugnis neuesten Datums vom betreuenden Tierarzt kann nichts schaden.

Durchführung des Wanderrittes

Wenn wir alle Vorbereitungen so gut wie möglich getroffen haben und wir unser Pferd und uns gesund wissen, dann steht dem lang ersehnten Aufbruch am festgelegten Termin nichts im Wege. Denn was uns erwartet, haben wir auf den Ritten der Vorbereitungszeit geübt, ist unserem Pferd und uns in Fleisch und Blut übergegangen. Die einzelnen Stücke der Ausrüstung haben wir oft genug in der Hand gehabt, durchgesehen und auf Vollständigkeit und auf ihren einwandfreien Zustand überprüft, auch alles Überflüssige weggelassen. Was also muß noch getan werden?

Letzte Vorbereitungen

Am Tage vor dem Abreiten nehmen wir noch einmal die Liste der mitzuführenden Ausrüstung zur Hand und legen alles zurecht: das Lederzeug für unser Pferd und unsere persönliche Ausrüstung. Am besten geschieht das am Vormittag, dann haben wir den ganzen Tag vor uns und können das in aller Ruhe machen. Dann bleibt uns auch noch Zeit, vergessene oder verlorene Stücke im Laufe des Tages zu besorgen und evtl. übersehene Mängel sachgerecht beheben zu lassen.

Das Lederzeug unseres Pferdes haben wir bereits geputzt. Falls nicht, holen wir das noch nach. Auch überprüfen wir noch ein letztes Mal die Festigkeit der Nähte und den einwandfreien Zustand aller Teile.

Unsere persönliche Ausrüstung liegt nun geordnet vor uns auf dem Tisch, dazu Packtaschen, Mantelsack und Brotbeutel. Was in die linke bzw. rechte Packtasche kommt, liegt bei dieser, was in den Mantelsack gepackt werden soll, liegt bei diesem. Der Brotbeutel, so habe ich es jedenfalls immer gehalten, ist für unsere persönliche Marschverpflegung bestimmt: ob nun „Frühstücksbrote" oder ein Stück Brot und ein Ende Hartwurst, hier muß jeder nach seinem Geschmack entscheiden. Dazu noch das Fahrtenbesteck, Taschenlampe, kleiner Fotoapparat. Auch was sonst noch in den Brotbeutel an für uns wichtigen Kleinigkeiten kommt, entscheiden wir.

Beim Packen sollten wir uns an eine bestimmte Ordnung halten und nicht willkürlich und wahllos die Packtaschen und den Mantelsack vollstopfen. Nicht nur bei Dunkelheit ist eine gewisse Packordnung hilfreich und erspart unnötiges Suchen, sondern auch in allen anderen Situationen, die uns auf einem Wanderritt begegnen können. Dann muß ich z. B. nicht überlegen, wo denn nun wieder der Hufräumer steckt, sondern ich finde ihn an seinem Platz in der linken vorderen Packtasche. Was für den Hufräumer richtig ist, ist auch für die übrige Ausrüstung richtig. Ausgehend von zwei Packtaschen links und rechts vorn am Sattel, empfehle ich folgende Packordnung, die sich in den über drei Jahrzehnten meines Wanderreitens bewährt hat:

Packordnung

Linke Vorderpacktasche
Kardätsche
Striegel
Hufräumer
Schwamm
Putzlappen
zwei Ersatzeisen
Ersatzstollen
Anbindering mit Holzschraubengewinde
Ledernotnähzeug
Sattelseife
Schuhputzzeug
Pferdeapotheke

Rechte Vorderpacktasche
Waschzeug
Handtuch
Seife
Nähzeug
Lebensmittel (Butterdose, Hartwurst, Tee- und Kaffeepulver usw.)

Druckempfindliche Lebensmittel kommen in das an der rechten vorderen Packtasche befestigte Kochgeschirr

Mantelsack
Unterbekleidung
Strümpfe
Sporthemden
lange Hose
leichte Schuhe
Pullover
Badezeug
Toilettenartikel
Stiefelknecht
Deckengurt
Die Zeltbahn kommt oben auf den Mantelsack

Sattelpacktaschen sind von unterschiedlicher Größe. Das Volumen der Packtaschen zum Armeesattel 25 ist gut doppelt so groß wie das der Packtaschen für den Offizierssattel. Auch die im Fachhandel angebotenen Packtaschen sind unterschiedlich groß, das müssen wir beim Packen und Art und Menge des mitzuführenden Gepäcks berücksichtigen.

Begleitfahrzeug statt Packpferd

Werden wir von einem oder mehreren Fahrzeugen auf unserem Wanderritt begleitet, dann können und werden wir bei der Ausrüstung für unser Pferd und uns großzügiger verfahren. Eine zusätzliche Stall- oder Regendecke ist dann keine unnötige Belastung, sondern ein nützliches Ausrüstungsstück. Und ich bin sicher, es werden uns für das Begleitfahrzeug noch viele Dinge einfallen. Wie auch immer, jedes Stück sollten wir als unser Eigentum kennzeichnen, sei es durch Einbrennen oder Aufbügeln. Es gibt viele Methoden, Ausrüstungsteile, die sich oft wie ein Ei dem anderen gleichen, so zu kennzeichnen, daß Mißverständnisse über den Eigentümer gar nicht aufkommen können. Alles das, was an zusätzlichen Ausrüstungsstücken für unser Pferd nicht offen auf dem Begleitfahrzeug mitgenommen wird, sondern in einer Sattelkiste, wird anhand eines Inhaltsverzeichnisses verpackt. Ein Verfahren, das für unser persönliches Gepäck im Koffer nicht nötig ist. Sattelkiste, Koffer und offen transportierte Ausrüstungsteile werden durch Aufkleber oder Anhänger durchgehend numeriert und mit unserem Namen oder dem unseres Pferdes versehen und rechtzeitig anhand einer Ladeliste verladen. Die Ladeliste und das Inhaltsverzeichnis

der Sattelkiste kommen in das Handschuhfach des Begleitfahrzeuges. So kann jederzeit, auch von einer anderen Person als der des Eigentümers, festgestellt werden, wo das Benötigte zu finden ist.
Da vom Begleitfahrzeug auch Futtermittel und Ausrüstungsstücke für alle Pferde und Reiter transportiert werden, sollten wir das Verladen auch anhand einer vorher aufgestellten Ladeliste vornehmen, da sonst zu leicht wichtige Dinge vergessen werden. Das Verladen des Gepäcks ist für den verantwortlichen Berittführer eine letzte Möglichkeit, den ersten Marschtag mit seinen Rasten und den Weg zum Ziel des ersten Reittages mit dem Fahrer des Begleitfahrzeuges zu besprechen.

Letzte Vorbereitung des Pferdes

Unserem Pferd verschaffen wir am Tage vor dem Aufbruch einige Stunden Bewegung auf der Koppel oder wir führen es einige Zeit spazieren. Auch gegen einen Bummel im Gelände spricht nichts, selbst wenn wir einmal leicht kantern. Doch wildes Jagen sowie jegliches Springen unterlassen wir, auch schwieriges Gelände meiden wir. Kurzum alles das, was möglicherweise zu Verletzungen führen könnte. Am Vortage des Wanderrittes sollten wir unser Pferd also nur leicht bewegen! Wir wollen uns damit nur eine letzte Bestätigung holen, daß es bei Laune, gesund und gehlustig ist.
Nach dem Ritt kontrollieren wir den festen Sitz der Hufeisen besonders gründlich, putzen und versorgen das Pferd, wie es sich gehört. Vielleicht, daß wir noch besser als sonst einstreuen, damit das Pferd am nächsten Tag „sauber" ist und wir nicht so gründlich putzen müssen. Das ist aber nur bei Boxenhaltung sinnvoll. Bei Offenstallhaltung müssen wir uns entscheiden, ob wir am Morgen des Aufbruchs viel Mühe und Zeit für das gründliche Putzen aufwenden wollen oder das dem Pferd und uns ersparen wollen. Deshalb würde ich mein Pferd am Vortag aufstallen. Schließlich sollte auch ein Offenstall die Möglichkeit bieten, ein Pferd einzuschließen, sei es durch eine Halbtür oder ein paar feste Stangen.

Letzte Maßnahmen am Tag vor dem Aufbruch
- Spazierenreiten.
- Gesundheitskontrolle des Pferdes.
- Kontrolle der Hufe und des Hufbeschlags.
- Das Pferd gut putzen und aufstallen, dann hat man am Aufbruchmorgen weniger Mühe.

Letzte Informationen

Am Abend vor dem Aufbruch werden sich alle Teilnehmer am Ritt zu einer letzten Besprechung zusammenfinden. Mit Sicherheit sollte kein langer Umtrunk daraus werden. Also am Vorabend nicht zu spät zu Bett gehen, sondern lieber am nächsten Morgen eine Stunde früher aufstehen und aufbrechen. Bekanntlich hat ja die Morgenstunde Gold im Munde – und im Sommer noch keine Mücken-, Fliegen- und Bremsenplage. Auch die Sommersonne kann Pferden und Reitern in den frühen Morgenstunden nicht lästig werden.
Am Morgen des Aufbruchs sollten wir zum Füttern, Frühstücken und zum Satteln Zeit genug haben, um es gelassen angehen zu können. Denn von einem guten

Anfang kann so unendlich viel abhängen. Wir füttern deshalb unbedingt zwei Stunden vor der vorgesehenen Abmarschzeit.

„Morgenstund hat Gold im Mund!" Wer den ganzen Tag vor sich hat, kann seinem Pferd und sich Zeit lassen.

So bleibt dem Pferd genügend Zeit zur Futteraufnahme und uns zu einem guten Frühstück und einem geordneten guten Anfang des Wanderrittes. Erst das Pferd und dann der Reiter! Daran haben wir uns ja schon in der Vorbereitungszeit gewöhnt.
Sollte unser Zeitplan durch zu spätes Aufstehen durcheinandergeraten sein, dann unterlassen wir es unbedingt, diese Verspätung durch hektische Eile wieder aufholen zu wollen. Nervosität überträgt sich meistens auch vom Reiter auf das Pferd und schadet am Ende beiden und damit auch einem guten Anfang des Wanderrittes.
Reitet man mit einer Gruppe, dann gibt es für den pünktlichen Aufbruch aller, wie die Erfahrung immer wieder lehrt, oft so viel mehr Hindernisse wie Personen am Ritt teilnehmen. Disziplin, Ordnung und Pünktlichkeit sind für viele Reiter leider zu Fremdwörtern geworden. Doch das gute Gelingen eines Wanderrittes und das Wohl von Pferden und Reitern hängt auch von diesen bewährten alten Regeln ab, und ein Wanderritt kann und sollte die Einsicht dafür fördern. Doch da die Teilnehmer sich meistens lange genug kennen und der gute Wille vorhanden ist, sollte man vor allem beim gemeinsamen Aufbruch mit Nachzüglern, Vergeßlichen und sogenannten Nieten nachsichtig sein und ihnen Zeit lassen, die Wohltat fester Ordnungen zu erfahren.

Sind dann alle Reiter am vereinbarten Platz mehr oder weniger pünktlich eingetroffen, steht dem Aufbruch nichts mehr im Wege.
Wenn der Ritt mit einem Begleitfahrzeug geplant wurde, sollte auch der Fahrer mit seinem Fahrzeug und den Begleitern zur Stelle sein. Sei es, daß ein Teilnehmer einige Gepäckstücke nun doch dem Fahrzeug anvertrauen möchte oder ein anderer bittet, zu Hause Vergessenes zum ersten Rastplatz oder Nachtquartier mitzubringen. Vor allem aber werden mit dem Fahrer des Begleitfahrzeuges noch einmal Zeit und Ort des ersten Zusammentreffens (Rast, Biwak oder Quartier) besprochen, um allen möglichen Mißverständnissen vorzubeugen. Auch die Reitstrecke, eine Kopie des Streckenplanes ist im Begleitfahrzeug, wird nochmals bestätigt bzw. eine über Nacht notwendig gewordene Änderung wird besprochen. Schließlich kann die Gruppe des Begleitfahrzeuges den Reitern auch noch den Freundschaftsdienst erweisen, daß sie Boxen, Stall und Vorplatz so in Ordnung bringen, wie die Reiter sie bei ihrer Rückkehr vorzufinden wünschen: sauber, ordentlich, d. h. die Boxen ausgemistet und frisch eingestreut, Stallgasse und Vorplatz sauber gefegt.

Aufbruch

Am Morgen des Aufbruchs geht dann alles seinen gewohnten Gang. Wir versorgen unser Pferd und uns sorgfältig und in aller Ruhe, auch wenn wir hinter unserem Zeitplan eine viertel oder halbe Stunde zurückliegen. Wir bleiben und handeln ruhig, denn es ist noch früh am Morgen, und der ganze Tag liegt noch vor uns.

Das Pferd muß jedes Mal sehr sorgfältig gesattelt werden, um Satteldruck zu vermeiden.

Unsere Ausrüstung (Sattel, Zaumzeug, Packtaschen, Mantelsack usw.) liegen bereit. Es kann gesattelt werden. Vorher tränken wir noch ein letztes Mal, bieten es jedenfalls an. Danach ein letztes Abwischen des ganzes Pferdes, das Ausräumen der Hufe eingeschlossen. Dann können wir mit dem sorgfältigen Satteln beginnen. Der Woilach wird vor dem Auflegen auf Fremdkörper kontrolliert, sorgfältig gefaltet und faltenfrei aufgelegt. Ganz so, wie wir das während der Vorbereitungszeit praktiziert haben.

Die Kontrolle des Woilachs auf Fremdkörper sollten wir sehr genau vornehmen. Auch dann, wenn er augenscheinlich so glatt auf dem Sattelbock liegt, wie wir ihn am Vorabend dort hingelegt haben. Sind wir auch sicher, daß er „unversehrt" ist? Könnte er nicht auch heruntergefallen, widerrechtlich benutzt worden sein und unseren Augen verborgen ein harter kleiner Fremdkörper zwischen die zusammengelegte Decke geraten sein?

Zeitplan am Aufbruchmorgen

5.00 Füttern
7.00 Tränken, Satteln
7.30 Aufbruch

Vor einigen Jahren ist einem mir bekannten Wanderreiter auf unerklärliche Weise und von ihm zunächst nicht bemerkt eine Sicherheitsnadel in den Woilach geraten. Dazu auch noch in der Sattellage. Die Sicherheitsnadel muß sich dann unter dem Reitergewicht geöffnet haben, oder sie war es bereits, und hat sich in den Rükken des Pferdes gebohrt. Der Reiter, durch den ungewohnten, unruhigen Gang und das Verhalten seines Pferdes aufmerksam geworden, suchte lange nach der Ursache und stieß schließlich darauf: die Sicherheitsnadel. Die entstandene Verletzung war durch die baldige Entdeckung gering und blieb, zum Glück für Pferd und Reiter, ohne weitere Folgen.

Deshalb sollten wir folgende Regeln für das Satteln immer beachten:

1. Den Woilach vor jedem Auflegen ausschütteln und sorgfältig auf verhärtete Schmutzstellen und Fremdkörper kontrollieren.
2. Den Woilach faltenfrei zusammenlegen und auflegen.
3. Der Woilach soll etwa eine Handbreit unter dem Sattel hervorragen, so daß der vordere Rand mit den Schulterblättern des Pferdes abschneidet. Dadurch verhindern wir, daß die Vorderpacktaschen beim Reiten das Pferd scheuern und drücken.
4. Der Woilach wird so aufgelegt, daß er auf beiden Seiten gleich lang ist und die offene Seite hinten links unten liegt.
5. Es sollen keine Mähnenhaare unter dem Woilach liegen, weil sie zusammengeschoben zu einem Druckschaden führen könnten.
6. Den Woilach niemals gegen den Haarstrich zurechtziehen, sondern immer von vorn nach hinten, so bleibt das Haar glatt. Deshalb den Woilach zunächst höher auf dem Widerrist auflegen als erforderlich.
7. Den Sattel auflegen, ohne den Woilach zu verschieben oder Falten zu werfen. Dann den Sattel samt Woilach von vorn nach hinten in die Sattellage ziehen. Damit verhindern wir, daß sich die Haare gegen den Strich legen oder Haarknoten Druckschäden verursachen können.
8. Den Woilach so einkammern, daß er über dem Widerrist nicht spannt. Zwei Finger breit Luft zwischen dem Widerrist und Woilach lassen.
9. Die Sattelgurte nicht sofort ganz fest spannen, aber das Nachgurten vor dem Aufsitzen auch nicht vergessen. Pferden, die sich beim Gurten aufblasen, reichen wir eine Handvoll Heu, eine Möhre usw. oder führen sie im Kreis.
10. Der Woilach darf beim Gurten keine Falten werfen. Der Sattelgurt muß glatt und unverdreht, etwa eine Handbreit hinter dem Ellbogengelenk des Pferdes so liegen, daß die Gurtschnallen bei gespanntem Sattelgurt in etwa gegenüber und auf dem Woilach aufliegen.
11. Die am Pferd mitzuführende Ausrüstung möglichst gleichmäßig auf beide Vorderpacktaschen verteilen und etwa mitgeführte Hinterpacktaschen, die links und rechts beiderseits des Sattels festgeschnallt werden, müssen wie die Vorderpacktaschen, auf dem Woilach aufliegen, um Druckschäden zu vermeiden. Es empfiehlt sich, die Hinterpacktaschen durch einen zusätzlichen Gurt gegen das beim Reiten unvermeidliche „Wippen" festzuschnallen.
12. Alles am Pferd mitgeführte Gepäck muß so nahe wie möglich am Sattel befestigt werden. Den Mantelsack so am Hinterzwiesel des Sattels festschnallen, daß er nicht auf dem Pferderücken aufliegt bzw. kantige Ausrüstungsstücke im Mantelsack, z. B. Stiefelknecht, die Haut des Pferdes scheuern können.
13. Nach dem Satteln noch einmal um das Pferd herumgehen und den Sitz des Zaumzeuges und die Lage des Sattels überprüfen.

Berittführer

Reiten wir in einer Gruppe, gehört es zu den Aufgaben des Berittführers, den korrekten Zustand der Reiter und Pferde sowie deren gesamte Ausrüstung zu überprüfen.
Das schließt nicht nur die Überprüfung des richtigen Zäumens und Sattelns und die Kontrolle der Hufe und des Hufbeschlags ein, sondern erfordert zwingend auch die Überprüfung der Gesundheit von Pferden und Reitern. Nicht in Form einer ärztlichen Untersuchung. Diese ist beim Aufbruch ja nicht mehr möglich. Doch man kann und sollte die Reiter nach ihrem und ihrer Pferde Befinden befragen. Denn sich ankündigenden Krankheiten begegnet man besser in vertrauter Umgebung als unterwegs.
Mit einem Pferd, das z. B. sein Futter nicht gefressen hat, geht man nicht auf einen mehrtägigen Wanderritt.
Schließlich gibt es immer die Möglichkeit, sollte sich die Fürsorge für den vierbeinigen Freund als grundlos erwiesen haben, per „Hänger" der Gruppe nachzufahren. Eine Möglichkeit, die auch ein kranker Reiter hat. Starke Zahnschmerzen, Blinddarmreizungen oder ähnliche Beschwerden kuriert man zu Hause aus.
Die gute Gewohnheit, Schläger und Beißer durch eine rote Schleife im Pferdeschweif zur Warnung an alle zu kennzeichnen, behalten wir auch bei einem Wanderritt bei.
Aufgabe des Berittführers ist es, die Beachtung dieser goldenen Regel zu kontrollieren und darauf hinzuweisen, immer und überall zu diesen so gekennzeichneten Pferden den notwendigen Abstand zu halten.

Letzte Order

Vor dem eigentlichen Aufbruch gibt der Berittführer den Teilnehmern noch einmal die in der Vorbereitungszeit festgelegte Marschordnung, die Reihenfolge von Pferden und Reitern sowie die Marschrichtung, das Tagesziel und die geplante Zeiteinteilung bekannt.
Das ist keine überflüssige Maßnahme, sondern bewährt sich immer dann, wenn durch unvorhergesehene Ereignisse Reiter zurückbleiben müssen oder den Anschluß an die Gruppe verloren haben. Grundsätzlich sollte die Gruppe zwar immer auf zurückbleibende Reiter warten, aber es gibt auch „Pausen", die mehr als fünf Minuten dauern, oft das Zeitmaß einer Stunde überschreiten und das Warten der ganzen Gruppe nicht zuzumuten ist. In einem solchen Fall muß der zur Behebung eines Defektes, oder was auch immer die Ursache sein mag, zurückbleibende Reiter nachkommen. Allerdings läßt man keinen in solchem Fall allein, sondern gibt ihm einen recht erfahrenen und wegekundigen Reiter zur Seite.
Zu guter Letzt weist der Berittführer alle Reiter noch einmal auf die in der Vorbereitungszeit vereinbarten und geübten Handzeichen und Kommandos hin und erinnert nachdrücklich an deren Beachtung. Dazu gehört auch, daß alle Kommandos oder Mitteilungen immer von einem zum anderen Reiter durchgegeben werden und deren Verstanden oder Ankommen auch immer bestätigt werden muß.
Die wichtigsten Handzeichen sind auf den folgenden Seiten erläutert. Aber auch andere Handzeichen sind nach vorheriger Absprache mit allen Teilnehmern am Wanderritt möglich.

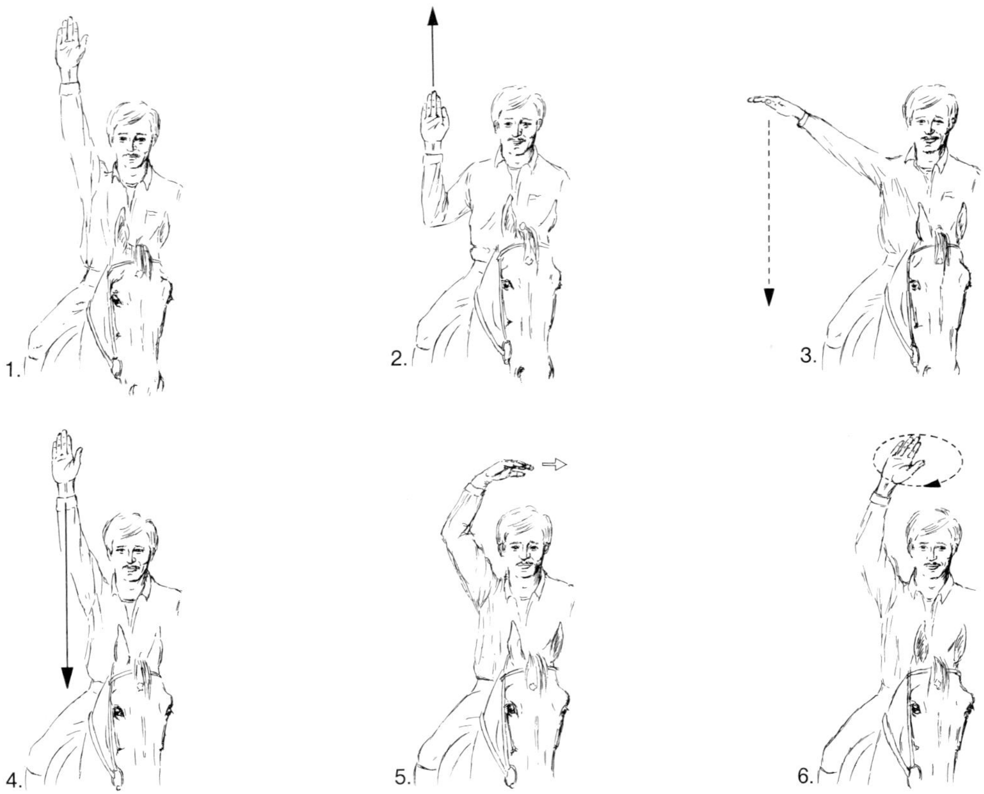

Der Verständigung durch Handzeichen können folgende Zeichen dienen:

1. hochgehobener Arm	= Achtung!
2. mehrfaches Hochstoßen des Armes im Halten	= Anreiten im Schritt
mehrfaches Hochstoßen des Armes in der Bewegung	= Nächsthöhere Gangart
3. mehrmals den erhobenen Arm langsam seitwärts senken	= Nächstniedere Gangart
4. den hochgehobenen Arm in der Bewegung wiederholt nach unten stoßen	= Halten
5. in der Bewegung mit dem erhobenen Arm in eine bestimmte Richtung zeigen	= Nachfolgen
6. den Arm kreisförmig über dem Kopf schwingen	= Sammeln
• den Arm erheben oder das Armzeichen wiederholen	= Verstanden
• den in Schulterhöhe gewinkelten Arm mehrmals nach rechts und links stoßen	= Rechts oder links heran
• den in Schulterhöhe gewinkelten Arm abwechselnd nach rechts und links stoßen	= Straßenmitte frei lassen

Marschordnung

Der Berittführer gibt das Zeichen zum Aufbruch der Gruppe, wenn alle Teilnehmer abmarschbereit sind. Der Abmarsch erfolgt zu Fuß, d.h. die Pferde werden geführt.
In einer kleinen Gruppe von zwei oder drei Reitern und Pferden wird sich eine zwanglose Marschordnung ergeben. Der wegekundigste Reiter, in der Regel der Berittführer, wird die Führung, die Tete, übernehmen und die anderen rangieren sich hinter ihm zur Reihe. Doch auch in einer solchen Gruppe sollte eine verbindliche Vereinbarung darüber getroffen werden, wer als sogenannter Schließender am Ende der kleinen Reitergruppe reiten soll. Immer sollte diesen Platz ein erfahrener und gut berittener Reiter einnehmen. Seine wichtigste Aufgabe ist es, die Gruppe geschlossen zusammenzuhalten, dafür zu sorgen, daß niemand zurückbleibt, verkehrsungewohnten Pferden hinten Sicherheit und Schutz vor überholenden Fahrzeugen zu geben. Als letzter Reiter muß er immer auch ein Ohr und Auge nach hinten haben und den an der Spitze reitenden Berittführer von Reiter zu Reiter bis zum Berittführer, auf eine mögliche von hinten drohende Gefahrensituation hinweisen. Zu solchen Situationen kommt es vor allem dann, wenn man z.B. für eine kurze Strecke eine Kreis- oder Bundesstraße benutzen muß. In solchen Fällen ist es Aufgabe des Berittführers, die Gruppe möglichst sicher aus oder durch den Gefahrenbereich zu führen.

Marschordnung
- Berittführer.
- Heftige Pferde vorn gehen lassen.
- Unsichere Reiter und Pferde in der Mitte und an der dem Verkehr abgewandten Seite.
- „Schließender".

Man kann aber auch umgekehrt verfahren, und es gibt auch dafür gute Gründe, daß der Berittführer als „Schließender" reitet, weil er dann die ganze Abteilung vor sich und damit vor Augen hat. Die Aufgabe des Führers wird dann von einem erfahrenen und im Umgang mit Karte und Kompaß sicheren Reiter übernommen. Allerdings ist die Frage, von welchem Platz aus die Gruppe besser geführt werden kann, ob vorn oder hinten, für eine kleine Gruppe von fünf oder sechs Reitern von geringer Bedeutung, da man sich untereinander jederzeit durch Zuruf verständigen kann.
Welchen Platz die übrigen Reiter einnehmen, die sich zwischen dem Berittführer und dem Schließenden einordnen müssen, darf nicht dem Zufall überlassen bleiben, die sogenannten schwächeren Pferde und Reiter sind am besten in der Mitte der Gruppe aufgehoben. Doch möchte ich „schwächer" nicht abwertend im Sinn von schlecht ausgebildet usw. verstanden wissen. Aber schwächer, d.h. Anfänger, waren wir alle einmal, und Anfänger sollten ihre ersten Erfahrungen im Schutz der Gruppe sammeln können. Die Gruppe gibt den schwächeren Reitern und Pferden Sicherheit und zieht sie mit. So würden z.B. kleinere Pferde, die naturgemäß einen kleineren Raumgriff haben, am Ende der Gruppe bald den Anschluß

zu dieser verlieren, in der Gruppe werden sie eher mitgezogen. Nicht verschwiegen sei, daß eine Gruppe aus „Großpferden" und „Kleinpferden" von den Reitern sehr viel Rücksichtnahme aufeinander fordert. Heftigen Pferden sollte man, auf jeden Fall an den ersten Tagen, einen Platz an der Spitze zuweisen, weil sie ganz vorn in der Regel ruhiger gehen, während man sie auf einem Platz in der Gruppe nur zum Zackeln und zum Kampf gegen die Reiterhand herausfordern würde. Erfahrungsgemäß werden nach einigen Marschtagen auch heftige Pferde ruhiger und sind am Ende mit jedem Platz innerhalb der Gruppe zufrieden.

Die Reihe

Doch zurück zum Aufbruch, für dessen Marschordnung es je nach Anzahl der teilnehmenden Reiter verschiedene Formationen gibt. Die bekannteste Formation, den meisten Reitern durch den Reitunterricht vertraut, ist die „Reihe". Manche sagen auch „Gänsemarsch" dazu.

Wenn wir also hintereinander reiten, dann gibt es, wie uns auch aus dem Reitunterricht vertraut ist, unterschiedliche Abstände von Pferd zu Pferd, d.h. dem Abstand vom Schweif des Vorderpferdes bis zum Kopf des folgenden Pferdes. Der Abstand wird nach Pferdelängen oder auch nach Schritten gemessen und vom Berittführer angegeben. Den jeweiligen Erfordernissen des Straßenverkehrs oder im Gelände, z.B. Passieren einer schwierigen Stelle, begegnet man immer auch mit durch die Wahl des dafür angemessenen Abstandes innerhalb der Reihe.

So wird man im Straßenverkehr möglichst dicht aufschließen, unter Umständen ganz ohne Abstand reiten, d.h. mit dem Kopf am Schweif des Vorderpferdes. Das geht aber nur, wenn die Pferde aneinander gewöhnt sind und sich kennen. Sollte ein ausgesprochener, durch eine rote Schleife im Schweif gekennzeichneter „Schläger" unter den Pferden sein, muß zu diesem ein ausreichender Abstand gehalten werden oder er muß als Letzter gehen. Allerdings besteht beim Reiten „ohne Abstand" immer die Möglichkeit, daß auch ein gewöhnlich braves Pferd sich bedrängt fühlt und abwehrend mit dem Hinterfuß reagiert. Auch die Gefahr von „Ballentritten" besteht beim Reiten ohne Abstand. Deshalb wählen wir diese Form der Marschordnung wirklich nur dann, wenn die besonderen Umstände es fordern.

Durch diese Form der Reihe gewinnt die Gruppe an innerer und äußerer Geschlossenheit. Das wirkt nicht nur auf „unsichere" Pferde und Reiter beruhigend und vertrauensbildend, sondern bewirkt auch bei den anderen Verkehrsteilnehmern mehr Aufmerksamkeit und Rücksichtnahme. Unter normalen Marschbedingungen halten wir wenigstens eine Pferdelänge Abstand. Wenn es die Umstände erlauben, werden wir in der Reihe nicht hintereinander, sondern seitlich versetzt, d.h. auf Lucke reiten. Diese Form hilft das Aufreiten vermeiden und ermöglicht allen Reitern der Gruppe den Blick nach vorn.

Die Doppelreihe

Das ist die Formation für eine größere Reitergruppe und beim Reiten auf öffentlichen Straßen und Wegen ein Gebot der Vernunft. Auch für das Reiten in der „Doppelreihe" gibt es verschiedene Möglichkeiten.

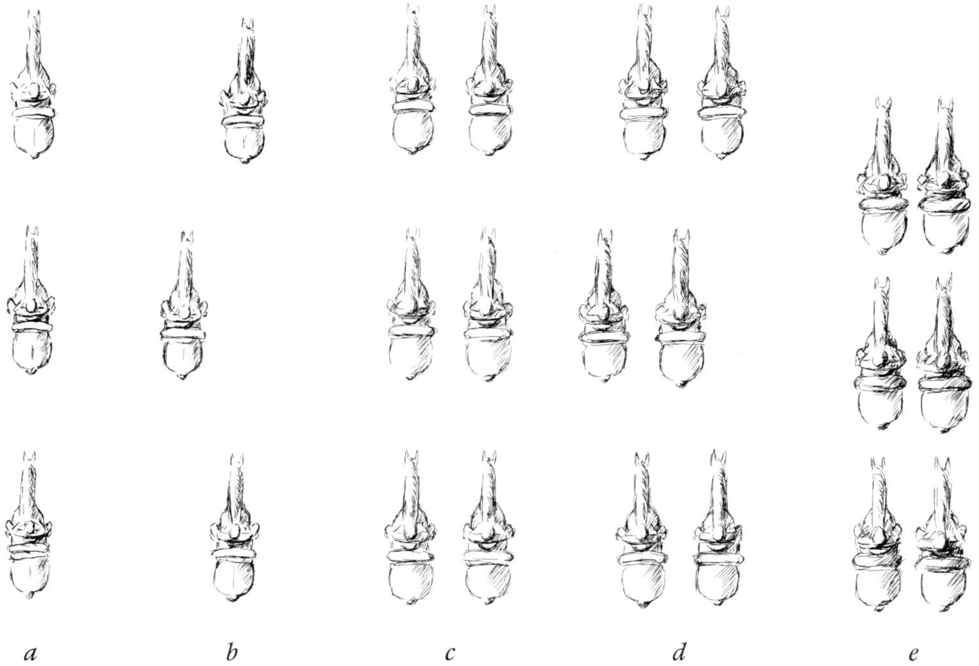

a) und b) „In Reihe" und „auf Lucke" reiten wir auf schmalen Pfaden, öffentlichen Wegen und Straßen. Reiten auf Lucke und mit Abstand helfen Aufreiten vermeiden.
c) und d) Die Doppelreihe ist die Marschordnung für größere Reitergruppen. Man sollte auch hier möglichst auf Lucke und mit Abstand reiten.
e) Der „geschlossene Verband", d. h. Doppelreihe ohne Abstand, empfiehlt sich auf vielbefahrenen Straßen und Brücken.

Das Reiten nebeneinander und hintereinander mit Zwischenraum und Abstand, das Reiten nebeneinander und seitlich versetzt hintereinander „auf Lucke" und schließlich das Reiten im „geschlossenen Verband".
Für diese letztgenannte Form der Marschordnung ist nicht nur auf den Abstand vom Schweif eines Pferdes bis zum Kopf des nachfolgenden zu achten, also die Entfernung zum Vorderpferd, sondern auch auf die seitliche Entfernung zum Nebenmann, den Zwischenraum. Dieser beträgt, wie wir uns vom Abteilungsreiten her sicherlich erinnern werden, beim „Aufmarschieren" drei Schritt, wenn nicht ein anderer Zwischenraum befohlen wird.
In der Praxis des Ausreitens, als auch beim Wanderreiten, werden wir ohne Zwischenraum „auf Fühlung" reiten, wenn nicht ein anderer Zwischenraum angegeben ist oder durch die örtlichen Gegebenheiten notwendig wird.

Vielbefahrene Brücken überquert man im „geschlossenen Verband". Ängstliche und unerfahrene Pferde und Reiter nimmt man dabei in die Mitte und auf die dem Verkehr abgewandte Seite.

Reiten im Verband

Der Vorzug des Reitens im „geschlossenen Verband" ist, daß unsichere Reiter und Pferde sich an der dem Straßenverkehr abgewandten Seite und in der Mitte der Gruppe einreihen können und gegen Lkws, Pkws und andere mögliche Störungen abgeschirmt werden können, Pferde und Reiter ruhiger sind. Mehr als sechs Reiter bilden einen „geschlossenen Verband", dessen gesamte Länge nicht mehr als 25 m sein darf. Je nach gewähltem Abstand von Pferd zu Pferd dürfen nicht mehr als 6–8 Reiter hintereinander reiten. Der Verband gilt dann im Sinne der Straßenverkehrsordnung als ein Verkehrsteilnehmer. Reiten mehrere „geschlossene Verbände" hintereinander, ist von Verband zu Verband ein ausreichender Abstand zu halten, um ein Überholen ohne Störung des Gegenverkehrs zu ermöglichen. Der Abstand sollte, schon um die schließenden Pferde und Reiter nicht zu beunruhigen, wenigstens 25 m betragen.

„Geschlossener Verband"

- Wenigstens 7 Reiter.
- Muß als solcher zu erkennen sein.
- Muß feste Abstände einhalten.
- Darf nicht länger als 25 m sein.
- Muß bei Dunkelheit und schlechter Sicht durch Licht nach vorn und hinten kenntlich gemacht werden.

Für alle Formen der Marschordnung muß die äußerste rechte Seite der Fahrbahn benutzt werden. Ist ein Reitweg nach § 239 der Straßenverkehrsordnung ausgewiesen, muß dieser benutzt werden. Das gilt auch für den einzelnen Reiter und sein Pferd und auch, wenn Pferde geführt werden.

Marschtempo

Unter Marschtempo verstehen wir im allgemeinen die Geschwindigkeit, in der ein Pferd eine bestimmte Strecke in einer bestimmten Gangart zurücklegt, ohne es zu überfordern. Wir werden uns deshalb beim Marschtempo nach unserer vorbereiteten Marschzeitberechnung (siehe dazu Seite 126) richten und können im Verlauf des Wanderrittes die Probe aufs Exempel machen, was unsere theoretischen Berechnungen wert sind. Und auch wir werden die Erfahrung machen, daß auch sorgfältig gemachte Pläne nicht immer eingehalten werden können. Gründe dafür gibt es viele, und nicht immer sind es unsere Planungsfehler: Ein in unserer Karte noch ausgewiesener Weg wurde in der Zwischenzeit durch eine Flurbereinigungsmaßnahme aufgehoben; ein Wiesenweg in eine Rinderweide einbezogen usw. Und manchmal verreitet man sich oder hat nicht mit so schlechten Wegen und so vielen Steigungen gerechnet. Vom Wetter, von unserem Befinden und dem unserer Pferde gar nicht zu reden. Wir sollten also mit Abweichungen von unserer Marschzeitberechnung rechnen. Doch sollten wir nicht den Fehler begehen, den Zeitverlust durch schnelleres Reiten oder gewagte Abkürzungen ausgleichen zu wollen.

Ich habe auf manchem Wanderritt die Erfahrung gemacht, daß die Abkürzung mehr Zeit kostete als der von mir verschmähte Umweg. Gerade beim Wanderreiten trifft es zu, daß der beste Weg immer der kürzeste ist. Schnelleres Reiten als vorgesehen verbietet sich in den meisten Fällen, auch wegen der mitgeführten Ausrüstung. Manche Wanderreiter – den Eindruck muß man beim Anblick ihrer mit Packtaschen und Ausrüstungsstükken beladenen Pferde gewinnen – schleppen ihre Sattelkammer mit. Mit derart bepacktem Pferd kann man nicht schnell reiten, schon gar nicht so schnell, um „Zeitfehler" aufzuholen. Oft genug ist auch das Riemenzeug der Packtaschen, vielleicht auch das des „Wandersattels", weil man es ja nur einmal im Jahr für den Wanderritt benutzt, der Zerreißprobe schnellen Reitens nicht gewachsen und die morschen Nähte und das morsche Leder reißt. Dann ist guter Rat teuer. Hätte ich doch nicht . . .

Darum, ein Wanderritt ist schließlich kein Rennen, langsam voran. Im Schritt lieber eine Stunde oder mehr länger unterwegs sein, als mit defektem Lederzeug auf halber Strecke nicht weiter wissen.

In solche Situationen wird man kaum geraten, wenn man mit einem Begleitfahrzeug unterwegs ist und alles Gepäck transportiert wird. Ausgenommen die wenigen Dinge, die man beim Reiten immer bei sich führen sollte. Aber auch dann sollte man sein Pferd nicht überfordern, sondern kräfteschonend reiten. Nicht etwa denken, es kann sich ja während der Mittagspause oder in der nächtlichen Stallruhe ausruhen. Das von uns gewählte Tempo sollte in jeder Gangart ein gleichmäßiges Gebrauchstempo sein, wobei wir jedes Verkürzen oder Verstärken des Tempos vermeiden.

Marschzeitberechnung: Es gibt bewährte kavalleristische Erfahrungswerte, die uns helfen können, das dem Gelände, dem Wetter, unserem Pferd und uns angemessene Marschtempo zu finden.

Im Schritt und unter normalen Bedingungen können wir die Entfernung von einem Kilometer in 10 Minuten zurücklegen und damit die Marschgeschwindigkeit von 6 km in der Stunde erreichen. Bei einer täglichen Marschzeit von 8 Stunden lassen sich damit, auch unter Beachtung der notwendigen Marschpausen, 48 km am Tag zurücklegen.

Marschtempo

- Der beste Weg ist in der Regel der kürzeste, auch wenn es ein „Umweg" ist.
- Zu viel Ausrüstung beeinträchtigt das Marschtempo.
- Ein Begleitfahrzeug entlastet Pferd und Reiter und macht sie beweglicher.

Tabelle zur Marschzeitberechnung bei einer Stundengeschwindigkeit von:

km	Zeit 6 km/h	Zeit 8 km/h	Zeit 10 km/h	Bemerkungen
1	10	7,5	6	Führ- und Schrittstrecken sowie Marschpausen müssen jeweils noch dazu gerechnet werden
2	20	15	12	
3	30	22,5	18	
4	40	30	24	
5	50	37,5	30	
6	1 h	45	36	
7	1 h 10	52,5	42	
8	1 h 20	1 h	48	
9	1 h 30	1 h 7,5	54	
10	1 h 40	1 h 15	1 h	
11	1 h 50	1 h 22,5	1 h 6	
12	2 h	1 h 30	1 h 12	
13	2 h 10	1 h 37,5	1 h 18	
14	2 h 20	1 h 45	1 h 24	
15	2 h 30	1 h 52,5	1 h 30	
und so weiter				

Wenn wir aber pro Stunde 45 Minuten Schritt reiten und 15 Minuten traben, erreichen wir eine Marschgeschwindigkeit von etwa 8 km in der Stunde, ohne damit ein trainiertes Pferd zu überfordern. Bei einer Marschzeit von vier Stunden lassen sich somit in der ersten Tagesetappe unter Einhaltung der Marschgeschwindigkeit 32 km zurücklegen. Wenn man dann für die zweite Etappe am Nachmittag zur Schonung der Pferde nur Schritt reitet, kommen zu den vom Aufbruch am Morgen zurückgelegten 32 km noch 24 km dazu, was zusammen die für Wanderreiter beachtliche Marschleistung von 56 km ergibt.

Wer es noch schneller liebt und kann, weil er nur ganz leichtes oder gar kein Gepäck am Sattel mit sich führt, dem bleibt unbenommen, die Marschleistung auf 10 km in der Stunde zu steigern. Dazu muß er allerdings 40 Minuten pro Stunde traben und die restlichen 20 Minuten Schritt reiten.

Zeitverlust: Auch die beste Marschzeitberechnung kann immer nur ein ungefährer Anhalt sein. Nur zu leicht bringen unvorhersehbare Ereignisse unseren aufgestellten Zeitplan durcheinander. Darum sollten wir den Ritt immer so planen, daß wir den größeren Teil der Tagesstrekke am Vormittag zurücklegen. Dann bleibt uns von Mittag bis Abend immer genügend Zeit, einen etwaigen Zeitverlust durch Verlängerung der Marschzeit auszugleichen.

Keinesfalls sollten wir der Versuchung unterliegen, einen Zeitverlust durch ein schnelleres Tempo auszugleichen, da jedes Verstärken mehr Kraft verbraucht

und das Pferd schneller ermüdet. Das gilt auch für jedes Verkürzen des ursprünglich als Gebrauchstempo gewählten Marschtempos des Pferdes.
Wenn der Zeitverlust durch eine längere Marschzeit allein nicht ausgeglichen werden kann, dann sollten wir besser längere Zeit traben oder auch auf geeigneten Wegen im ruhigen Gebrauchstempo galoppieren, ohne aber unser Pferd zu überfordern. Auf jeden Fall sollten wir jeden Zeitverlust gelassen hinnehmen. Wenn es schon einmal so gekommen ist, richten wir uns am besten gleich auf eine längere Marschzeit im Schritt und das damit verbundene spätere Eintreffen im Quartier ein.

Zeitverlust nicht durch schnelleres, sondern durch längeres Reiten ausgleichen.

Das längere Marschtempo schadet dem Pferd nicht, wohl aber unnötiges Eilen. Schließlich hat ein Ritt hinein in die Dämmerung und Dunkelheit auch seine Reize. Vor allem dann, wenn man des Nachtquartiers für Pferd und Reiter sicher sein kann. Und aus meiner eigenen Erfahrung kann ich berichten, daß ich auch allein und ohne vorbereitetes Quartier noch immer, wenn auch nicht ohne manches Bangen, eine Unterkunft gefunden habe.

Ruhetage

Ein Wanderritt ist kein Distanzrennen, sondern das gemeinsame hautnahe Unterwegssein von Pferd und Reiter. Als Wanderreiter sind wir immer wieder aufs neue überrascht, wenn uns die Leute fragen, wie viele Kilometer wir denn heute

Ruhetage
Jeden dritten Tag einen halben und jeden sechsten Tag einen ganzen Ruhetag einlegen.
Ruhetage werden aber nicht allein vom Zeitplan, sondern vor allem von der Fürsorge für das Pferd bestimmt.

geschafft haben oder warum wir denn nicht die kürzere Bundesstraße benutzt hätten oder besser überhaupt das Auto für unsere „Reise“ benutzten. Von solchen Fragern trennen uns Welten.
Da wir aber nicht nur Freude an unserem Pferd und dem Wetter haben wollen, legen wir Ruhetage ein. Unserem Pferd und uns zum Verschnaufen und um uns Gelegenheit zu geben, Land und Leute kennenzulernen. Abseits der großen Straße gibt es viele verborgene Schönheiten, an denen die Kraftfahrer vorbeifahren und die sich nur dem Wanderer zu Fuß und zu Pferd erschließen.
Ruhetage sind auch eine gute Gelegenheit zu einer gründlicheren Pferdepflege als an den Marschtagen, an denen wir vor allem morgens immer unter einem gewissen Zeitdruck stehen. Auch sollte jeder Ruhetag zum Anlaß genommen werden, alles Lederzeug und alle Ausrüstungsstücke genau durchzusehen, Schadhaftes zu reparieren und vor allem auch das Sattel- und Zaumzeug zu putzen. Auch die eigene Person sollte nicht zu kurz kommen. Mitunter ist bei Sonnenschein sogar Gelegenheit zu einem kleinen Waschtag. Und wer diese Arbeit scheut, dem bietet ein Ruhetag die Möglichkeit, das eine oder andere Wäschestück im Ort oder Nachbarstädtchen zu kaufen und die schmutzige Wäsche mit herzlichen

Begleitfahrzeuge erleichtern den Nachschub und die Versorgung größerer Gruppen. Ein Pferdehänger sollte unbedingt dabei sein, auch um im Notfall ein verletztes Pferd zu transportieren.

Grüßen an seine Lieben nach Hause zu schicken. Ruhetage sind nicht ohne Aufgaben, aber wir sollten die Dinge, die getan werden müssen, in aller Ruhe angehen.

Es hat sich bewährt, daß sich Pferd und Reiter an jedem dritten Tag wenigstens einen halben Ruhetag und an jedem sechsten Wanderrittag einen ganzen Ruhetag gönnen. Es empfiehlt sich, den ganzen Ruhetag auf den Sonntag zu legen bzw. auf das Wochenende. Mit dem ganzen Samstag kommt man dann auf zwei Ruhetage. Benutzt man den Samstag vormittag noch zum Reiten, stehen Pferd und Reiter immerhin noch eineinhalb Ruhetage zur Verfügung. Für den Reiter auch eine Gelegenheit, an einem Gottesdienst teilzunehmen. Denn in unserer so orientierungslosen Welt tut Besinnung auf zeitlos gültige Werte not.

Es bleibt natürlich jedem unbenommen, die Ruhetage so zu legen, wie es die jeweilige Situation erfordert. Also nicht auf Kosten eines Pferdes oder Reiters weiterreiten, obwohl diese deutliche Zeichen von Ermüdung oder einer aufkeimenden Krankheit geben.

In einem solchen Fall muß man von dem aufgestellten Zeitplan für Ruhetage abweichen. Dann nimmt man eben bereits am zweiten Tag einen halben oder gan-

zen Ruhetag oder mehr, um danach die Entscheidung zu treffen, ob Pferd oder Reiter den Ritt abbrechen müssen oder nicht. Beim Wanderreiten ist vor allem das gesunde Nachhause kommen von Pferd und Reiter wichtig und nicht das Durchhalten um jeden Preis. Auch aus den genannten Gründen haben wir ja für die Ruhetage kein Biwak gewählt, sondern kleinere Orte, die Pferden und Reitern die Möglichkeit zur Pflege und Erholung bieten.
Bei mehreren Ruhetagen hintereinander sollten Pferde niemals zu völliger Stallruhe verdammt werden. Es sei denn, sie sind krank. Auch nach mehreren Marschtagen reicht ein Stehtag völlig zur Erholung, wenn Pflege und Futter das ihrige dazutun. Am zweiten Tag sollte man ihnen Weidegang gönnen oder ruhig spazierenreiten. Wer aber befürchtet, sein Pferd damit zu überfordern, der soll mit ihm spazierengehen, Pferde mögen das sehr gerne.

Begleitfahrzeug und Troß

Die für den Nachschub und die Versorgung der Gruppe verantwortlichen Personen und Fahrzeuge müssen diese zum vorgesehenen Ort bringen und zur vereinbarten Zeit auch sicher erreichen. Die Fahrer müssen also karten- und wegekundig sein. Die vorgesehenen Treffpunkte, vor allem für die Biwakplätze ist das wichtig, müssen so gewählt sein, daß sie durch Fahrzeuge auch angefahren werden können. Und schließlich müssen die Begleitfahrzeuge auch alles für Pferd und Reiter Wichtige, d.h. Ausrüstung, Futtermittel usw. bei sich haben, wenn sie die Biwakplätze anfahren. Das Zusammentreffen der Reiter mit dem Begleitfahrzeug und dem Troß ist auch eine gute Gelegenheit zum Reiter- oder Pferdewechsel oder auch dazu, den Ritt abzubrechen oder neu hinzuzustoßen. Und nicht zuletzt ist es immer auch ein guter Anlaß zu fröhlicher Geselligkeit.

Verhalten während des Rittes

Beim Aufbruch die ersten zehn Minuten führen und vor dem Aufsitzen nachgurten!

Zurück zum Aufbruch, den wir nicht, so verlockend es auch war, hoch zu Roß, sondern zu Fuß begonnen haben. Dabei können Pferd und Reiter zu sich selber finden. Der Reiter kann beim Führen auch noch einen prüfenden Blick auf den richtigen Sitz des Sattels und der Ausrüstung werfen.

Unterwegs

Am Ende der Führstrecke wird der Berittführer der Gruppe das Zeichen zum Halten und zum Aufsitzen geben. Vor dem Aufsitzen wird der richtige Sitz von Zaumzeug, Sattel, Woilach und Sattelgurt überprüft und nachgegurtet. Sind alle Reiter im Sattel, aber wirklich erst dann, gibt der Berittführer das Zeichen zum Anreiten im Schritt. Es wird also nicht auf eigene Faust angeritten. Ungeordnetes Anreiten bringt Unruhe in die Gruppe. Ihrem Herdentrieb folgend, möchten die Pferde, deren Reiter noch nicht im Sattel sitzen, den davonreitenden hinterher. Solches Verhalten erleichtert aber ihren Reitern das Aufsitzen nicht. Es ist selbstverständlicher Reitertakt, zu warten, bis alle Reiter im Sattel sitzen, die Zügel geordnet haben und der Berittführer das Zeichen zum Anreiten gibt.

Anreiten erst, wenn alle Reiter im Sattel sitzen und der Berittführer das Zeichen dazu gibt.

Das Aufsitzen unterwegs wird mit dem Mantelsack am Hinterzwiesel nicht eben leichter. Das Verlängern des linken Bügelriemens macht es auch nicht einfacher, da wir dann mit dem rechten Bein noch höher hinauf müssen, um nicht am Mantelsack hängenzubleiben.
Wenn immer möglich, erleichtern wir uns und dem Pferd das Aufsitzen, indem wir die Hinterhand des Pferdes ein wenig tiefer stellen. In eine Fahrspur, Bodenfalte, an eine Böschung oder einen flachen Graben. So kommen wir leichter in den Sattel, und der kann dann auch nicht verrutschen.
Nach dem Anreiten wird der Berittführer die ersten zwei bis drei Kilometer Schritt reiten lassen und die Form der Marschordnung angeben.
Etwa nach einer halben Stunde sitzen wir ab, um den Pferden Gelegenheit zum Stallen zu geben. Falls das nicht zum erwünschten Erfolg geführt hat, achten wir beim Reiten darauf, ob unser Pferd durch seinen Gang Hinweise zum Stallen gibt. Sehen kann der Reiter im Sattel das zwar nicht, aber er fühlt es mit seinem Sitz. Weicher Boden, Gras oder Laub sind dazu bei Pferden beliebt. Wann und wo auch immer, wenn sie müssen, sollten wir ihnen das nicht verweigern.

Unterwegs dem Pferd Gelegenheit zum Stallen geben!

Die Marschordnung halten wir immer ein. Unseren einmal eingenommenen Platz verlassen wir nicht, halten auch nicht selbständig an oder bleiben zurück, ohne es vorher dem Berittführer mitzuteilen.
Dieser wird dann entscheiden, ob alle anhalten und warten bis es dafür keinen Grund mehr gibt, oder ob der anhaltende Reiter zusammen mit einem anderen zurückbleibt, bis die Ursache dafür behoben ist. Niemals jemanden ohne zwingenden Grund allein zurücklassen.

Bei Zwischenfällen keinen allein zurücklassen!

Es sind nicht nur die Ausnahmesituationen, in denen man dankbar für einen Pferdehalter ist. Danach reitet man der Gruppe im ruhigen Trabe in der Gewißheit nach, diese bald, spätestens bis zur nächsten Rast, einzuholen. Die Gruppe selbst wird bis zum Eintreffen der Zurückgebliebenen Schritt reiten, um das Aufschließen zu erleichtern.
Mit diesem Beispiel wird deutlich, wie wichtig es für alle Reiter in einer Gruppe ist, daß sie die täglich zu reitende Wegstrecke genau kennen und Änderungen in der Streckenführung immer allen rechtzeitig bekanntgemacht werden müssen. Und daß man sich als Teilnehmer an einem Wanderritt niemals blind der Führung seines Berittführers oder Mitreiters verlassen darf. Wer das tut, der kann unter Umständen sehr schnell in die peinliche Lage geraten, weder Weg noch Ziel zu kennen.

Marschtempo mit Abwechslungen

Der Berittführer wird seine Gruppe, die Pferde und die Reiter, durch wechselnde Gangarten bei Laune halten. Doch wechseln wir während der Trabstrecken den Fuß nicht.

Fußwechsel nur nach Schrittstrecken, niemals während der Trabreprise.

Bis zur ersten kurzen Marschpause nach etwa zwei Stunden, wählen wir die Trabreprisen nicht zu lang. Die Pferde müssen sich – wie auch wir Reiter – erst einschaukeln. Beim Reiten bemühen wir uns, Tempo und Abstand einzuhalten, und achten auf unseren Berittführer. Dessen oder des Führenden Aufgabe ist es, uns den besten Weg zu führen und dabei möglichst weichen und ebenen Boden zu bevorzugen. Er wird also rechtzeitig Steinen, Glasscherben, Draht usw. ausweichen und die Gruppe darauf aufmerksam machen. Er muß aber nicht jeder Rille, Wurzel oder Bodenunebenheit ausweichen. Das führt am Ende nur zu groben Hilfen und macht die Pferde verdrießlich.

„Bergauf treib' mich nicht,
Bergab reit' mich nicht,
In der Ebene, da schon' mich nicht –
Aber im Stalle: da vergiß mich nicht!"
Volksmund

Wir sollten mehr Vertrauen zu ihnen haben. Ich habe die Erfahrung gemacht, daß im Gelände erfahrene Pferde sehr genau auf den Weg achten und solchen Stel-

Beim Führen nimmt der Reiter die Zügel in die rechte Hand und geht seitlich vor oder neben der linken Schulter des Pferdes, um nicht schmerzhaft getreten zu werden.

len, wenn wir sie zu selbständigem Gehen am langen Zügel ermuntert haben, ohne zu stolpern ausweichen.
Bergauf und bergab wird nicht getrabt, sondern Schritt geritten oder wir führen das Pferd.
Das Führen gibt Pferd und Reiter ein gewisses Maß an Erholung. Wenn wir führen, lassen wir die Bügel nicht baumeln, sondern ziehen sie hoch. Die Trensenzügel nehmen wir vom Hals und den Abstand vom Reiten behalten wir bei.

Führen

Wenn wir zum Führen einen Führzügel verwenden, lassen wir die Zügel auf dem Pferdehals liegen. Damit sie nicht verrutschen und sicher liegen, kürzen wir die Zügel durch einen Knoten oder drehen sie ein wie zum Longieren.

Tränken auf dem Marsch

Auch vor der ersten Marschpause reiten wir die letzten zwei Kilometer Schritt oder wir führen den letzten Kilometer vor der Pause. Wo immer sich auf dem Marsch eine Gelegenheit zum Tränken bietet, benutzen wir diese, um den Pferden Wasser anzubieten. Manchmal benötigen sie diese Zeit, um zu überlegen, ob sie denn durstig sind. Sie tauchen das Maul nur kurz in das Wasser oder schlabbern ein wenig mit der Zunge im Wasser. Wenn wir ihnen Zeit lassen oder ihnen den Eimer maulgerecht noch einmal vor-

Gewässer sind eine erwünschte Gelegenheit zum Tränken und zur Abkühlung.

halten, dann mit einem Mal saufen sie doch. Deshalb sollten wir das Tränken nie voreilig abbrechen, weil „er nicht mag". Auch bei sehr kaltem Wasser besteht kein Grund zur Sorge, wenn der Ritt nur zum Tränken unterbrochen wird und es danach gleich weitergeht. Allerdings, aber das ist ja selbstverständlich, bleibt das Trensengebiß im Pferdemaul, um allzu gieriges Saufen zu verhindern.

Sattelgurt lockern

Vor der Marschpause lockern wir den Sattelgurt ein wenig. Aber nur so viel, daß der Sattel nicht verrutschen kann. Während der kurzen Pausen lassen wir den Sattel mit gelockertem Sattelgurt aufgelegt. Wir achten aber vor dem Aufbruch zum Weitermarsch auf korrektes Nachsatteln. Dazu lockern wir den Sattelgurt vollständig und greifen mit der linken und rechten Hand unter den Sattel samt Woilach, heben beides an und nach vorn auf den Widerrist. Ein bloßes Nachvornschieben vermeiden wir, da sich dadurch die Haare gegen den Strich verfilzen können, was zu Satteldruck führen kann. Wenn Sattel und Woilach zusammen auf dem Pferdehals und dem Widerrist liegen, streichen wir auf beiden Seiten das Haar mit der Hand glatt und entfernen dabei zugleich etwa unter den Woilach geratene Fremdkörper wie Tannennadeln, Zweigspitzen usw. Danach erst bringen wir Sattel und Woilach wieder in die

richtige Lage und gurten fest. Nicht mit einem Kraftakt, sondern allmählich und ohne die Lage von Sattel und Woilach zu verändern.
Für die Führstrecken lockern wir den Sattel nicht, ausgenommen wir reiten ohne jegliches Gepäck am Sattel. Denn bei einem Sattel, der mit Packtaschen, Mantelsack und vielleicht noch anderen Ausrüstungsstücken bepackt ist, besteht die Gefahr, daß er seine Lage verändert, der Woilach sich verschiebt, der Sattelgurt verrutscht oder der ganze Sattel samt allem Gepäck. Das alles muß nicht immer schlimme Folgen haben, aber auszuschließen sind sie nicht. Vor allem aber ist ein nicht fest in seiner Sattellage liegender Sattel mit Gepäck dem Pferd unangenehm. Dagegen geht ohne jegliches Gepäck vom gelüfteten Sattel beim Führen eine Wirkung wie die einer leichten Massage aus, und der leicht gelöste Sattelgurt läßt die Luft durchziehen, das ist dem Pferd angenehm und von uns erwünscht.

Galopp erfrischt

Gegen einen ruhigen Galopp, wenn der Boden es erlaubt, gibt es keine Einwände, wenn kein wüstes Jagen daraus wird und die Pferde dabei nicht von der Hand kommen. Jeder Reiter bleibt dabei auf seinem in der Gruppe eingenommenen Platz und hält das vom Berittführer vorgegebene Tempo ein. Die im Galopp veränderte Muskeltätigkeit wirkt auf die Pferde erfrischend. Deshalb kann auch einmal das von den Pferden angebotene Tempo angenommen werden, wenn dazu Gelegenheit ist. Nur sollte dieses Tempo nicht durch zusätzliches Treiben verstärkt werden. Das würde nicht zu der erwünschten erfrischenden Wirkung führen, sondern das Gegenteil bewirken. Und keinesfalls soll man mit einem bereits müden Pferd galoppieren.
Es versteht sich von selbst, daß man nach dem Galopp wieder Schritt reitet. Denn ein Wanderritt ist kein sportliches Kräftemessen, sondern soll bei Pferd und Reiter neue Kraft für Leib und Seele freisetzen.

Aufgaben stellen

Um unterwegs die Aufmerksamkeit der Pferde und Reiter zu erhalten, wird der Berittführer nicht nur die Gangarten wechseln, sondern auch die Marschordnung einschließlich der Abstände und der Reihenfolge der Pferde und Reiter. Man gewöhnt so Pferde und Reiter daran, auch einen anderen Partner anzunehmen und läßt das „Kleben“ erst gar nicht aufkommen. Und Kleber, Pferde, die sich nur sehr schwer von anderen Pferden wegreiten lassen, kann man auf einem Wanderritt diese lästige Angewohnheit abgewöhnen. Denn auf einem Wanderritt verlieren sie schneller die Lust zur Widersetzlichkeit, als in heimatlicher Umgebung mit den gewöhnlich kurzen Ausritten, wo sie der Hafer schon schneller einmal sticht. Dazu kann auch beitragen, daß man ganz allgemein allein oder zu zweit vorausreiten oder zurückbleiben läßt, um entweder zur Gruppe zurückzureiten, sie zu erwarten oder der Gruppe nach geraumer Zeit nachzureiten. Solche kleinen Aufgaben helfen auch zum selbständigen Reiten, worin leider viele Reiter ungeübt und daher unsicher sind. Vorausreitern, ob wir sie nun Erkunder, Pfadfinder oder wie auch immer nennen, kann man den Auftrag geben, die Strecke zum nächsten Etappenziel vorauszureiten, um festzustellen, ob der nach der Karte vorgesehene Weg auch gangbar ist. Wenn jeweils zwei Reiter diese Aufgabe übernehmen, kann einer von ihnen, oder auch beide Reiter, entweder die Gruppe an vorher vereinbarten markanten Punkten erwarten oder den Berittführer informieren. Es gibt viele weitere Möglichkeiten, durch unterschiedliche Aufgaben Pferde und Reiter zu schulen und einen Wanderritt abwechslungsreich zu machen.

Pferd nicht überfordern

Immer aber, ob allein, zu zweit oder in der Gruppe, haben wir ein Auge für unser Pferd und unsere Mitreiter und deren Pferde. Bei unserem Pferd beobachten wir sein Abprusten und Misten als uns bekanntes Zeichen, daß es sich gelöst hat. Außerdem achten wir auf die Atmung, den Gang und die Schwitzstellen. Signale, die jeder Reiter von seinem Pferd daraufhin zu deuten wissen sollte, ob sie noch im Bereich des Normalen liegen oder diesen schon überschritten haben. Wer so sein Pferd aufmerksam beobachtet, wird eine Überforderung zu vermeiden wissen. Gleiche Aufmerksamkeit, ohne Wichtigtuerei freilich, gilt auch den anderen Pferden, um gegebenenfalls einen Hinweis zu geben. Und natürlich auch dem Gepäck aller, vor allem dem unseres Vorderreiters, um rechtzeitig auf Mängel des Hintergepäcks, sei es eine offene Seitenpacktasche oder ein gerissener Riemen, aufmerksam zu machen.
Wenn sich so alle Teilnehmer am Wanderritt, vom Berittführer bis zum Troß als ein Ganzes verstehen, dann mißverstehen sie Marschstrecke, Marschordnung und Marschtempo auch nicht als Zwang, sondern nehmen sie als Hilfen zum guten Gelingen des Wanderrittes.

Zeitplan

Es trägt zum Gelingen eines Wanderrittes bei, wenn wir uns, soweit es möglich ist, an den von uns im Zuge der Vorbereitung aufgestellten Zeitplan mit den festgelegten Tageszielen einschließlich der vorgesehenen Rastplätze halten. Das ist vor allem dann wichtig, wenn wir nicht allein, sondern zusammen mit anderen reiten.

Ein Zeitplan könnte etwa so aussehen:

5.00	Wecken, Tränken, Füttern, Frühstücken, Packen
6.30	Putzen, Nachtränken
7.00	Abmarsch
12.00	Mittagspause
14.00	Abmarsch
18.00	Eintreffen im Nachtquartier; Pferde versorgen, Tränken, Füttern
22.00	Nachtränken

An diesen Zeitplan muß man sich nicht sklavisch halten. Das ist auch gar nicht möglich, da nicht vorherzusehende Ereignisse häufig zu Abweichungen vom Zeitplan zwingen. Vor allem aber ist er dem Einfluß der Jahreszeit und des Wetters unterworfen. Vom Wetter sind wir vor allem im Hochsommer mit seinen Hundstagen abhängig. In der warmen und heißen Jahreszeit werden wir deshalb die frühen Morgenstunden bis Mittag zum Reiten ausnutzen und die späten Nachmittagsstunden bis in den Abend hinein, weil in dieser Zeit die Hitze nicht so lästig werden kann wie um die Mittagszeit. Wir planen deshalb so, daß wir den Hauptteil der vorgesehenen Tagesstrecke morgens zurücklegen, also möglichst früh aufbrechen. Im Hochsommer ist es ratsamer, schon um 11 Uhr als erst um 12 Uhr den Ritt für die Mittagspause zu unterbrechen. Und bei großer Hitze verlängern wir die Mittagspause und brechen eben später als vorgesehen auf. Die Sommerzeit macht es möglich und erlaubt es uns, das lange Tageslicht auszunutzen und in den kühlen Abend hineinzureiten. Sind wir im Frühjahr oder Herbst unterwegs, müssen wir allerdings die kürzeren Tage berücksichtigen.

Morgens: Wenn man möglichst frühzeitig aufbricht, hat man den ganzen Tag vor sich und kann einen Zeitverlust ausgleichen, ohne gleich unter Zeitdruck zu geraten. Man muß z.B. nicht im Regen aufbrechen, obwohl Regen auch erfrischend sein kann, sondern wartet das Ende des Regens ab. Und wenn uns unterwegs ein heftiges Gewitter überfällt, dann können wir unseren Ritt gelassen bis zu dem Ende unter einem schützenden Scheunendach unterbrechen und abwarten.

Oft genug bringen auch schlechte Wegstrecken oder nicht zu vermeidende Umwege unseren Zeitplan durcheinander. Wohl uns, wenn wir genug zeitlichen Spielraum haben, um gar nicht erst in Versuchung zu geraten, die „verlorene Zeit" durch ein forciertes Tempo einzuholen. Denn eine oder zwei Stunden länger Reiten und Führen schaden nicht soviel wie ein Tempo, das unser normales Gebrauchstempo überschreitet.

Mitunter beeinflussen aber auch ganz alltägliche Zwänge unseren Zeitplan. Denn nicht alle Gastwirte oder privaten Quartiergeber sind Frühaufsteher wie wir Wanderreiter. In einem ländlichen Gasthof z.B. wird man vor 7 Uhr morgens kaum ein Frühstück bekommen, manchmal kann es auch 8 Uhr werden. Und wer möchte schon ohne Frühstück aufbrechen. Mit unvorhergesehenen Zeitverzögerungen müssen wir auf einem Wanderritt rechnen, dabei aber ruhig bleiben und auch bei großer Verspätung ruhig satteln und reiten.

Verhalten in der Mittagspause

- Pferd anbinden
- Absatteln
- Sattellage und Hufe kontrollieren
- Pferd abwarten
- Tränken, Füttern oder Grasen lassen

In solche Verlegenheit kann man kaum geraten, wenn man sein eigener Quartiergeber ist und im Schlafsack oder Zelt übernachtet oder durch ein Begleitfahrzeug versorgt wird.

Mittags: Für die Mittagspausen ist das Dorf dem „Feldquartier" meist vorzuziehen, vor allem bei großer Hitze. In einem Dorf finden wir immer eine schattige Ekke, ein schattenspendendes Vordach oder auch einen kühlen Stall. Auf unsere Bitte bekommen wir auch Wasser zum Tränken unseres Pferdes und zur Erfrischung für uns. Und wenn wir Glück haben, dann treiben wir auch einen Korb Heu auf und können uns dann mit dem zufriedenen Gefühl, unser Pferd gut versorgt zu wissen, unserer Mahlzeit aus dem Brotbeutel zuwenden, für die man sich beim Frühstück mit allem Notwendigen versorgt hat. Dazu aus der Feldflasche kühlen Tee – Herz, was willst du mehr.

Oft habe ich auf meinen Wanderritten erlebt, daß ich auf meine Brotzeit nicht angewiesen war, weil wohlmeinende Landbewohner mich versorgten. Solche Gastfreundlichkeit war mir immer ein Erlebnis besonderer Art, und ich denke mit

Dank daran zurück. Solche Erlebnisse bleiben jedoch dem allein reitenden Wanderreiter vorbehalten.
Für die Zeit der Mittagspause satteln wir ab. Den verschwitzten Woilach hängen oder legen wir zum Trocknen in die Sonne. Legen ihn aber zum Satteln wieder so zusammen, daß sich keine neuen Brüche durch das Legen bilden. Solche „kleinliche" Sorgfalt hat schon manchen Satteldruck vermeiden helfen, und das wollen wir doch. Wenn möglich, reiben wir das Pferd mit einem Stroh- oder Heuwisch trocken ab, die Sattellage zusätzlich noch zur Kühlung feucht. Haben wir keinen Schwamm zur Hand, tut es ein Stroh- oder Heuwisch auch.
Abends: Das gründliche Abwarten des Pferdes besorgen wir abends nach dem Eintreffen im Quartier. Die einen erledigen das aus guten Gründen vor dem Füttern, die anderen danach. Ich habe es immer so gehalten, daß ich nach dem Eintreffen im Nachtquartier vor dem Abendfutter mein Pferd nur flüchtig abgerieben habe und das gründlichere Abwarten nach ein bis zwei Stunden oder erst am nächsten Morgen. Das hängt immer auch von der uns zur Verfügung stehenden Zeit, den Umständen und dem Befinden unseres Pferdes ab. Manchmal ist die Ruhe ihnen wohltuender als unser Pflegeeifer.

Verhalten im Straßenverkehr

Wir Reiter scheuen den Straßenverkehr nicht, aber wir meiden ihn nach Möglichkeit. Auch verkehrsgewohnte Pferde sind grundsätzlich, wie alle Tiere, unberechenbar und können einmal unvermutet und ängstlich reagieren und dann sich, uns und andere Verkehrsteilnehmer gefährden. Nicht immer auch halten überholende Fahrzeuge den Sicherheitsabstand ein, und „Spaßvögel" lassen auch schon einmal die Hupe ertönen oder die Druckluft zischen. Daraus ergibt sich zwingend die Notwendigkeit, solcher immer möglichen Gefährdung auszuweichen.
Dazu verpflichtet uns Reiter auch die Straßenverkehrsordnung (StVO), die das Miteinander aller Verkehrsteilnehmer auf allen „wegerechtlich öffentlichen Verkehrsflächen" ordnet. Man erkennt diese Flächen an den dort aufgestellten Verkehrszeichen, oder als „Eselsbrücke" noch einleuchtender daran, daß man zum Befahren dieser Flächen mit einem Pkw einen Führerschein benötigt. Für die Teilnahme am Straßenverkehr gilt die allen Besitzern eines Führerscheins bekannte Grundregel nach § 1, Ziffer 1 und 2 der Straßenverkehrsordnung (StVO): „Die Teilnahme am Straßenverkehr erfordert ständige Vorsicht und gegenseitige Rücksicht. Jeder Verkehrsteilnehmer hat sich so zu verhalten, daß kein anderer geschädigt, gefährdet oder mehr als nach den Umständen unvermeidbar behindert oder belästigt wird."

Reiter werden mit Fahrzeugen gleichgestellt

Wenn wir als Reiter auf für den öffentlichen Verkehr freigegebenen Straßen, Wegen und Plätzen reiten, müssen wir uns nach den Regeln der StVO richten. Für Reiter wird dann der § 28, Ziffer 2 wirksam: „Für Reiter gelten die für den gesamten Straßenverkehr einheitlich bestehenden Verkehrsregelungen und Anordnungen sinngemäß."

„Anrufschranken" begegnen wir auf Nebenwegen. Zum Öffnen und Schließen müssen wir die Gegensprechanlage benutzen.

Damit werden wir Reiter zwar nicht zu motorgetriebenen Kraftfahrzeugen, aber zu Fahrzeugen. Reiter sind damit verpflichtet, sich nach den der Verkehrsregelung dienenden Benutzungsregeln, Verkehrszeichen zu richten. Das schließt die Beachtung des Rechtsfahrgebotes, der Vorfahrtsregel, der Lichtzeichenanlagen (Ampeln), der Fahrbahnmarkierungen, der Verkehrszeichen, der Kenntlichmachung (Beleuchtung) in Dämmerung, Dunkelheit und Nebel sowie des Benutzungsgebotes für Sonderwege ein.

Rechtsfahrgebot

Ob wir als Reiter ein Pferd reiten oder führen, immer müssen wir nach § 2 der StVO die äußerste rechte Straßenseite benutzen. Auf Straßen, die durch eine ununterbrochene weiße Linie begrenzt werden, muß rechts davon geritten oder geführt werden, wenn dazu ausreichend Raum ist. Reiter sind nach § 41 der StVO „langsamen Fahrzeugen" gleichgestellt. Die Seitenstreifen (Bankette), Straßenböschungen und Straßengräben gelten nicht als Fahrbahn und dürfen nur in „Ausnahmefällen" beritten werden. Das „Rechtsfahrgebot" gilt beim Abbiegen nach links auch für das Einordnen auf den dafür vorgeschriebenen Fahrstreifen nach links zum Abbiegen. Durch Vorschriftzeichen ausgewiesene Sonderwege für Radfahrer und Fußgänger, wozu auch Gehwege zählen, die als solche auch ohne Vorschriftzeichen deutlich zu erkennen sind, dürfen zum Reiten und

Führen von Pferden nicht benutzt werden. Dagegen müssen durch Vorschriftzeichen gekennzeichnete Reitwege benutzt werden. Als Sonderweg für Reiter ausgewiesene Reitwege dürfen von anderen Verkehrsteilnehmern nicht benutzt werden.

Vorfahrtsregel

Die allgemein bekannte Vorfahrtsregel „Rechts vor links" (§ 8 StVO) gilt für Reiter nicht, wohl aber für Gespanne. Die den Verkehr regelnden Vorschriftzeichen, Richtzeichen und Lichtzeichenanlagen dagegen gelten für Reiter und für Gespanne. Ganz besondere Beachtung verdient, daß die Grundregel „Rechts vor links" generell nicht gilt, wenn die von rechts kommenden Fahrzeuge aus einem Feld- oder Waldweg auf eine andere Straße fahren wollen.

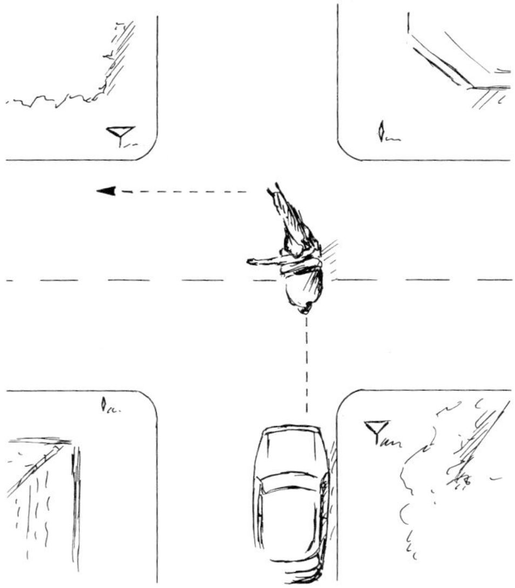

Richtiges Linksabbiegen eines einzelnen Reiters im Straßenverkehr.

Lichtzeichenanlagen

Die Lichtzeichen Rot-Gelb-Grün gelten für Reiter und Gespanne. Für Einzelreiter oder mit großem Abstand reitende Reiter gelten die Regeln wie für Fahrzeuge oder Gespanne.
Der geschlossene Verband (dicht aufgeschlossen, in Doppelreihe und maximal 25 m lang) gilt nach § 27, StVO als ein Verkehrsteilnehmer und muß das eingeleitete Abbiegen nicht unterbrechen, um etwa den Gegenverkehr vorbeizulassen.

Abbiegen

Alle Richtungsänderungen sind durch Einordnen und deutliche Handzeichen anzuzeigen. Gegenverkehr und von rück-

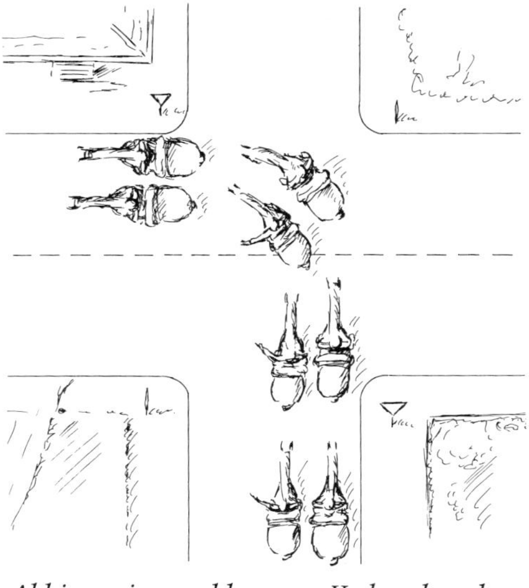

Abbiegen im geschlossenen Verband nach links.

wärts kommender Verkehr muß beim Abbiegen beachtet und vorbeigelassen werden.

Fahrbahnmarkierungen

Dazu gehören Pfeile auf der Fahrbahn, Fahrstreifen und Fahrbahnbegrenzungen, markierte Bereiche müssen auch von Reitern beachtet werden. Das gilt im besonderen für Pfeile, die auf das rechtzeitige Einordnen zum Abbiegen hinweisen.

Fußgängerüberwege

Hier haben Fußgänger auch vor Reitern Vorrang. Allerdings dürfen Fußgängerüberwege aus Sicherheitsgründen benutzt werden, um eine Straße gefahrlos zu überqueren, das gilt auch für Fußgängerüberwege mit Ampel.

Verkehrszeichen

Reiter und Gespanne haben grundsätzlich alle Verkehrszeichen (Gefahrenzeichen, Vorschriftzeichen, Richtzeichen) zu beachten. Von besonderer Bedeutung sind für Reiter zwei Zeichen:

1. Das Sonderweg-Zeichen „Reitweg" (§ 239, StVO), ein rundes Schild mit einem weißen Reiter auf blauem Grund.
2. Das Verkehrsverbot-Zeichen „Verbot für Reiter", ein rundes Schild mit einem roten Rand, einem schwarzen Reiter oder einem schwarzen Pferd auf weißem Grund.

Das Zeichen „Verbot für Fahrzeuge aller Art" (§ 250, StVO), ein rundes weißes Schild mit rotem Rand, muß von Reitern nicht beachtet werden, gilt aber für Gespanne.

Das Führen von Pferden im Straßenverkehr

Es darf nur von geeigneten Personen, die ausreichend auf sie einwirken können, geschehen. Das Führen erfolgt zu Fuß oder vom Pferd aus als Handpferd. Der Pferdeführer hat stets die Seite links vom Pferd einzunehmen, um so das Pferd gegen den übrigen Verkehr abzuschirmen. Die Vorschriften für die Kenntlichmachung (Beleuchtung) in der Dämmerung, Dunkelheit und bei Nebel gelten auch beim Führen. Das Führen vom Fahrrad oder Kraftfahrzeug aus ist in jedem Fall verboten.

Kenntlichmachung (Beleuchtung)

In der Dämmerung und Dunkelheit, bei Nebel oder Schneetreiben, und immer dann, wenn die Sichtverhältnisse im Interesse der Verkehrssicherheit es erfordern, müssen Reiter, ob allein oder in der Gruppe, sich auf öffentlichen Straßen und Wegen durch Beleuchtung für die anderen Verkehrsteilnehmer kenntlich machen. Der Einzelreiter hat dabei die Wahl zwischen einer Laterne, Lampe oder Leuchte mit weißem oder schwachgelbem Licht. Die „Beleuchtung" ist auf der linken Seite, nach vorn und hinten gut sichtbar, mitzuführen. Erlaubt sind auch Stiefel- oder Steigbügellampen, die nach vorn und hinten kenntlich machen. Zusätzliche Sicherheit geben „Reflexreitwesten", die über der Oberbekleidung getragen werden, und stark reflektierende Leuchtgamaschen, die an den Hinterbeinen bei Pferden befestigt werden. Wird im geschlossenen Verband geritten, muß dieser nach vorn mit einem weißen und nach hinten mit einem roten Licht ge-

Auch beim Führen des Pferdes müssen dem nachfolgenden Verkehr Richtungsänderungen durch Handzeichen angekündigt werden.

kennzeichnet werden. Die Kenntlichmachung (Beleuchtung) des geschlossenen Verbandes kann auch durch unmittelbar vor und hinter dem Verband fahrende Kraftfahrzeuge erfolgen.

Gefährliche Situationen

Reiter, ob sie sich nun allein oder im geschlossenen Verband im Straßenverkehr bewegen müssen, sind wegen der Unberechenbarkeit des Tierverhaltens besonders gefährdet. Dazu kommt oft noch das falsche Verhalten der anderen Verkehrsteilnehmer aus Unkenntnis darüber, wie Pferde reagieren, wenn hinter oder neben ihnen rasant beschleunigt oder etwa arglos gehupt wird, weil der Kraftfahrer damit seine Freude am Anblick von Pferd und Reiter ausdrücken möchte. Wenn schon das Verhalten gutmeinender Pferdefreunde uns Reitern unverständlich ist, so ist es das Verhalten von Verkehrsrowdys noch viel mehr, die durch starkes Hupen, dichtes Auffahren und Schneiden und was dergleichen „Nettigkeiten" mehr sind, Scheuen und panische Reaktion von Pferd und Reiter provozieren möchten. Wir Reiter sollten daher im Straßenverkehr nicht auf unser Recht pochen, sondern als schwächere und klügere Verkehrsteilnehmer nachgeben. In Situationen der Gefährdung sollten wir es auch räumlich tun und auf den Bürgersteig, Radweg, den unbefestigten Randstreifen (Bankette) usw. ausweichen. Reiten wir allein, sind wir für uns selbst verantwortlich, reiten wir in der Gruppe oder im geschlossenen Verband, trägt der Berittführer die Verantwortung für alle.

Es sind vor allem die immer wiederkehrenden Situationen, die uns mitunter

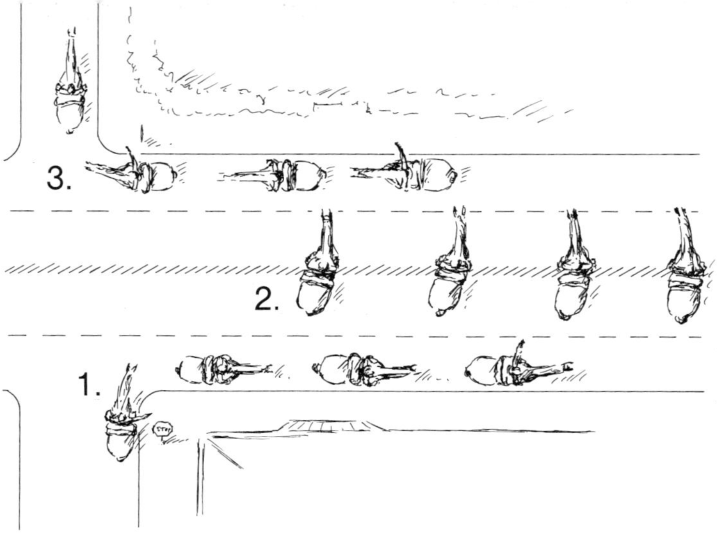

Straßenüberquerung.

Überqueren einer stark befahrenen Kreuzung.

1. Man biegt „zu Einem“ nach rechts ab und reitet weiter, bis alle aufgeschlossen haben.

2.Ist die zu überquerende Straße frei, gibt der Berittführer das Kommando „Links um – Marsch!“ zum Überqueren.

3. Nach dem Erreichen der anderen Straßenseite reitet die Gruppe zur Kreuzung zurück und biegt ab.

schwierig scheinen, sich aber durch Aufmerksamkeit und richtiges Verhalten bewältigen und lösen lassen.

Marschordnung

Sie wird vor dem Aufbruch festgelegt. Doch Reiter und Berittführer müssen sie der jeweiligen Verkehrslage anpassen. Wenn drei oder vier Reiter in der Regel zwar hintereinander – in Reihe – reiten werden, so schließt das die Bildung eines kleinen geschlossenen Verbandes nicht aus, weil davon eine deutlichere Signalwirkung auf die anderen Verkehrsteilnehmer ausgeht, als von den in einer Reihe hintereinander reitenden Reitern. So beispielsweise, um beim Linksabbiegen schneller die Kreuzung freizumachen.
Umgekehrt wird ein geschlossener Verband von der Doppelreihe zur Reihe überwechseln, um etwa einen Engpaß passieren zu können: ein schmales Straßenstück mit Gegenverkehr oder vorbei an parkenden Fahrzeugen, um den Gegenverkehr nicht zu behindern. Auf solche Situationen müssen alle Reiter durch entsprechende Erklärungen und Hinweise und Übungen vorbereitet werden, damit sie im Straßenverkehr die Kommandos und Zeichen des Berittführers richtig verstehen und sich auch richtig verhalten. Es gibt aber auch Verkehrssituationen, denen man, wenn immer möglich, besser durch einen Umweg entgeht.

Straßenüberquerungen

Sie sind auf vielbefahrenen Straßen oft ein echtes Problem. Hier ist vor allem unsere Geduld gefordert. Auch Handzeichen des oder der Reiter werden von den meisten Kraftfahrern respektiert, wenn unser Achtungs- und Bittezeichen, uns über die Straße zu lassen, verstanden wurde. Aber bitte mit gebotener Vorsicht, d.h. erst dann die Straße überqueren, wenn der Kraftfahrer z.B. durch langsameres Fahren, Bremsen oder Anhalten sein „Verstanden“ zu erkennen gibt.

Sammeln zum Überqueren einer Bundesstraße.

Dabei müssen wir aber nicht nur auf den von links kommenden Verkehr achten – ausgenommen Einbahnstraßen –, sondern auch den von rechts. Wir müssen uns deshalb, um eine günstige Situation abzuwarten, mit Front, d. h. mit dem Gesicht, dem Pferdekopf, auch zur Straße aufstellen. So können wir die Straße nach links und rechts überblicken und geben auch durch die Form der Aufstellung jedem Verkehrsteilnehmer gegenüber unsere Absicht zu erkennen: Wir wollen auf die andere Straßenseite.
Das gilt sinngemäß auch für den geschlossenen Verband. Der aber vor dem Halt zum Überqueren aus der Marschordnung zur Reihe übergeht und nach dem Halten durch eine Linksumwendung Front zur Straße macht. Ist die Straße frei, gibt der Berittführer das Kommando „Marsch" zum geschlossenen Überqueren der Straße. Wenn alle Reiter aufgepaßt und ihre Pferde in der Hand haben, dann reiten sie geschlossen wie ein Mann zur anderen Straßenseite.

Manchmal aber ist das nicht möglich. Dann hilft nur, die Straße durch je einen Reiter nach jeder Seite abzusichern. Auf diese Weise, nach jeder Seite abgeschirmt, kann man z. B. mit aller gebotenen Vorsicht auch als geschlossener Verband eine Kreuzung überqueren.
Es können an dieser Stelle nicht alle möglichen Verkehrssituationen besprochen werden. Die Hinweise können nur Anstöße zum rücksichtsvollen und vorsichtigen Verhalten im Straßenverkehr sein. Dazu kann helfen, daß wir die „goldene Regel" der Straßenverkehrsordnung und deren Kernworte „ständige Vorsicht und gegenseitige Rücksicht" beachten.

Reiten in Wald und Flur

In meinem ganzen Reiterleben bin ich im Wald und anderswo ohne Probleme geritten. Vor dem Krieg vor allem in der Dölauer Heide, einem Waldgebiet nahe meiner Heimatstadt Halle/Saale, danach in Ober-

und Unterfranken und auf vielen Wanderritten, die mich vor allem durch das Fichtelgebirge, den Frankenwald, die Fränkische Schweiz, Rhön und Lüneburger Heide geführt haben und noch immer führen. Dabei habe ich die Begegnungen mit Forstbeamten, Waldarbeitern, Jagdpächtern, Landwirten und Gendarmen nie gescheut und auch nie scheuen müssen. Wohl wissend, daß auch Wald und Flur Augen und Ohren haben und die Kunde von uns und unserem Verhalten uns voraus- und nacheilt, habe ich mich immer bemüht, fremde Rechte und Eigentum zu respektieren, mich so zu verhalten, wie es für einen Reiter selbstverständlich ist. Denn herrenloses Land gibt es nicht. Wiesen, Wälder und Felder haben Eigentümer und sind für deren Besitz mit Rechten und Pflichten belastet. Wenn sie uns den Zugang zu ihrem Eigentum gestatten, auch wenn wir damit ein sehr altes Gewohnheitsrecht für uns Reiter in Anspruch nehmen, dann sollten wir es ihnen durch reiterliches und ritterliches Verhalten danken. Auch wir sähen es ja nicht gern, wenn andere unsere Rechte verletzten und unser Eigentum beschädigten.

Reiterliches Verhalten

Das schließt auch den Umgang mit unserem Pferd ein, wie wir mit ihm umgehen und wie wir es versorgen. Dazu gehört auch, wie wir unsere Rast- und Biwakplätze verlassen, ob aufgeräumt oder als Müllhalde. Allerdings habe ich zur Zeit der Vegetationsruhe nie gezögert, über abgeerntete Flächen zu reiten, ausgenommen bei tiefem Boden oder nach starkem Regen, von bestellten, d. h. zur Saat vorbereiteten oder von bereits bestellten Äckern nicht zu reden. In Zweifelsfällen, wo wir in unserem Urteil nicht ganz sicher sind, ob z. B. bestellt oder nicht, meiden wir die fraglichen Flächen und bleiben auf dem Weg, reiten einen Umweg oder auch einmal zurück. Ärger vermeiden ist immer besser als ihn verursachen. Wer in solchem Fall ohne Rücksicht über aufgeweichte Äcker oder über Saaten reitet, weil er meint, daß das ja keiner sieht und er ja morgen bereits über alle Berge ist, der erweist den Reitern keinen Dienst und verhält sich unreiterlich.

Feldraine

Auch Feldraine, die mit Gras bewachsenen Streifen Land zwischen zwei Feldern, habe ich auf meinen Ritten benutzt, wenn sie ausreichend breit und damit eine zeit- und kraftsparende Abkürzung verbunden war. Voraussetzung dazu ist allerdings, daß man jeden Fehltritt vermeidet und ein Pferd unter dem Sattel hat, das Schenkelhilfen auch annimmt. Manche Feldraine aber sind so schmal, daß es sich verbietet, darauf zu reiten, denn die Gefahr wäre zu groß, daß das Pferd ein paar Fehltritte in die bestellte Fläche macht. Wo aber nicht alles weggepflügt worden ist, erlauben Feldraine ein bequemes Reiten. Selbstverständlich sind schmale Raine keine Galoppstrekken, sondern nur zum Schrittreiten oder allenfalls zum Traben geeignet.

Vom Gewohnheitsrecht

Auf meinen vielen Wanderritten habe ich das alte und bewährte Gewohnheitsrecht für das Betreten von Nutzflächen in der Zeit der Vegetationsruhe für mich immer unbeanstandet in Anspruch genommen, auf das sich Landstallmeister Uppenborn ausdrücklich in seinem Buch „Ponys" bezieht. In dem Kapitel „Winke für das Wandern mit Ponys" sagt er: „ . . . z. B. auf schönem Wiesengelände in der erlaubten Zeit vor dem 1. April reiten können." Streckenweise bin ich auch über Wanderwege geritten, wie das z. B. im Ostharz auch heute noch ausdrücklich erlaubt ist. Hinweisschilder an den Wanderwegen, so z. B. bei Wernigerode, bitten nur um gegenseitige Rücksichtnahme, eine Selbstverständlichkeit für uns Reiter.

Begegnungen mit Wanderern und Einheimischen

Ich muß einräumen, daß eine größere Reitergruppe auf einem schmalen Wanderweg am falschen Platz ist und die Belästigung von Fußwanderern nahezu unvermeidlich. Wenn man aber allein oder zu zweit einen Wanderweg benutzt und Wanderern rücksichtsvoll und höflich begegnet, sollte es keine Probleme geben. Dazu gehört z. B. auch die Bereitschaft, einmal abzusitzen, das Pferd zu führen, einem Wanderer ein fröhliches „Keine Angst, es ist ein braves Pferd" oder ähnliches zuzurufen und auch bereitwillig auf das „Woher und Wohin" zu antworten. Unterwegs Kontakte pflegen gebietet nicht nur die Höflichkeit, sondern auch die Klugheit. Ein freundliches „Guten Tag", Handzeichen oder Nicken für die, die uns auf unseren Wegen begegnen oder an denen wir vorüberreiten, läuft uns nach und voraus. Das kurze Gespräch mit dem Forstmann oder Landwirt hat mir manchen Umweg erspart und die Türen zu vielen Quartieren geöffnet. Bei solchen Begegnungen sollten wir die Fragen nach unserer Person nicht als neugierig verstehen, sondern sie besser von uns aus beantworten, noch ehe sie gestellt sind. Auf dem Lande will man, mehr noch als in der Stadt, wissen, mit wem man es zu tun hat.

„Herrenloses Land" gibt es nicht! Deshalb immer die Wege benutzen und nicht querbeet reiten.

Dazu kann auch unsere äußere Erscheinung beitragen. Ein Reiter im „Räuberzivil" mit ungepflegter Ausrüstung und Pferd sind bei der Bitte um Quartier nicht die beste Empfehlung. „Wie du kommst gegangen, so wirst du auch empfangen", sollte uns nachdenklich machen. Dabei werden wir nicht an dem auf einem Ritt unausbleiblichen täglich neuen Staub und Schmutz gemessen, sondern wie wir uns und unser Pferd halten und pflegen. Der bei manchen Reitern und Pferden zu

Orientierungshilfen: Die Brücke in der Wiese weist auf einen Graben oder Bach. Der Schlepper im Kornfeld läßt dort einen Weg vermuten.

beobachtende alte Schmutz ist keine Empfehlung.

Freundlichkeit ist eine überall gängige Münze, die wir verwenden sollten. Auch das höfliche Fragen gehört dazu. Ich weiß zwar nicht, ob der Mann auf dem Schlepper oder am Wiesenrand meine Fragen beantworten kann, aber es kann doch nicht schaden, ihn z. B. zu fragen, ob denn dieser Weg nach B führt und benutzt werden darf. Es könnte ja auch ein Weg nur für „Anlieger" oder ein „Privatweg" sein. Manchmal erspart man sich dadurch auch einen Umweg, weil der Weg – noch können wir es nicht sehen, da ein Wäldchen oder Hügel uns den Blick verstellen, nicht weiter führt und zum Beispiel in Wiesen, einem Steinbruch oder einer Sandgrube endet.

Das Fragen hat man umsonst, darum dürfen wir ruhig davon Gebrauch machen. Haben wir keine Gelegenheit, jemanden um Auskunft zu bitten, so gilt es die Karte zu befragen, mit Bedacht zu überlegen und die Augen offenzuhalten.

Vorsicht gegenüber Auskünften

Da es aber auch auf dem Lande Menschen gibt, die einen ganz besonderen Humor besitzen, ist gegenüber allen uns gefragt oder ungefragt gegebenen Ratschlägen Vorsicht angebracht. Nur allzu gern möchte mancher den Fremden auch im Sommer aufs Glatteis führen, um abends am Stammtisch auf dessen Kosten lachen zu können. Auskünfte über den Verlauf eines Weges überprüfen wir besser immer anhand der Karte gemeinsam mit dem, der sie uns gibt. Bei Auskünften von Kindern ist immer Vorsicht angebracht. Im Zeitalter des Kraftfahrzeuges werden Wege in die Nachbarorte kaum noch zu

Fuß zurückgelegt, und viele kennen vielleicht Italien und Spanien, nicht aber ihre engere Heimat. Die alten Flurnamen sind ihnen nicht bekannt, von den alten Ortsverbindungswegen haben sie vielleicht nicht einmal gehört. Die Erfahrung lehrt, daß man sich am besten an ältere Leute wendet, die noch zu Fuß oder mit Pferd und Wagen über den Berg, durch den Wald oder die Wiesen in das Nachbardorf gefahren sind.

Ortsverbindungen

Die alten Ortsverbindungen sind, wenn sie nicht ein Opfer der Flurbereinigung geworden sind, für uns Wanderreiter ideale Wege. Im Wald sind sie zwar stellweise ziemlich zugewachsen, aber man kann ihren Verlauf noch erkennen, oft werden sie noch durch alte Wegweiser, Telefonmasten usw. markiert. Auch benutzen kann man sie, wenn Pferd und Reiter dickfellig genug sind, ein paar schrammende Zweige nicht zu scheuen. Man darf aber auch nicht überrascht sein, dort, wo man eigentlich erwartete, auf den Dorfeingang zu treffen, auf eine Schutthalde zu stoßen. So ist es mir vor vielen Jahren ergangen, als ein von mir benutzter alter Hohlweg so endete. In solchen Fällen heißt es gelassen einen Ausweg suchen oder zum Ausgangspunkt zurückreiten.

Auch durch Wiesen, Weideland und Auen führen mitunter solche Wege, deren Verlauf meistens an den Fahrspuren gut zu erkennen ist. Aus praktischen Gründen werden solche Wege oft in die Weidefläche einbezogen und die Zugänge durch Weidetore gesichert. Wenn wir solche Wege benutzen, müssen wir mit peinlicher Sorgfalt darauf achten, die Weide-

Hochspannungsleitungen sind auf der Karte dargestellte und in der Natur weit sichtbare Orientierungshilfen.

tore wieder sicher zu verschließen, auch dann, wenn sich auf dem Grünland kein Weidevieh befindet. Ist das aber der Fall, dann unterlassen wir es, einen solchen Weg zu reiten. Auch wenn wir unseres Pferdes sicher sein können, wissen wir nicht, wie die Tiere reagieren. Kalbinnen sind oft neugierig, junge Bullen oft angriffslustig. Solche Situationen meidet man besser, auch um den Preis eines Umweges. Dazu werden wir auch manchmal gezwungen, wenn uns am Ende des schönen Wiesenweges kein Weidetor als Ausgang erwartet, sondern ein Stacheldrahtzaun. Das ist dann ärgerlich, weil man wieder zurück muß und so statt vielleicht Zeit zu gewinnen, Zeit verliert. Mir ist das oft genug passiert. Seitdem verhalte ich mich nach dem Grundsatz: „Der sicherste Weg ist der kürzeste, auch wenn er weiter ist."

Weidendes Vieh nur im Schritt passieren

Viele Wege führen unmittelbar an Weiden vorbei und sind als solche durch den Stacheldraht deutlich zu erkennen. Ob nun Kühe oder Pferde, Kälber oder Fohlen darauf weiden, solche Weiden passieren wir immer im Schritt. Nicht nur Galopp, sondern auch ruhiges Traben ermuntert Weidevieh, es dem Reiter oder der Reiterin gleichzutun. Nur zu bald kann eine wilde Stampede daraus werden, deren Folge für alle beteiligten Tiere und Menschen sehr unangenehm und teuer werden kann. Besondere Vorsicht ist auch beim Schrittempo geboten, wenn das Weidevieh nur durch einen einfachen elektrischen Weidezaun gesichert ist. Möglichst die andere Seite des Weges benutzen oder, wenn man zwischen zwei Übeln reiten muß, die Wegemitte und: zügig und ruhig vorwärts und vorbei!

Fußwege

Auch Fußwege, breit genug für Reiter, führen durch Wiesen und Auen. In einem trockenen Sommer geht von ihnen eine einladende Wirkung aus. Vom erhöhten Standort des Reiters aus kann man ihren Verlauf gut erkennen. Oft wird dabei nicht genug beobachtet oder die Karte nicht zu Rate gezogen. Denn in einer weitläufigen Wiesen- und Auenlandschaft müssen wir immer mit offenen Gräben rechnen. Und auf Fußwegen werden Gräben meist nur mit einfachen Stegen überbrückt, die Pferd und Reiter nicht tragen. Zum Überspringen oder Durchklettern sind sie meistens ungeeignet, bzw. wir wollen und dürfen auf einem Wanderritt kein Risiko eingehen.

Brücken und Gräben in der Feldmark

Wo immer eine Brücke über einen Graben oder kleinen Wasserlauf führt, dürfen wir dieselbe unbesorgt benutzen, wenn sie aus Stein, Beton oder anderem festen Material ist.

Bei Holzbrücken, solche mit einem festen Belag aus alten Bahnschwellen oder Bohlen, deuten zur und über die Brücke führende Fahrspuren von Schleppern auf Festigkeit. Dennoch sollten wir auf etwaige Löcher achten und im Zweifelsfall unser Pferd lieber führen. Besondere Vorsicht ist bei Holzbrücken grundsätzlich geboten, da viele Pferde den dumpfen hohlen Klang nicht mögen, den sie darauf mit ihren Hufen verursachen. Vorsicht ist vor allem aber bei solchen Brücken am Platze, deren Zufahrten zugewachsen sind und die schon durch ihr Aussehen und ihren morschen Belag erkennen lassen, daß der Zahn der Zeit erfolgreich an ihnen genagt hat. Die Anlieger wissen das, wir aber nicht. In solchem Fall steigen wir besser ab, um die Tragkraft des Brückenbelages und der Brückenkonstruktion zu prüfen. Kräftiges Aufstampfen mit dem Fuß kann da schon viel verraten. Und durch einen Blick von der Seite kann man auch einen Eindruck von der Tragfähigkeit der Brücke gewinnen.

Wenn wir meinen, der Brücke trauen zu können, dann führen wir unser Pferd zu Fuß und am langen Zügel im Schritt zügig hinüber, trauen wir dem Frieden aber nicht, dann wählen wir einen anderen Weg. Das muß nicht immer umkehren heißen. Haben wir unsere Karte dabei, stellen wir fest, wie weit es bis zur nächsten Brücke ist. Gibt die Karte keine Auskunft, haben wir die Wahl zwischen zwei Möglichkeiten: Wir durchklettern den

Fußgängerstege tragen Pferd und Reiter in der Regel nicht, deshalb nicht benutzen. Ein Umweg zur nächsten festen Brücke ist sicherer.
Holzbrücken in der Feldmark vor dem Betreten auf ihre Tragfähigkeit überprüfen.
Gräben besser nicht überspringen, sondern durchklettern.
Verhalten im Sumpf

- Pferderücken entlasten
- Zügelfreiheit gewähren
- das Pferd sich helfen lassen

Graben an einer geeigneten Stelle oder wir reiten so lange an seinem Rand entlang, bis wir auf eine Brücke oder eine andere Möglichkeit stoßen, die es uns erlaubt, den Graben ohne Risiko für Pferd und Reiter zu überqueren.
Trockene Gräben, wenn die Grabenränder nicht zu steil und hoch sind, sind für geübte Pferde und Reiter kein schwieriges Hindernis. Wasser führende oder sumpfige Gräben können dagegen große Schwierigkeit bereiten, weshalb man Sumpfgräben besser meidet. Ist man einmal gegen seinen Willen in sumpfiges Gewässer geraten, so entlaste man den Pferderücken und gebe diesem ausreichend Zügelfreiheit, dann wird ein Pferd sich immer zu helfen wissen.

Furten

Breitere Gewässer mit festem Untergrund und einer einladenden Furt, was man an der Führung des Weges – zum Wasser hinein, am anderen Ufer dann wieder hinaus und weiter – erkennen kann, sind eine erfrischende Wohltat. Wichtig ist dabei das

Über solche Brücken führt man das Pferd.

zügige Hineinreiten in das nasse Element und ausreichende Zügelfreiheit für das Pferd. Es muß in der Lage sein, im Wasser verborgene Unebenheiten, Löcher, Steine usw. auszubalancieren. Dabei dürfen wir aber die Anlehnung nicht ganz aufheben, damit es vom Pferd nicht als Aufforderung zum Bade mißverstanden wird. Pferde sind im allgemeinen durchaus nicht wasserscheu. Wenn sie mit uns im Sattel mit den Vorderbeinen ins Wasser schlagen, dann heißt es aufpassen und energisch vorwärts reiten, ehe sie unter uns immer kleiner werden, um dann ganz mit uns im Wasser zu versinken.

Der Bitte nach Wasser zum Tränken wird meistens gerne entsprochen. Doch sollte man dabei die Zügel nicht aus der Hand geben.

Bachbett als Reitweg

Manchmal, und davon sollten wir Gebrauch machen, so oft sich die Möglichkeit bietet, kann man auch ein Bach- oder Flußbett als Weg benutzen, wenn das Wasser nicht zu tief ist. Mit dem Risiko allerdings, daß störende Übergänge uns hin und wieder zum Verlassen des Gewässers zwingen.

Auch mit der Möglichkeit, daß die Ufer zu Steilufern geworden sind und wir nicht hinausgelangen. Dann müssen wir unter Umständen auch einmal bis zu unserem Wassereinstieg zurück. Für Pferde ist so ein Wassermarsch jedenfalls eine erfrischende Abwechslung, die ihnen offensichtlich auch viel Spaß macht, vor allem an heißen Tagen. Warum also dann nicht auch uns?

Grabensohle als Weg

Trockene Gräben, vor allem wenn die Grabensohle ausreichend breit ist, sind u. U. ganz hervorragende Reitwege. Wie auch die Grabenränder und Bankette. Wir weichen auf sie dann aus, wenn der von uns zum Reiten benutzte Weg durch Schotter oder Bauschutt und anderes für Pferdebeine schädliches Material unbereitbar geworden ist. Immer aber nur dann, wenn ich durch mein Reiten keinen Schaden verursache.

Der Autor mit seiner treuen Eiche auf einem Wanderritt, der ihn im Herbst 1961 für vierzehn Tage von Joditz und Bayreuth in die Fränkische Schweiz und über den Main nach Königshofen im Grabfeld und wieder zurück nach Oberfranken führte.

Tränken unterwegs

Wann immer wir im oder am Wasser sind, sollten wir das Pferd tränken, wenn wir der einwandfreien Qualität des Wassers einigermaßen gewiß sein können. Das gilt auch für die hier und da noch anzutreffenden öffentlichen Brunnen. Wo solche „öffentlichen Tränken" nicht vorhanden sind, klopfen wir getrost an einer Haustür an und bitten um einen Eimer Wasser für unser Pferd. Das muß nicht immer ein Bauernhaus sein, auch Menschen in anderen Häusern und Berufen haben ein Herz für Tiere. Läßt man dann die Fragen der großen und kleinen Kinder über das Pferd nicht unbeantwortet, ermuntert sie, es ruhig einmal anzufassen und zu streicheln oder setzt sie gar für einen Augenblick in den Sattel, hat man die Herzen vollends gewonnen und das beiderseitige „Auf Wiedersehen" ist herzlich und aufrichtig.

Rastplätze

Wege enden nicht immer in Sandgruben oder ähnlichen Sackgassen, mitunter auch auf Gehöften in Alleinlage. Doch nicht immer müssen wir umkehren, sondern können guten Mutes weiterreiten, da der öffentliche Weg über die Hofreite zwischen den Gebäuden hindurch weiterführt. Einödhöfe und kleine Weiler sind durch ihre ruhige Lage meist wie geschaffen für eine Rast und ihre Bewohner dem Wanderer gegenüber um vieles aufgeschlossener als Dorfbewohner.
Unterbrechen wir unseren Wanderritt für eine kurze Rast oder die Mittagspause im Wald oder anderswo, dann gilt es verschiedenes zu beachten. Denn es gibt keine herrenlosen Grundstücke. Auch die Waldwiese mit dem schönen Gras hat einen Besitzer und wird meistens noch zur Heugewinnung genutzt und steht uns nicht als Pferdeweide auf Zeit zur Verfügung.
Halten wir uns darum an die Wald- und Wegeränder, wenn wir unser Pferd grasen lassen wollen. Aber nicht, ohne vorher unsere „Pferdeweide" auf Rückstände von Düngemitteln und Spritzmitteln kontrolliert zu haben, die unserem Pferd schweren Schaden zufügen könnten. Auch Reste vom Saatgetreide (beim Umfüllen vom Sack in die Drillmaschine fällt immer etwas daneben) sollten wir nicht als willkommenes Zusatzfutter verwenden. Es ist gebeizt und damit schädlich für unser Pferd und führt, wie durch Dünge- und Spritzmittel behaftetes Futter, zu Koliken und Vergiftungserscheinungen.

Giftpflanzen

Nicht weniger gefährlich sind bestimmte Giftpflanzen, die es in unseren Breiten häufiger gibt als von manchen vermutet. Die Vertreter der Ponyrassen sind im Umgang mit Giftpflanzen weniger gefährdet, da sie sich ihre gesunden Instinkte besser bewahrt haben als die Warmblüter. Das sollte uns aber nicht unvorsichtig werden lassen. Unsere Warmblutpferde aber sind Mutter Natur doch zu sehr entfremdet, und sie sind beim Unterscheiden dessen, was ihnen nützt oder schadet, nicht mehr sicher. Deshalb müssen wir für sie Sorge tragen, umsichtig sein und unseren Verstand gebrauchen.

Bäche mit festem Bett sind oft geeignete Reitwege, gesund und erfrischend dazu.

Wir lassen unser Pferd nicht in der gefährlichen Nähe von Maiglöckchen oder Herbstzeitlosen grasen und binden sie nicht an einer Eibe oder Akazie an.
Die in der Tabelle aufgeführten Pflanzen sind giftig. Wir müssen unsere Pferde davor bewahren, auch nur geringste Mengen Blätter, Zweige, Rinde oder Halme davon aufzunehmen. Das gilt in den meisten Fällen auch für die getrockneten Pflanzenteile, also das Heu.

Gefahr durch Futtermittel

Aber nicht nur Pflanzen können Pferden gefährlich werden, sondern auch Futtermittel, die wir unterwegs kaufen oder uns angeboten werden. Auch Landbewohner wissen vielfach nicht mehr, daß man Pferden keinen jungen Hafer oder frisch eingebrachtes Heu verfüttern darf, sondern es wenigstens acht Wochen alt sein soll. Es ist also kein Mißtrauen, wenn wir Alter und Qualität von Futtermitteln prüfen. Nicht weniger risikoreich ist es, wenn wir erhitztes Grünfutter, welches über mehrere Stunden in dicken Haufen und womöglich noch in der Sonne gelagert war, verfüttern. Es besteht dann Kolikgefahr! Auch Klee oder Luzerne in größeren Mengen frisch vom Acker zu verfüttern ist für Pferde nicht ganz ungefährlich. Vor allem dann, wenn unmittelbar danach getränkt wird. Auch dann droht Kolik, also Vorsicht!

Eibe.

Buchsbaum.

Oben: An weidendem Vieh sollte man grundsätzlich im Schritt vorbeireiten.
Unten: Solche Wildgattertore sind den meisten Pferden unheimlich, deshalb: absitzen und führen.

Goldregen (Blüten und Früchte).

 Robinie (Blüten und Früchte).

Tollkirsche.

Stechapfel.

Lebensbaum (Thuja).

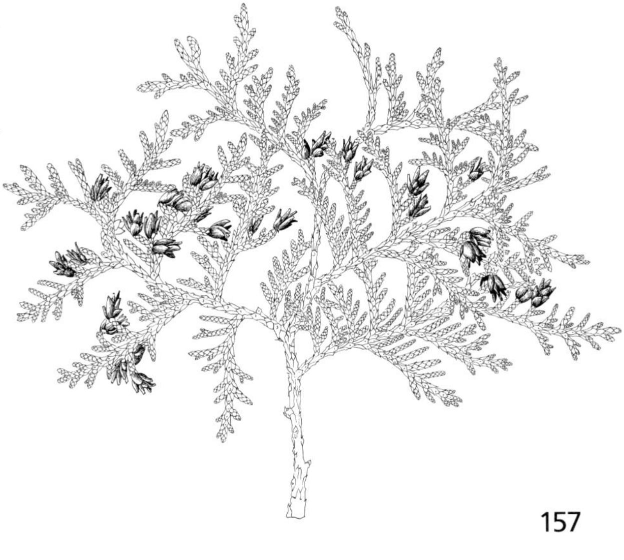

Giftpflanzen und ihre Wirkungen (nach Launer, Mill, Richter 1990)

Pflanze	Vorkommen	Giftiger Inhaltsstoff	Vergiftungserscheinungen und Krankheitsverlauf
Adlerfarn *(Pteridium aquilinum)*, Wurmfarn *(Dryopteris filix-mas)*	Wälder, Waldwiesen und Lichtungen	Vitamin B_1-zerstörender Wirkstoff; höchster Gehalt in jungen Pflanzen.	Nervöse Störungen, Erregungszustände, hohe Berührungsempfindlichkeit, Störungen im Ablauf der Bewegungen, später krampfartige Zuckungen, blutiger Durchfall, Blutharnen. Aufnahme von täglich 2 bis 3 kg Pflanzen für Pferde nach etwa 1 Monat tödlich.
Adonisröschen *(Adonis vernalis)*	Wiesen (kalkliebend)	Herzwirksame Glykoside, dazu hautreizendes Gift.	Rötung und Schwellung von Maulschleimhaut, besonders Lippen und Zahnfleisch; Atemnot, Gleichgewichtsstörung, schwerer Durchfall.
Bingelkraut *(Mercurialis annua, M. perennis)*	Äcker, Ödland, Schuttplätze; Laubwälder (Schattenpflanze)	Reizendes Öl und Saponine, z. Z. der Samenbildung am giftigsten.	Magen-, Darm- und Nierenentzündung; Nesselfieber, Unterhautödem, Blutharnen, Lähmungen.
Buchsbaum *(Buxus sempervirens)*	Zierstrauch oder Baum	Alkaloide, besonders in Blättern und Rinde; Aufnahme von etwa 750 g Blättern kann tödlich sein.	Kolik, Durchfall, Lähmungen; Tod tritt durch Atemlähmung ein.
Eibe *(Taxus baccata)*	Zierstrauch oder Baum	Alkaloide (Herz- und Atmungsgift); höchste Konzentrationen in den Nadeln. Pferde sind sehr empfindlich, Aufnahme von etwa 100 g Nadeln kann tödlich sein.	Anfangs Muskelzittern, Kolik und Durchfälle, Bewegungsstörungen, tiefe Depressionen, Tod. Größere Mengen führen fast schlagartig zum Tod.

Giftpflanzen (Fortsetzung)

Pflanze	Vorkommen	Giftiger Inhaltsstoff	Vergiftungserscheinungen und Krankheitsverlauf
Eiche *(Quercus robur, Q. petraea)*	Wälder, Parks	Gerbsäure; Vergiftungen treten auf Koppeln mit Eichen besonders dann auf, wenn infolge eines Unwetters in kurzer Zeit viele Eicheln abfallen und gefressen werden.	Kolik, Verstopfungen, Fieber, erhöhte Pulsfrequenz, Schwäche, Harn durch Blutbeimengung dunkelbraun, Blut aus After, Schaum vor Maul und Nüstern.
Gefleckter Schierling *(Conium maculatum)*	Wegränder, Schuttplätze	Alkaloid; 15,5 mg täglich über 1 Monat aufgenommen führten zu schweren Erkrankungen.	Muskelzittern, Lähmungen, Festliegen, Pupillen weit, Atemnot; Tod durch Atemlähmung, Urin und Atemluft mit widerlichem Geruch.
Goldregen *(Laburnum anagyroides)*	Zierstrauch oder Baum	Alkaloid mit nikotinartiger Wirkung; Pferd besonders empfindlich; Gift in allen Pflanzenteilen enthalten, höchste Konzentration in Blüten und Samen, 200 bis 250 g Samen sind tödlich. Pflanze wird von Pferden selten gefressen.	Erregung, Kolik, starker Speichelfluß, starkes Schwitzen und Muskelzittern, krampfhafte Zuckungen, hohe Puls- und Atemfrequenz, Tod durch Atemlähmung.
Hahnenfuß *(Ranunculus sceleratus, R. acer, R. bulbosus)*	Sumpfiges Gelände; Wiesen, Wegränder; trockene Wiesen	Reizgift; höchste Konzentration im Gifthahnenfuß, besonders während der Blütezeit; Vergiftungen treten nur nach Aufnahme großer Mengen auf, kaum tödlich.	Enzündung der Maulschleimhaut, starker Speichelfluß, Kolik, später Durchfall, Schwäche.

Giftpflanzen (Fortsetzung)

Pflanze	Vorkommen	Giftiger Inhaltsstoff	Vergiftungserscheinungen und Krankheitsverlauf
Herbstzeitlose *(Colchicum autumnale)*	Feuchte Wiesen	Alkaloid; giftig besonders Blüten und Samenkapseln. Gift wird nur langsam wieder ausgeschieden.	Krankheitserscheinungen bereits wenige Stunden nach der Aufnahme; Kolik, schwere (zum Teil blutige) Durchfälle, später Lähmungen; Tod durch Atemstillstand und Kreislaufversagen.
Jakobskreuzkraut *(Senecio jacobaea)*, Gemeines Kreuzkraut *(Senecio vulgaris)*	Wiesen, Waldränder; Äcker, Gärten, Schuttplätze	Alkaloide (starke Lebergifte); Pferde sehr empfindlich, besonders junge Tiere.	Krankheitserscheinungen erst nach langdauernder Aufnahme. Die Pferde sind abgeschlagen und teilnahmslos, ohne Appetit, gähnen häufig, später Koordinationsstörungen in der Bewegung und ausgesprochene Unbeweglichkeit. Gelbfärbung der Lidbindehäute, Harn kann dunkelbraun verfärbt sein (Blutfarbstoff).
Lupine *(Lupinus polyphyllus, L. luteus, L. angustifolius)*	Wegränder, Ödflächen	Verschiedene Alkaloide; höchste Konzentration in den Samen. Offenbar auch auf der Pflanze wachsende Schimmelpilze an der Vergiftung beteiligt.	Vergiftung kann schnell und drastisch verlaufen, wenn eine große Menge dieser Pflanzen aufgenommen wurde; Krankheitserscheinungen: Unruhe, Krämpfe, Übererregbarkeit, Atembeschwerden bis zur Atemlähmung, Gelbsucht.

Giftpflanzen (Fortsetzung)

Pflanze	Vorkommen	Giftiger Inhaltsstoff	Vergiftungserscheinungen und Krankheitsverlauf
Robinie (Falsche Akazie, *Robinia pseudoacacia)*	Wälder, Parks	Toxalbumin, Alkaloid und Gerbstoffe; besonders in der Rinde enthalten.	Erste Krankheitserscheinungen (Weitstellung der Pupillen, Puls- und Atembeschleunigung, starke Schweißbildung, Übererregbarkeit, Krämpfe und Kolik) bereits wenige Stunden nach Aufnahme des Giftes. Danach Abgeschlagenheit, Schwäche und Lähmung. Der Tod kann innerhalb eines Tages eintreten.
Rotbuche *(Fagus sylvatica)*	Wälder, Parks	Vitamin B_1-zerstörende Substanzen; höchste Konzentrationen in den Früchten (Bucheckern), Pferde sind besonders empfindlich. 1 kg Bucheckern kann bereits tödlich sein.	Schreckhaftigkeit, starke Schmerzen, Kolik, Zittern, Krämpfe, später Lähmung und Atemstörung. Der Tod kann innerhalb weniger Stunden eintreten.
Roter Fingerhut *(Digitalis purpurea)*	Bergwälder, besonders Lichtungen	Herzwirksame Glykoside, vorwiegend in den Blättern enthalten. 100 bis 200 g frische Blätter können ein Pferd töten. Da die Giftstoffe im Herzen gespeichert werden, treten auch Vergiftungen auf, wenn diese Menge über mehrere Tage verteilt gefressen wird.	Sehr langsamer Puls und Herzschlag, Durchfall und Schläfrigkeit; später schnelles, starkes Herzklopfen, sehr unregelmäßig; häufiger Absatz großer Harnmengen; gelegentlich Aufregung, sonst Mattigkeit und Lähmungen.

Giftpflanzen (Fortsetzung)

Pflanze	Vorkommen	Giftiger Inhaltsstoff	Vergiftungserscheinungen und Krankheitsverlauf
Schwarzer Nachtschatten *(Solanum nigrum)*	Wiesen, Äcker, Ödland, Schuttplätze	Alkaloide; in allen Pflanzenteilen, höchste Konzentration in den unreifen Beeren	Starke Hinfälligkeit, Niederstürzen, absolute Teilnahmslosigkeit, oft starker Durchfall. Harn kann durch Blutfarbstoff braunrot verfärbt sein.
Stechapfel *(Datura stramonium)*	Schutthalden, Wegränder, Gärten	Alkaloide; besonders in Blättern, weniger in Samen, 500 g Blätter sind giftig.	Wie Tollkirsche
Sumpfschachtelhalm *(Equisetum palustre)*	Nasse Wiesen, Ufer der Gewässer, Gräben	Alkaloide, Vitamin B_1-spaltende Substanz; Pferd besonders empfindlich.	Krankheitserscheinungen erst nach ein- bis mehrmonatiger Fütterung sumpfschachtelhalmhaltigen Heus. Zunächst erhöhte Erregbarkeit, Überempfindlichkeit, Reaktionen bei Hautberührung, Muskelzucken. Später Bewegungsstörungen, Taumeln (auch im Stehen). Sehr niedrige Pulsfrequenz, Untertemperatur, weitgeöffnete Pupillen, evtl. Zusammenbrechen. Tod nach längerer Krankheitsdauer.
Tollkirsche *(Atropa belladonna)*	Bergwälder und Lichtungen, Weiden, Ödland; kalkliebend	Alkaloide in Samen (Beeren) und Blättern; 10 g Samen für ein Pferd gefährlich, 125 g tödlich.	Trockene Schleimhäute, Sehstörungen, Pupilllen sehr weit! Herzfrequenz erhöht, Unruhe, Aufregung, Darmlähmung, Verstopfung, Kolik, Zittern, später Schwäche und Taumeln.

Giftpflanzen (Fortsetzung)

Pflanze	Vorkommen	Giftiger Inhaltsstoff	Vergiftungserscheinungen und Krankheitsverlauf
Wasser-Pferdesaat *(Oenanthe aquatica)*	Sumpfwiesen, an Gräben, Niederungen	Giftige Substanzen haben ähnliche Wirkung wie die des Wasserschierlings. Höchste Konzentration in den Wurzeln. Pferde besonders empfindlich.	Koliken, starker Durchfall, Tiere stürzen zusammen, krampfartige Zukkungen; Tod kann sehr schnell eintreten.
Wasserschierling *(Cicuta virosa)*	Sumpfiges Gelände, Gräben, Ufer	Sehr giftige Inhaltsstoffe, Pferde sollen bereits nach Aufnahme eines walnußgroßen Stückes der frischen Wurzel verenden.	Erscheinungen wechseln zwischen starker Erregung (Muskelkontraktionen, die Pferde gehen auf Hindernisse los, rennen gegen die Wand) und ausgeprägter Depression (Schläfrigkeit, kaum Reaktion auf Umweltreize).
Zwiebel *(Allium cepa)*	Kulturpflanze (Vergiftungen auch durch wildwachsende Zwiebeln möglich)	Verschiedene Inhaltsstoffe mit schädigender Wirkung auf die roten Blutkörperchen.	Nach langdauernder Fütterung Blutarmut und Gelbsucht; Blasse und gelbliche Lidbindehäute und Schleimhäute. Rot- bis Dunkelbraunfärbung des Harnes infolge Beimengung von Blutfarbstoff.

Hitzschlag und Sonnenstich

Im Hochsommer sind Hitzschlag und Sonnenstich eine weitere Gefahr. Alle Tiere suchen bei großer Hitze genauso den Schatten wie wir Menschen. Wir tun Pferden überhaupt nichts Gutes, wenn wir sie in der Mittagspause, anstatt in einen kühlen Stall oder unter ein schattenspendendes Vordach, auf eine Weide ohne Baum oder Weidehütte bringen, ebensowenig stellt man verschwitzte Pferde zum Trocknen in die pralle Sonne oder Knallhitze eines Hofes. Eingedeckt in einem kühlen Stall oder wenigstens im Schatten sind sie besser aufgehoben. Am besten aber vermeidet man es, mit einem verschwitzten Pferd ins Quartier zu kommen.

Müdigkeit und Schwäche

Wer sein Pferd ständig im Auge behält, der wird starkes Schwitzen oder Zeichen von Müdigkeit oder Schwäche rechtzeitig erkennen und handeln. Er wird z. B. eine kleine Pause einlegen und jede Möglichkeit zum Tränken benutzen. Allerdings nicht satt, sondern mehr als Maulspülung und Erfrischung verstanden. Und er wird das Pferd zur Schonung führen.
Das Lockern des Sattelgurtes um ein oder zwei Loch ist beim Führen meist eine fragwürdige Hilfe für das Pferd.

Reitertakt

Mit der Zeit erlangen wir als Wanderreiter ein sicheres Gespür dafür, was erlaubt ist und den Landbewohnern gefällt. Denn auf vielen Ritten haben wir unseren Blick dafür geschult, ob ein Feldrain zum Reiten geeignet ist oder ob wir eine Grabenböschung lieber meiden. Zur Gewißheit erhärtet wird dieses Gespür durch Gespräche mit vielen Menschen, denen wir auf unseren Wanderritten begegnen: Landwirten, Forstleuten, Wanderern und Spaziergängern. Wir haben gelernt, Feld und Wald auch aus der Perspektive des Fußgängers zu sehen. Bei schlechtem Wetter benutzen wir deshalb nicht den schmalen glatten Steig am Rande des Weges, weil wir sonst auch den „Fußgängerstreifen", zum Nachteil der Wanderer und Spaziergänger, in Morast verwandeln würden. Den Pferden macht es nichts aus, sofern wir sie dazu erzogen haben, durch Wasserlachen und Schlamm zu gehen. Und wenn wir ihnen den natürlichen Schutz der Fesselhaare gelassen haben, sie auch nach dem Reiten gründlich abwarten, dann kann auch Mauke nicht auftreten. Die Befürchtung, das Pferd könnte sich an im Wasser verborgenen Gegenständen verletzen, habe ich nicht, wenn wir Schritt reiten. Wichtiger als eine mögliche Verletzung ist mir der erzieherische Gesichtspunkt: hinein und durch. Pferde, die im Gruppengalopp oder im Jagdfeld jeder Pfütze nach links und rechts auszuweichen versuchen, sind mir ein Greuel und für andere Pferde und Reiter gefährlich.
Halten wir uns also beim Reiten im Wald und auf der Heide an die bewährte Erfahrung der Fuhrleute und Reiter: „Mit Futter und Pflege kommt man über Wege; beim Reiten Verstand führt weit über Land."

Natürliche Hindernisse

Ein Wanderritt ist keine Vielseitigkeitsprüfung, und die freie Landschaft ist keine Geländestrecke. Wohl aber stellt ein Wanderritt an Pferd und Reiter vielseitige Anforderungen; auch in der freien Landschaft gibt es Hindernisse, die aber nicht künstlich erstellt worden sind, sondern von der Natur geschaffen wurden. Es ist deshalb nicht ungewöhnlich, daß wir auch auf erlaubten Wegen uns plötzlich vor einem natürlichen Hindernis befinden.

Gräben

Wir unterscheiden trockene Gräben und Wassergräben, die kein Wasser oder je nach Jahreszeit unterschiedlich viel Wasser führen. Von Bedeutung sind auch die

Tiefe und Breite eines Grabens, die Grabenböschungen sowie deren Neigungswinkel.
In Gräben mit breiten und mäßig steilen Rändern reiten wir schräg hinunter und wieder schräg heraus. Das ist sicherer und schont Pferdebeine und Ausrüstung. Durch mäßig tiefe Gräben lassen wir unser Pferd auf direktem Wege klettern. Ist bei einem Graben die Böschung zu steil und zu hoch, finden wir vielleicht ein paar Meter rechts oder links davon einen bequemeren Ein- und Ausstieg. Muß der Graben gesprungen werden, fassen wir getrost in die Mähne oder den Halsriemen unseres Pferdes, um nicht hinter dessen Vorwärtsbewegung zurückzubleiben oder ihm ins Kreuz zu fallen. Auch beim Klettern oder Springen aus einem Graben heraus verhalten wir uns so und entlasten unser Pferd durch gutes Vor- und Mitgehen.

Gräben kletternd überwinden, wenn Ränder und Boden es zulassen oder absitzen und das Pferd am Führzügel den Graben auf seine Weise überwinden lassen.

Jede Grabenform erfordert eine andere Technik, um sie ohne Schaden für Pferd und Reiter zu überwinden. Manchmal ist es auch besser abzusitzen und das Pferd am Zügel oder Führzügel den Graben auf seine Weise überwinden zu lassen. Der Reiter überwindet dazu den Graben als erster und ermuntert dann das Pferd durch einen leichten Zug am Zügel bzw. dem Führzügel oder Führstrick und mit der Aufforderung „Komm" zum Überwinden des Grabens auf. Meist springt dann das Pferd oder es beginnt kletternd den Einstieg in den Graben, um dann schließlich auf halbem Wege von der Grabenböschung oder der Grabensohle doch noch zu springen.

Furten sind eine willkommene Abwechslung für Pferd und Reiter und werden am besten hintereinander durchquert.

Doch rate ich davon ab, größere Gräben Seite an Seite springend überwinden zu wollen. Dabei besteht die Gefahr, daß das Pferd zu weit oder schräg springt, der Reiter im Zügel hängen bleibt, mitgezogen wird und fällt, oder aber er wird vom schräg springenden Pferd geschnitten, was zu gleichen Folgen führt.

Wassergräben

Sie sind wie trockene Gräben zu durchklettern. Nur sollten wir vor dem Einstieg uns und unserem Pferd Zeit lassen, die Bodenbeschaffenheit zu prüfen. Vor allem unsere Pferde haben für Sumpf und

Moder ein stärkeres Gespür als wir Reiter. Wenn ein wassergewohntes Pferd sich sträubt, in einen Wassergraben zu gehen, dann muß das nicht immer Ungehorsam sein. Möglicherweise mißtraut es der wenig festen Beschaffenheit der Grabensohle und weigert sich deshalb.

Sumpf: Sollten wir doch einmal in einen Sumpfgraben oder sumpfigen Boden geraten, dann geben wir dem Pferd so viel Freiheit, wie es braucht, um sich und uns herauszuhelfen. Wir dürfen nicht den Fehler begehen, uns am Zügel festzuhalten und schwer im Sattel einzusitzen. Vielmehr entlasten wir Sattel und Pferd und geben bei vermehrter Zügelfreiheit und festem Knieschluß mit dem Oberkörper nach vorn nach, bis das Pferd, eventuell durch einige Sprünge, aus der mißlichen Lage herausgekommen ist. Dann sollten wir das Loben nicht vergessen!

Wasserläufe, kleine Flüsse und Bäche

Sie lassen sich durch die Beschaffenheit des Ufers, des Flußbetts, des Wasserstandes und der Strömung oft nur schwer überwinden. Meistens ist der Zugang durch eingefriedigte Weiden und Wiesen gesperrt, oder die Ufer sind mit Gehölzen aller Art zugewachsen und die Uferränder sind hoch und steil. Trügerisch sind vielfach die „stillen Stellen" der Gewässer, weil sie oft verschlammt oder sehr tief sind. Unbekannte Wasserläufe sollten wir nur durchqueren, wenn wir damit kein Risiko eingehen. Und es ist keine übertriebene Vorsichtsmaßnahme, wenn wir vor dem Durchqueren die Wassertiefe messen und die Passage auf Untiefen usw. untersuchen. Entweder durch einen Reiter in Badezeug, den man, wenn das Gewässer breit, tief oder reißend ist, durch die Stalleine sichert, oder zu Pferde mit Hilfe eines langen Stockes.

Beim Durchqueren eines stark fließenden Gewässers stellen wir das Pferd ein wenig schräg gegen die Strömung, um den Strömungsdruck zu verringern. Im Wasser müssen wir immer mit Stolpern des Pferdes durch unseren Augen verborgene Steinbrocken, Vertiefungen usw. rechnen. Deshalb geben wir unserem Pferd so viel Zügelfreiheit, daß es Hals und Kopf als Balancierstange verwenden kann, ohne dabei die Verbindung aufzugeben. Im übrigen gilt für die Wasserpassage: energisch vorwärts!

Zum Wassereinstieg wählen wir möglichst eine flache und dem Pferd Vertrauen einflößende Stelle. Das gilt auch für den Ausstieg. Beim Durchqueren sehr breiter Wasserläufe fassen wir schon beim Hineinreiten den vorgesehenen Ausstieg fest ins Auge, um die Richtung nicht zu verlieren.

Furten sind in der freien Landschaft selten geworden. Die zu ihnen führenden Wege wurden entweder aufgehoben, oder sie sind uns aus anderen Gründen nicht mehr zugänglich. Zudem sind die meisten Furten, weil sie nicht mehr gebraucht werden, kartographisch gar nicht mehr erfaßt. Wenn wir aber an eine Furt kommen, dann sollten wir unserem Pferd und uns das Vergnügen des Durchfurtens gönnen, auch wenn wir gar nicht an das andere Ufer müssen.

Hänge

Hänge können sehr unterschiedlich sein: steil oder flach, kurz oder lang, von unterschiedlicher Bodenbeschaffenheit und einer Mischung aus allem. Allmählich ansteigende Hänge überwinden wir hinauf

und hinunter im Schritt und in gerader Richtung.
Sehr lange Hänge reiten wir schräg zum Hang hinauf oder, wenn es die Situation erfordert, auch in Serpentinen. Nur bei wirklichen Steilhängen geben wir der Natur unseres Pferdes nach und lassen es hinauf den Steilhang in der von ihm dafür bevorzugten Gangart auf direktem Wege überwinden, in der Regel wird es der Galopp sein. Hinunter überwinden wir Hänge immer so, wie wir sie hinauf reiten würden.
Allerdings niemals im Galopp. Beim Übergang vom Steilhang zum ebenen Boden gehen Pferde zwar gerne in den Galopp, vor allem nach einem längeren Abstieg oder einer Rutschbahn, um sich von der geforderten Hankenbeugung zu lösen. Verständlich, aber auf einem Wanderritt nicht eben ratsam. Einmal wegen der Ausrüstung am Pferd, vor allem aber wegen der Bodenverhältnisse, die wir beim Abstieg sicher nicht ausreichend beurteilen konnten. Auch müssen wir bei einem gesunden Pferd damit rechnen, daß es die letzten Galoppsprünge vom Steilhang als Ermunterung zum Galopp mißversteht und die Gelegenheit wahrnimmt, sich einmal tüchtig zu strecken, was aus vielen Gründen nicht ratsam ist.
Beim Überwinden von Hängen verhalten wir Reiter uns mehr passiv als aktiv. Wir machen es hinauf und hinunter unserem Pferd leicht, entlasten es im Rücken und geben mit unserem Oberkörper so weit nach vorn nach, wie es die Hangneigung erfordert. Dabei geben wir so viel Zügelfreiheit wie nötig, ohne dabei die Verbindung Hand-Zügel-Pferdemaul aufzugeben. Bei sehr steilen Aufstiegen fassen wir mit einer Hand in die Mähne des Pferdes oder in den Bügelriemen, den unser Pferd auch für solche Fälle um den Hals trägt. Dadurch vermeiden wir, uns in die Zügel zu hängen und es durch die damit rückwärtswirkende Hand dem Pferd unnötig schwer zu machen.
Beim Herunterreiten stützen wir uns mit einer Hand auf dem Mähnenkamm ab oder wir bilden zum Abstützen eine Zügelbrücke. Dazu fassen wir die Zügel und die Zügelenden so, daß wir damit eine auf den Widerrist aufliegende bogenförmige Brücke bilden, mit deren Hilfe wir uns abstützen können, ohne das Pferd im Maul zu stören. Unverändert lassen wir, ob den Hang hinauf oder hinunter, unser reiterliches Fundament: Knie-Wade-Fuß. Die Lage der Reiterschenkel am Sattelgurt verändert sich nur, wenn wir die Hinterhand des Pferdes am Ausweichen nach links oder rechts hindern wollen, da unkontrolliertes Ausweichen der Hinterhand nach rechts oder links sehr schnell zu unkontrolliertem Abrutschen und Stürzen führen kann.
Als Gruppe wird man Steilhänge, schwierige Abstiege oder Streckenabschnitte hintereinander überwinden, also nacheinander. Jeder wartet, ohne zu drängeln, bis die Reihe an ihm ist. Leider wird die selbstverständliche Pflicht zum Warten nach Überwindung schwieriger Abschnitte von vielen Reitern nicht beachtet.
Zum Nachteil derer, die die schwierige Stelle noch vor sich haben oder angefangen haben, reiten sie unbekümmert weiter und entschwinden. Oft noch im Trabe oder Galopp. Das wirkt sich auf den Herdentrieb der Pferde, die im Abstieg sind, nicht günstig aus. Sie möchten eilig hinterher, oft zu eilig für ihre Reiter. Gefährliche Situationen entstehen, die sich vermeiden lassen, wenn alle Reiter nach Be-

Bergauf entlastet der Reiter den Pferderükken, soweit es die Situation erfordert. Bei steilen Hängen greift er in die Mähne, um nicht hinter die Bewegung zu geraten.

Bergab immer senkrecht und mit gerade gehaltenem Pferd im Schritt. Der Reiter entlastet die Hinterhand durch gutes Eingehen nach vorn in die Bewegung.

endigung schwieriger Passagen das Aufschließen auch des letzten Reiters abwarten. Das ist auch ein Stück Reitertakt!

Nicht quer zum Hang galoppieren, weil dabei die Pferde leicht „die Beine verlieren".

Ein Sturz ist leicht die Folge, wenn man quer zu einem Hang galoppiert, da im Dreitakt des Galopps die stützende Funktion der Pferdebeine zu häufig nur auf einem Fuß ruht.

Natürliche Hindernisse sind kein Anlaß zur Sorge. Pferde sind geschickt und wissen ihre vier Beine zu gebrauchen. Und wenn wir uns mit ihnen viel im Gelände bewegen, wissen wir auch, daß sie nicht nur gute Kletterer sind, sondern durchaus auch in der Lage, ein Hindernis, sei es breit oder hoch, wenn es sein muß, auch aus dem Stand zu springen. Wir müssen nur ruhig bleiben und auch unserem Pferd Zeit zum Überlegen geben, denn auch in der Ruhe liegt Kraft.

Gatter

Das „cattle gate" oder „grid" ist zwar kein natürliches Hindernis, aber wir stoßen auf diese Durchlässe auch in Deutschlands Wäldern immer häufiger. Es wird vor allem da verwendet, wo man z. B. bei Wildgattern auf Tore verzichten will, da diese leider nicht immer von den Benutzern geschlossen werden. Mit der Folge, daß das Wild das Weite sucht. Das in den USA und Australien bewährte System kommt ohne Tore aus, weil eine Grube mit einem Gitterrost aus Eisenschienen dem Wild den Durchgang verwehrt. Die Eisenschienen sind quer zum Weg und mit einem Abstand von 10 cm verlegt und werden deshalb vom Wild, Rindern und auch Pferden nicht betreten.
Für Fußgänger ist seitlich davon meistens noch eine Tür vorhanden, die man mit aller gebotenen Vorsicht auch als Reiter benutzen kann. Da diese Türen nicht sehr breit sind, kann man beim Durchführen leicht mit dem Sattelzeug oder Teilen der Ausrüstung darin hängenbleiben, deshalb ist Vorsicht geboten. Notfalls muß man Teile der Ausrüstung abschnallen oder das Pferd blank an der Hand durch das Tor führen, um einen zeitraubenden Umweg zu vermeiden. Und vor allem die Tür nach dem Benutzen wieder schließen!

In Dämmerung und Dunkelheit

Wenn wir unsere Tagesetappen auch immer so geplant haben, daß wir unser Nachtquartier noch bei Tageslicht erreichen, so wissen wir alle, daß ein Wanderritt kein Ritt nach „Fahrplan" sein kann und auch nicht soll. Die Gründe dafür können sehr verschieden sein. Einmal haben wir uns vielleicht verritten, ein anderesmal haben wir ganz bewußt einen Umweg gemacht, weil der Weg so viel schöner war als der ursprünglich gewählte Weg. Und dann überraschte uns die Dämmerung und schließlich umfing uns völlige Dunkelheit. Später kam dann noch der Mond auf und leuchtete uns. Vermutlich machte uns die ungewohnte Situation anfangs besorgt und unsicher, aber mit jedem Meter, den wir ritten, fielen Sorge und Unsicherheit von uns ab.

Reiten im Dunkeln
- Das Pferd am langen Zügel mehr sich selbst überlassen.
- Das Pferd nicht durch zu viel Einwirkung stören.
- Das Pferd muß den Kopf auch tief nehmen können.
- Auf Feld-, Wald- und Wiesenwegen ohne Fahrzeugverkehr die Wegmitte benutzen, um Rinnen, Steinhaufen, abgestellte Geräte zu vermeiden.

Pferde sind Dämmerungstiere

Unser treues Pferd, das so selbstverständlich und so gelassen auf dem dunklen Weg marschierte, weckte unser Vertrauen zu ihm und seinen Fähigkeiten. Und uns wurde praktisch bestätigt, was wir theoretisch schon wußten: Pferden macht Dunkelheit nichts aus, denn sie sind, geprägt durch ihre Stammesgeschichte, Dämmerungstiere, deren Vorfahren tagsüber ruhten und erst abends auf Nah-

In der Dunkelheit die Wegmitte einhalten, um Ästen und Hindernissen auszuweichen.

rungssuche gingen. Ein Verhalten, wie wir es auch heute noch beim Wild beobachten können und das auch durch das Weideverhalten der Pferde bestätigt wird. Der Prozeß der Domestikation hat das Verhalten des Pferdes bei der Nahrungsaufnahme vom Menschen abhängig gemacht und dadurch bedingt auch beeinflußt. Doch der außerordentlich gute Gesichtssinn des Pferdes, der es auch bei völliger Dunkelheit Dinge sehen läßt, die wir mit unserer Sehkraft nicht mehr sehen können, ist den Pferden bis heute unverändert erhalten geblieben.

Wir können uns also auch bei Ritten in der Dämmerung und Dunkelheit, getrost unserem Pferd in der Gewißheit anvertrauen, daß es allen uns in der Dunkelheit nicht sichtbaren Hindernissen ausweichen wird. Nur dürfen wir das Pferd nicht ängstlich festhalten, sondern müssen ihm ausreichende Zügelfreiheit gewähren, ohne aber die Anlehnung aufzugeben. Gewöhnlich wird man in der Dunkelheit Schritt reiten, doch sind, wenn die Umstände es erlauben, auch Trab und Galopp denkbar. Doch muß man für diese Gangarten bei völliger Dunkelheit schon sattelfest sein, um nicht aus dem Sattel zu geraten, wenn das Pferd gelegentlich zur Seite springt, um einem plötzlich auftauchendem Hindernis auszuweichen. Ganz anders aber, wenn Mond und Sterne uns die Nacht zum Tage machen. Dann gibt es nichts Schöneres, als Waldwege im Trabe zu durchmessen oder auf weichem Wiesengrund zu galoppieren.

Wenn wir also einmal auf unserem Wanderritt im Wald oder der Feldmark in die Dunkelheit hineingeraten, sind nur wir es, die sich darauf einstellen müssen. Dazu gehört, daß wir den Versuch unterlassen, den von uns zu reitenden Weg mit Hilfe einer Taschenlampe auszuleuchten. Das führt zu nichts, sondern erschwert es unseren Augen, die Sehleistungen den veränderten Sichtbedingungen anzugleichen. Wir müssen unseren Augen die Möglichkeit geben, sich an die Dunkelheit zu gewöhnen. Nur dürfen wir nicht

Oben: Durch die Furt. Ach, wer da mitreiten könnte!
Unten: Für Wanderritte im Winter müssen Reiter und Pferde dementsprechend ausgerüstet sein.

FÄHRE

immer wieder die Taschenlampe benutzen, weil das den Anpassungsprozeß unterbricht und dadurch verlangsamt.
In der Dunkelheit reiten wir am besten in der Mitte des Weges, weil dort am wenigsten störende Hindernisse zu erwarten sind. An den Wegrändern stören die „Querrinnen" zum Ableiten des Regenwassers und mitunter liegen auch abgestellte landwirtschaftliche Geräte im Wege und auch tiefhängende Äste und Zweige könnten uns unangenehm werden. Auf der Wegmitte gehen wir dem allen aus dem Wege und haben im Wald zudem auch in stockfinsterer Dunkelheit noch die Möglichkeit, uns an dem hellen Streifen, als der der Himmel über uns scheint, zu orientieren, wie der Weg verläuft. Ob geradeaus, einen Bogen bildend oder nach links oder rechts verlaufend.

Keine Abkürzungen!

Vor Abkürzungen wird in der Dunkelheit dringend gewarnt. Bei der vermeintlich freien Fläche könnte es sich um Forstkulturen, bestellten Acker oder Grünland handeln und wir, wenn auch unbeabsichtigt, durch unsere Sorglosigkeit einen Flurschaden verursachen. Aber auch auf sogenanntem Ödland sind wir in der Dunkelheit vor Überraschungen nicht sicher, da es leider immer noch verantwortungslose Mitbürger gibt, die ihren Müll in der freien Landschaft statt in der Mülltonne ablegen.

Oben: Auch das Gespann ist ein geeignetes Begleitfahrzeug.
Unten: Wenn Flüsse mit der Fähre überwunden werden müssen, bleibt man während der Überfahrt beim Pferd, um es notfalls beruhigen zu können.

Orientieren in der Dunkelheit
- Den eingeschlagenen Weg verfolgen.
- Abkürzungen vermeiden.
- Kein Weg endet im Nirgendwo.
- Fahrgeräusche, Hundegebell, Licht usw. sind Orientierungshilfen.
- Notfalls umkehren und so weit zurück, bis Gewißheit über den einzuschlagenden Weg besteht.

Verritten

Sollten wir uns in der Dunkelheit verritten haben, bleiben wir am besten auf dem einmal eingeschlagenen Weg. Notfalls kehren wir um, wenn der Weg vor einer Weide, Sandkuhle usw. als Sackgasse endet, und suchen uns einen anderen Weg, den wir weiter verfolgen, bis uns Fahrgeräusche, Licht oder Hundegebell die Nähe einer Straße oder eines Ortes signalisieren. Dort stellen wir dann unseren genauen Standort fest und entscheiden, ob wir bis zum vorgesehenen Quartier weiterreiten oder uns ein neues Nachtquartier suchen.
Ich wiederhole ausdrücklich, daß solche Ritte in der Dunkelheit ohne Beleuchtung nur auf solchen Wegen unternommen werden dürfen, die fernab aller Verkehrsstraßen liegen und auf denen deshalb mit großer Sicherheit keine Fahrzeuge zu erwarten sind.
Sollte uns auf einem solchen für Fahrzeuge gesperrten Weg im Wald und auf der Heide tatsächlich einmal ein Fahrzeug begegnen, dann gehen wir vom Weg herunter und weichen auf den Seitenstreifen etc. aus und benutzen unsere Taschenlampe, die wir ja als Wanderreiter immer bei uns führen. Auch für die Begegnung

Der Beleuchtungspflicht kommt man mit Stiefellampen und Leuchtgamaschen nach.

mit Fahrzeugen ist die Taschenlampe mit ihrem weißen Licht für von vorn auf uns zukommende Fahrzeuge hilfreich und mit ihrem roten Licht für die Fahrzeuge, die von hinten nahen.

Beleuchtungspflicht beachten

Benutzen wir in der Dunkelheit öffentliche Wege und Straßen, dann müssen wir alle in der Straßenverkehrsordnung vorgesehenen Maßnahmen ergreifen, um uns und andere Verkehrsteilnehmer gegen Unfälle zu sichern. Das gilt auch für Nebel, Schneetreiben oder starken Regen. Wir Reiter können unserer Beleuchtungspflicht durch eine Laterne, Leuchte oder Lampe mit weißem oder schwachgelbem Licht genügen, die wir auf unserer linken Seite gut sichtbar für die anderen Verkehrsteilnehmer mitführen (siehe dazu auch Seite 47).
Wenn wir in der Dunkelheit eine stark befahrene Straße für ein kurzes Stück benutzen müssen, dann mit äußerster Vorsicht. Wir weichen dann so weit als möglich zur Seite aus, auf das Bankett, den Grabenrand oder in den Graben oder die Ackerfurche, notfalls führen wir das Pferd dort. Wir werden dann möglicherweise auch feststellen, daß es Pferde gibt, die gelassen die von hinten und vorn heranbrausenden und vorbeisausenden Fahrzeuge und deren gleißendes Licht ertragen.

Beleuchtung in der Dunkelheit
Auf öffentlichen Straßen und Wegen nur mit vorschriftsmäßiger Beleuchtung reiten.
Einzelreiter: Links Lampe mit weißem Licht.
Verband: Vorn Lampe mit weißem, hinten mit rotem Licht oder Blinklicht.

Für Ritte in der Dämmerung und Dunkelheit gelten die besonderen von uns zu beachtenden Gesetze der Straßenverkehrsordnung. Leider müssen sich die Gerichte häufig mit den Folgen solcher Unfälle befassen, die durch unwissende, uneinsichtige und verkehrswidrig unbeleuchtete Reiter in der Dunkelheit entstanden sind. Darum sollten wir Reiter alles in unserer Macht Stehende tun, damit ein Ritt durch

Dämmerung und Dunkelheit nicht zu einem folgenschweren Ritt durch die Instanzen wird.

Füttern und Pflegen unterwegs

Die vom Pferd auf einem längeren Wanderritt geforderten Anstrengungen sind nicht unerheblich. Sie liegen in der geforderten täglichen Marschleistung, dem verschiedenen Gelände und den unterschiedlichen Bodenverhältnissen sowie dem Wetter. Dazu kommen dann die Belastung durch den Reiter, die Ausrüstung, das Gepäck und durch das Reiten, d.h. durch Sitz und Hilfen, Gangart und Tempo.

Die Körpertemperatur des Pferdes verdient als Gesundheitsbarometer die größte Beachtung!

Diesen Ansprüchen an seine Leistungsfähigkeit kann nur ein gesundes und gut vorbereitetes Pferd entsprechen. Um das zu erkennen, muß man nicht immer die PAT-Werte messen, denn die glänzende „Decke" eines Pferdes, sein klares Auge, das Ohrenspiel, kurzum, sein ganzes aufmerksames Verhalten und Frische signalisieren: Ich bin gesund.
Und nicht zuletzt ist auch die Freßlust eines Pferdes von großer Bedeutung für seine Gesundheit. Ein Pferd, das gut an der Krippe ist, ist in der Regel auch gesund. Die Leistungsfähigkeit unseres Pferdes auf dem Wanderritt wird deshalb auch von der Fütterung, den Futtermitteln, der Freßlust des Pferdes und der ihm zuteil werdenden Pflege durch uns gefördert und erhalten.

Das gesunde Pferd hat

- eine glänzende Decke
- ein klares Auge
- aufmerksame Ohren
- zeigt Gehlust
- ist gut an der Krippe
- hat normale Verdauung

Dem goldenen Wort „Erst das Roß und dann der Reiter", kommt bei einem Ritt, der uns über viele Tage vom heimatlichen Stall wegführt, ganz besondere Bedeutung zu. Und wer sich die Sorge um Gesundheit und Wohlergehen seines Pferdes zur Hauptsorge macht, der kann seinem Pferd auch große Anstrengungen zumuten.

Füttern

Die gleichbleibende und regelmäßige Versorgung unseres Pferdes mit Futtermitteln guter Qualität wird auf einem Wanderritt nicht immer leicht sein, sich aber in den meisten Fällen ermöglichen lassen. Auch dann, wenn man auf sich allein gestellt ist. In solchen Fällen ist mir auf meinen Wanderritten viel Hilfsbereitschaft zuteil geworden. Kinder und Erwachsene haben mir nicht selten beim Eintreffen im Nachtquartier das Besorgen des Hafers für das Abend- und Morgenfutter am nächsten Tag von sich aus angeboten und auch zuverlässig getan. In solchem Fall muß man dann den Helfern aber auch klare Anweisungen über Art und Menge geben, damit man uns nicht aus Unkenntnis z.B. mit frischem Hafer oder verdorbenem Futter versorgt. Das gilt auch für das Rauhfutter. Und wenn man den Helfern erklärt, daß man aus

Fütterungsregeln

- Heugabe in den Ruhepausen.
- Extra Heu vor dem Hafer verhindert gieriges Fressen.

Fürsorge für das Pferd die Qualität der Futtermittel überprüft, wird man dafür auch Verständnis finden.

Ersatzfuttermittel

Einen Wechsel der Futtermittel werden wir nach Möglichkeit vermeiden, also vor allem Hafer und Heu verfüttern. Nur in Ausnahmefällen verwenden wir andere Futtermittel, und dann auch nur in kleinen Mengen und auf mehrere Rationen verteilt, da jede Futterumstellung Gefahren für die Gesundheit des Pferdes mit sich bringt. Bewährte Ersatzfuttermittel, wenn wirklich einmal kein Hafer oder „Alleinfutter" zu bekommen ist, ist altes Brot, das wir in kleinen Stücken verfüttern. Auch Gerste und Mais, von letzterem nicht nur die Körner, sondern die ganze Frucht samt Kolben, Stengel und Blättern, werden von den Pferden gerne gefressen. Gedämpfte Kartoffeln, Kleie, Mehl und Zucker sind bewährte Nothelfer. Den Sorgen um die Futtermittel ist enthoben, wer durch ein Begleitfahrzeug regelmäßig und mit allem Notwendigen versorgt wird.

Ersatzfuttermittel

Gerste
Mais (Körner, Kolben, Stengel, Blätter)
Altes Brot
Kartoffeln (gedämpft)
Kleie
Schrot
Mehl
Futterstroh
Grünfutter
Futterrüben, Möhren

Futterpausen und Rationen

Auch auf einem Wanderritt füttern wir dreimal täglich und geben das Hauptfutter abends, weil in der langen Ruhepause bis zum nächsten Morgen das Futter am besten verwertet wird.
Beim Mittagsfutter, ausgenommen man wird durch ein Begleitfahrzeug oder anderweitig mit Hafer versorgt, kann man die Haferration auch wegfallen lassen, man sollte aber am Abend oder nächsten Morgen einen Ausgleich dafür schaffen. Wenn wir also Hafer nur früh und abends verfüttern, dann geben wir ein Drittel der Tagesration früh und zwei Drittel abends. Heu füttern wir möglichst zu allen Futterzeiten, also auch mittags. Einen Korb Heu bekommt man auf dem Lande leicht. Auch beim Heu achten wir auf einwandfreie Qualität und schütteln es auf, um es auf Schimmel und Schmutz usw. zu kontrollieren.

Bei Fütterung von grünem Klee und Luzerne ist Vorsicht mit dem Tränken geboten.

Ersatzweise tut es auch gutes Futterstroh mit einer Forke Grünfutter garniert. Jedoch müssen wir beim Verfüttern von Klee, Luzerne oder Gras auf dessen einwandfreie Beschaffenheit achten. Vor allem dürfen wir kein erhitztes Grünfutter verfüttern und auch bei der Menge soll-

Mittagsrast.

ten wir eher zurückhaltend als zu großzügig sein, um Durchfall oder Kolik zu vermeiden.
Bei der Futterration halten wir uns an die im heimatlichen Stall gegebenen Mengen, die wir aber nicht kürzen, sondern beibehalten und bei Hafer auch erhöhen, wenn das Pferd es uns durch seine Freßlust zu erkennen gibt. Dabei folgen wir der bewährten Regel, das Kraftfutter in mehreren kleinen Portionen zu füttern. Da wir keinen Leckstein auf den Wanderritt mitnehmen werden und auch nicht erwarten können, einen in Gastställen vorzufinden, sollten wir ab und an ein wenig Salz über den Hafer oder das Heu streuen!

Futterreserve?

Wanderreitern, die ohne Begleitfahrzeug unterwegs sind, wird vielfach empfohlen, eine Tagesration am Pferd mitzuführen. Futterbeutel werden für diesen Zweck auch angeboten. Nachdem ich auf meinem ersten Wanderritt vor 30 Jahren dieser Empfehlung gefolgt war, habe ich das nie wieder getan. Die Gründe dafür? Es sind weitere fünf bis zehn Pfund, die das Pferd tragen muß, und ein weiteres Gepäckstück, das verrutschen und scheuern kann. Bei Hitze wird der Hafer im Futterbeutel warm und dadurch nicht besser.
Wir sollten es unseren Pferden und uns auf einem Wanderritt nicht unnötig schwer machen. Marscherleichterung wo immer möglich und Unnötiges gar nicht erst mitnehmen! Und wenn wir einmal auch den Korb Rauhfutter nicht auftreiben können, dann findet sich eine Gelegenheit, es an der Hand grasen zu lassen.

Weidegang während der Mittagspause?
Ich rate ab. Gesunde Pferde, vor allem wenn ihnen warm geworden ist oder sie geschwitzt haben, wälzen sich gerne und vor allem an solchen Stellen, daß sich das Putzen hinterher auch wirklich lohnt.

Tränken

Das Tränken des Pferdes ist an keine Zeit gebunden. Wir sollten unterwegs jede Gelegenheit zum Tränken benutzen, da Durst die Leistungsfähigkeit des Pferdes stärker herabsetzt als Hunger. Es sollte immer satt getränkt werden, d. h. immer so viel, wie das Pferd verlangt. Diese Menge wird immer auch von der Witterung, der verlangten Leistung und den Futtermitteln abhängen. Bei starker Hitze und

Tränken

- Möglichst oft.
- Mindestens dreimal täglich satt.
- Erhitzte Pferde nur, wenn sofort weitergeritten wird.
- In der Marschpause oder im Stall nur, wenn die Atmung sich beruhigt hat und das Pferd trocken ist.

großer, mit viel Schweißabsonderung verbundener Leistung wird die Wassermenge größer sein als zum Beispiel bei kühlem Wetter und geringerer Beanspruchung.

Unterwegs sollten wir deshalb jede sich bietende Gelegenheit zum Tränken benutzen, bei großer Hitze möglichst alle zwei Stunden. Auch stark verschwitzte Pferde können bei großer Hitze, wie die Erfahrung gelehrt hat, unbedenklich selbst mit kaltem Brunnenwasser getränkt werden, wenn der Ritt nur zum Tränken unterbrochen und danach sogleich fortgesetzt wird. Allerdings ist es bei gierigem Saufen geraten, die Trense im Maul zu lassen, das Saufen jeweils auf eine bestimmte Schluckzahl zu begrenzen und kurz zu unterbrechen oder eine Handvoll Heu oder Stroh auf das Wasser zu legen.

Mit gebotener Vorsicht sollten wir aus offenen Gewässern tränken, weil es oft verunreinigt und der Gesundheit des Pferdes abträglich ist. Hat man zum Tränken keinen Eimer, auch nicht den von einigen zum Mitnehmen empfohlenen Segeltucheimer zur Hand, tun es auch die Zeltbahn, der Hut oder eine Plastiktüte. Vielleicht guckt das Pferd erstaunt, wird aber schließlich doch den ungewohnten Wasserbehälter annehmen.

Mitunter aber verweigern Pferde auch das aus sauberem Eimer angebotene Wasser. Vor Jahren brachte mein Pferd mich und den hilfsbereiten Gastwirt schier zur Verzweiflung, weil es sich weigerte, das in mehreren Eimern angebotene Wasser anzunehmen, obwohl es sicher durstig war und keine Anzeichen einer Erkrankung zeigte, denn am Heu tat es sich gütlich. Keiner der Eimer war ein „Schweinefuttereimer", der letzte Eimer sogar überhaupt noch nie benutzt, wurde aus der Küche mit frischem Wasser dem durstigen Pferd vorgehalten. Aber nein, es netzte nur die Lippen und wandte sich ab. Erst im Nachbarort wurde das Rätsel gelöst, dort konnte ich an einem Brunnen tränken. Das weiche Wasser – der Ort sollte das weichste Wasser im ganzen Landkreis haben – war die Ursache des Verweigerns gewesen.

Vor der großen Mittagsrast und dem Einrücken in das Nachtquartier sollten wir unbedingt jede Möglichkeit zum Tränken benutzen, denn wenn wir etwa 30 Minuten vorher tränken, können wir am Rastplatz oder im Quartier die Pferde sofort füttern. Denn satt getränkt wird grundsätzlich vor dem Füttern, doch dürfen wir deshalb das Nachtränken nicht vergessen.

Finden wir jedoch vor der Mittagsrast oder dem Nachtquartier keine Gelegenheit zum Tränken, dann warten wir mit dem Tränken etwa 30 Minuten, bis Puls und Atmung sich beruhigt haben und sich das Pferd abgekühlt hat. Diese Vorsichtsmaßnahme erübrigt sich, wenn wir vor den Futterpausen ausreichend Schritt reiten oder das Pferd führen, um mit einem beruhigten und trockenen Pferd an den dafür vorgesehenen Plätzen einzutreffen.

Für das Füttern und Tränken auf dem Marsch und im Quartier sollten wir die folgenden Regeln beachten:

- Auf dem Marsch jede Gelegenheit zum Tränken benutzen.
- $\frac{1}{2}$ Stunde vor dem Erreichen des Rastplatzes oder Quartiers tränken.
- In den Marschpausen das Pferd grasen lassen.
- Nur Futtermittel einwandfreier Qualität füttern.
- Die Futterzeiten einhalten und dem Pferd zur Futteraufnahme Zeit und Ruhe lassen.
- Die Hauptfuttermenge abends geben, früh (d.h. vor dem Aufbruch) rechtzeitig füttern und tränken!
- Das Nachtränken nicht vergessen!

Pferdepflege unterwegs

Damit ist nicht nur das Putzen gemeint, das ja für jeden Pferdehalter, ob im heimatlichen Stall oder unterwegs auf einem Wanderritt, eine selbstverständliche Pflicht ist, sondern hier geht es um praktizierte Liebe zum Pferd und dessen Gesundheit und Wohlbefinden. Die Grundbedingung dafür ist, daß wir jegliche Art der Überforderung unseres Pferdes vermeiden, uns auf Kosten des Pferdes nicht zu viel vornehmen, einmal unsere Anforderungen zurückstecken, sei es auch um den Preis, das selbstgesteckte Tagesziel nicht zu erreichen. Und wenn wir aufgrund unserer Anmeldung erwartet werden? Nun, es gibt Telefone, durch die wir unseren Quartierwirt oder wen auch immer unterrichten können.
In solchen oder ähnlichen Fällen hat ein Wanderritt ohne fest eingeplante Quartiere seine Vorzüge, da man in jedem Fall, ob man das Tagesziel erreicht oder nicht, sich abends ein Nachtquartier suchen muß.

„Stallen" lassen

Auf die Bedeutung des häufigen Tränkens habe ich hingewiesen, leider wird der sich daraus ergebende Drang zum Stallen und die damit verbundenen Signale des Pferdes, wie z.B. langsamerer oder steifer Gang, häufig nicht bemerkt. Hinzu kommt, daß nicht alle Pferde überall stallen. Manche am liebsten im frisch eingestreuten Stall, und im Gelände bevorzugen sie, wenn es denn sein muß, weichen Boden mit Gras oder Laub. Nur wenn es gar nicht mehr geht, dann stallen sie überall.
So weit aber sollten wir es nicht kommen lassen, denn wenn wir unser Pferd kennen, dann fühlen wir es sozusagen im Hosenboden, wenn sein Gang „Stallen" signalisiert. Auf dem Marsch sollten wir deshalb unserem Pferd vier- bis fünfmal täglich die Gelegenheit zum Stallen unter den von ihm bevorzugten Bedingungen geben. Notfalls suchen wir eine offene Feldscheune auf und schieben einen Arm voll Stroh unter die Hinterhand – es muß kein erntefrisches Stroh sein –, um das Stallen zu erleichtern. Am besten aber ist es, ein Pferd so zu erziehen, daß es überall stallt.

Das gesunde Pferd setzt 5–8 mal täglich 3–10 Liter Urin ab.

Bei großer Hitze benutzen wir jede Möglichkeit zur Erfrischung des Pferdes. Kommen wir an einem Dorfteich, Bach

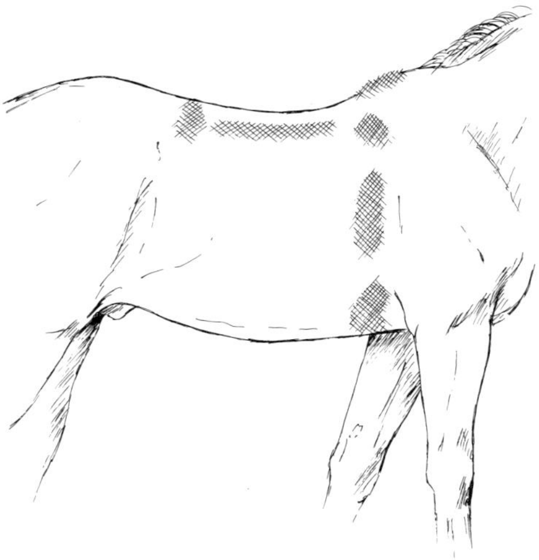

Stellen, an denen häufig „Drücke" durch schlechtes Satteln und Gurten auftreten.

oder einem anderen Gewässer vorbei, verschaffen wir dem Pferd die erwünschte Abkühlung durch ein Fußbad. Doch Vorsicht bei Dorfteichen! Da sie heutzutage nicht mehr als Pferdeschwemme benutzt werden, lauern unter der Wasseroberfläche oft Gerümpel und Glas! – Auch sonst benutzen wir jede Gelegenheit, das Pferd zu erfrischen, indem wir es absatteln und mit einem Eimer Wasser übergießen oder es feucht abreiben, vor allem die Nüstern, den Kehlgang, die Sattel- und Gurtlage und die Innenseite der Schenkel.

Stets das Wohl des Pferdes beachten: Zur Pferdepflege unterwegs gehört auch, daß wir auf dem Ritt und vor allem in den Marschpausen nicht nur den festen Sitz der Hufeisen prüfen und den Huf auf Verletzungen oder eingetretene Fremdkörper kontrollieren, sondern das ganze Pferd.

Im Quartier

Unsere erste Sorge gilt immer dem Pferd. Nach dem Absatteln reiben wir das Pferd schnell ab. Bei heißem Wetter mit einem feuchten Schwamm oder Lappen, ist das Wetter kühl, dann nur trocken mit einem Whisp aus Heu oder Stroh. Auch die schmutzigen Pferdebeine reinigen und kontrollieren wir bis zu den Hufen.

Danach kontrollieren wir mit den Augen und den Fingerspitzen die Sattel- und Gurtlage auf „Drücke", die als trockene Stellen im sonst verschwitzten Haarkleid oder als Schwellungen leicht zu erkennen sind. Nur wenn Drücke rechtzeitig erkannt und geeignete Maßnahmen ergriffen werden, vermeidet man, daß aus einem kleinen Übel ein großes wird.

Wir erweisen dem Pferd aber keinen Gefallen, wenn wir es nach dem Eintreffen im Quartier in einen kalten Stall oder Zugluft stellen. Da es vom Marsch noch immer, wenn auch nur geringfügig, warm sein wird, legen wir vorsichtshalber den Woilach auf, danach kümmern wir uns um die weitere Versorgung des Pferdes. Haben wir so das Pferd mit einer Art „Katzenwäsche" abgewartet und getränkt, wird gefüttert.

Wir werden uns aber nicht immer an diese Ordnung und Reihenfolge halten können, da nicht selten die Situation im Quartier oder auch das Verhalten des Pferdes zu Änderungen oder Abstrichen zwingen. Nicht das Einhalten bestimmter Putzregeln macht die gute Pferdepflege aus, sondern unsere grundsätzliche Fürsorge für unser Pferd. Und ganz sicher ist es Pferden nach einem anstrengenden Tag auch lieber, wenn wir sie erst dem Futter und der Ruhe überlassen und sie nach der Futterpause putzen. Ob wir nur

überputzen oder gründlich, wird durch die jeweilige Situation bestimmt. Oft ist es für Pferd und Reiter besser, wenn das gründliche Putzen am nächsten Morgen geschieht. Bei Tageslicht, wenn beide ausgeruht und frisch sind.
Das ganz gründliche Putzen heben wir uns für einen der halben oder ganzen Ruhetage auf. Auch das Sattelzeug und die sonstige Ausrüstung überprüfen und pflegen wir an einem der Ruhetage. Eine kleine Dose Sattelseife sollte man deshalb auf längeren Wanderritten dabei haben. Denn die Fürsorge des Reiters für sein Pferd wird auch daran erkannt, wie er das Pferd herausbringt.

Biwak und Quartier

Vom Biwak als Lager unter freiem Himmel für die große Mittagspause oder für die Nacht geht eine große Anziehungskraft auf viele Wanderreiter aus. Denn das Biwak ist, anders als die Rast, mehr als nur eine längere Marschpause, um z. B. in der Mittagszeit sich und seinem Pferd Ruhe und Erholung zu gönnen, und Gelegenheit zur Nahrungsaufnahme zu geben. Das Biwak ist immer auch an die Stimmung von Zeit und Ort sowie der Reiter und ihrer Pferde gebunden.

Mittagsrast

Für die Rast in der Mittagspause ist im Grunde genommen jeder Platz geeignet, wenn er ein wenig Schutz vor der herrschenden Witterung verspricht. Also Kühlung bei großer Hitze, Schutz gegen Wind und Regen oder auch vor lästigen Insekten. Wenn dann noch genügend Gras für das Pferd vorhanden ist, können wir uns in Ruhe unserer Mittagsmahlzeit

Korrekt eingedecktes Pferd. In zugigen Ställen sollte man erhitzte Pferde unbedingt eindecken.

hingeben: den belegten Broten vom Frühstück und dem Schluck Tee oder Kaffee aus der Feldflasche.

Anbinden mit der „Stalleine"

Es bereitet kein großes Vergnügen, ein Pferd am Führstrick und am Stallhalfter grasen zu lassen, während man selbst ißt. Meine Kora z. B. zeigt in solchen Situationen mehr Interesse an meinen Broten als am Gras. Weil nun nicht jeder einen sogenannten Wanderreiter-Weidezaun im Gepäck hat und der Anbindestrick des Stallhalfters ja nun entschieden zu kurz ist, empfehle ich zum Anbinden die „Stalleine", wie sie früher von berittenen Truppenteilen benutzt wurde. Zwischen zwei

Oben links: Anbinden mit Stalleine.
Oben rechts: Koppeln der Pferde.

Das Anbinden oberhalb der Astgabel verhindert das Hinunterrutschen.

festen Bäumen, Pfählen usw. gespannt, binden wir daran das Pferd mit dem Anbindestrick des Stallhalfters so an, daß es sich daran nach links und rechts bewegen kann. Der Anbindestrick muß zwar fest verknotet werden, aber nur so fest, daß der Knoten dem Zug des Pferdes nach links oder rechts nachgibt und auf der Leine in die vom Pferd bevorzugte Richtung gleitet.

„Durchschlaufen"

Eine weitere Möglichkeit ist das sogenannte „Durchschlaufen", bei dem in den berittenen Truppenteilen der Vergangenheit bis zu 20 Pferde durchgeschlauft wurden. Wir werden uns mit weniger Pferden zufrieden geben müssen, da wir keine gut ausgebildeten alten Remonten haben und uns auch die dazu notwendige Erfahrung fehlt. Beim Durchschlaufen werden die Pferde nebeneinander aufge-

Das Durchschlaufen eignet sich nur für einen kurzen Halt.

stellt und die Zügel heruntergenommen und ausgehend vom mittleren, durch die Zügel der danebenstehenden Pferde nach rechts und links geschlauft, daß alle Pferde bis zum rechten und linken Flügel, wo jeweils ein Reiter die straff gezogenen Zügel hält, fest verbunden sind. Bei einer größeren Anzahl oder bei unruhigen Pferden ist ein dritter Reiter, der in der Mitte steht, hilfreich. Alles in allem ist das „Durchschlaufen" eine nur für eine kurze Rast geeignete Methode.

„Koppeln"

Für geeigneter halte ich das sogenannte Koppeln „Kopf am Sattel", da es das freie Stehen der Pferde im Gelände erlaubt. Der Nachteil ist, daß der Sattel dabei auf dem Pferd bleiben muß. Zum Koppeln gehören immer je zwei Pferde. Die Pferde werden paarweise nebeneinander gestellt und jeweils mit Hilfe eines „Koppelriemens" vom Trensenring des einen Pferdes mit dem Packring am Sattel des anderen Pferdes verbunden. So miteinander verbunden müssen die Pferde ruhig stehen. Das muß natürlich vorher geübt werden bzw. darf nur unter Aufsicht angewandt werden. Ruhige und verträgliche Pferde gehören auch dazu.

Das Koppeln ist sicher keine Methode, um Pferde für die ganze Zeit eines Biwaks „abzustellen" wie man ein Fahrzeug abstellt. Doch für eine kurze Zwischenrast oder auch in einer Notsituation, wenn kein Mitreiter als Pferdehalter zur Verfügung steht, hat man beim „Koppeln" die Hände frei.

Der Koppelriemen ist aus Leder und einschließlich der beiden Karabinerhaken 412 mm lang und 25 mm breit. Er wird zum Zusammenkoppeln der Pferde benutzt.

Anbinderegeln

- immer an festen Gegenständen
- nicht zu niedrig
- nicht zu lang
- immer mit „Anbindeknoten"

Daß wir unser Pferd absatteln, das Sattelzeug außer Reichweite des Pferdes ablegen und den Woilach zum Lüften und Trocknen auf die Leine hängen oder ins Gras legen, erwähne ich nur der Vollständigkeit halber. Nicht dazu raten kann ich, ein Pferd einfach so, auch nicht auf einer abgeweideten Weide, zum Grasen während der Rast laufen zu lassen. Fremde Rechte sollten wir immer und überall respektieren.

Eine Rast dieser Art ist immer nur etwas für eine kleine Gruppe von 2–4 Reitern und Pferden, da ihre Ansprüche an Platz und „Futterfläche" geringer sind als die einer größeren Anzahl Reiter und Pferde.

WC = Waldklosett

Ein wichtiger Punkt, der Rast und Biwak und die tägliche Marschzeit, also die Zeit unterwegs betrifft. Im Quartier finden wir die „Gelegenheit" auf einem WC oder mit weniger Komfort auf einem Abort im Hof. Unterwegs müssen wir dergleichen Bequemlichkeit entbehren. Doch sollten wir uns dazu nicht einfach in die Büsche schlagen, sondern dafür mit dem Feldspaten oder einem großen und festen Jagdmesser eine kleine Grube ausheben und diese nach getaner Verrichtung wieder abdecken.
Beim Biwak, je nach dessen Zeit und Dauer, kann eine größere Abortgrube nach Vereinbarung mit dem Grundbesitzer angelegt werden. Der Umwelt wird, wenn man die Grube wieder ordentlich mit Erde abdeckt, kein Schaden zugefügt.

Feuerstellen

Das Biwak in der großen Mittagspause für zwei oder drei Wanderreiter bedarf sicher keiner großen Vorbereitungen. Ein geeigneter Platz findet sich immer. Auch einer, der es erlaubt, mit Hartspiritus und mit der gebotenen Umsicht eine Mahlzeit aus der Büchse in dieser oder im Kochgeschirr warm zu machen. Aber ein richtiges romantisches Biwak über Mittag mit einem offenen Feuer zum Kochen einer Mahlzeit ist so ohne weiteres nicht möglich. Forstbeamte, Landwirte und Naturschützer haben – und das mit Recht – ihr

besonderes Verständnis von Romantik in Verbindung mit einem Lagerfeuer. *Der Gebrauch von offenem Feuer im Wald und auf dem Feld ist grundsätzlich untersagt.*
Brandgefahr! Eine Feuerstelle ist immer mit Gefahr verbunden. Aus einem offenen Feuer, auch auf sogenanntem Ödland, kann sich sehr schnell ein großer Flächenbrand entwickeln und auf Waldungen übergreifen, da sie sich auch unsichtbar für unser Auge, unter der Oberfläche sehr schnell auszubreiten vermögen, vor allem in der trockenen und heißen Jahreszeit. Ein Flächenbrand könnte schlimme, unübersehbare Folgen haben.
Wenn wir allein sind oder nur wenige Reiter, finden wir vielleicht einen Rastplatz mit gesicherter Feuerstelle. Oder Waldarbeiter unterhalten gerade ein kleines Feuer und geben uns die Erlaubnis, ihren Holzplatz samt Feuer für unser Biwak zu benutzen. Und für unseren weiteren Ritt dürfen wir von ihnen ganz gewiß auch wichtige Hinweise erwarten, die uns schöne Waldpartien erst richtig erschließen oder uns von den Einständen des Wildes zurückhalten, damit wir Störungen vermeiden.
Auch Landwirte, die wir vor unserer Mittagspause noch bei ihrer Arbeit antreffen, werden uns fast immer raten können, einen Platz zu finden, wo wir ohne Schaden anzurichten ein Lagerfeuer entfachen und biwakieren können. Ein aufgelassener Steinbruch, eine Sandgrube oder eine abgelegene Kuhle können auch eine romantische Kulisse abgeben.

Übernachtung im Freien

Das Biwak mit Übernachtung im Freien ist eine Frage des Wetters, der Bequemlichkeit, des Alters, der Gesundheit und

Kochstellen lassen sich mit einfachen Mitteln (Steinen, Holz, Rasenstücken) herrichten.

der Organisation. Voraussetzung dafür ist ein geeigneter Biwakplatz samt Genehmigung der Forst- und Gemeindeverwaltung bzw. des Grundbesitzers. Denn wer ohne Erlaubnis biwakiert und eine Feuerstelle errichtet, begeht einen Feld- oder

Forstfrevel und muß mit einer Anzeige rechnen.
Vielleicht wird kein Hahn danach krähen, wenn ich in einem ehemaligen Steinbruch biwakiere und dort eine Feuerstelle anlege. Und die Kulisse eines Steinbruchs ist in der Dämmerung oder Dunkelheit, nur erhellt durch das Lagerfeuer, ganz gewiß auch ein stimmungsvolles Motiv für ein Erinnerungsfoto. Aber ob das Schlafen im Feldquartier auf hartem Stein ebenso stimmungsvoll und romantisch ist, wage ich zu bezweifeln. Und nicht immer hat der Biwakplatz das lebensnotwendige Wasser für Mensch und Tier. Das Wasser der kleinen Flüsse, Bäche oder Seen, in deren Nähe wir Wanderreiter gelangen, können wir zwar für uns zum Waschen und zum Tränken unserer Pferde benutzen, aber doch nicht zum Trinken und Kochen für uns. Trinkwasser müßte in ausreichender Menge mitgeführt werden, auch für die Pferde, wenn kein geeignetes Gewässer in unmittelbarer Nähe ist. Und wie wollen wir schlafen? Nur in die Decke gehüllt wie ein Cowboy oder im Schlafsack? Mit den Jahren schwindet die Begeisterung dafür, sich solchen „Schlafkomfort" ohne zwingende Notwendigkeit anzutun. Und bei Regenwetter? Zu allem anderen Gepäck auch noch ein Zelt mitführen? Wohl nicht.
Und nicht zuletzt erwarten unsere Pferde nach einem langen und oft anstrengendem Tag auch ein großzügig bemessenes Abendfutter. Wenn schon nicht Hafer und Heu, so doch wenigstens Gras in ausreichender Menge. Die Fläche muß groß genug sein und genügend Grasaufwuchs mit Futter für alle Pferde haben. Die zu lösenden Versorgungsprobleme aber wachsen mit der Anzahl der teilnehmenden Reiter und Pferde.

Für ein gutes Gelingen des Biwaks mit Übernachtung sollten immer folgende Richtlinien beachtet werden, damit es für alle, Reiter wie Pferde, ein schönes Erlebnis wird und nicht ein Alptraum.
Das „Nachtbiwak" ist eine gute Gelegenheit, Menschen, denen man unterwegs begegnet ist und die in der Nähe wohnen, also nicht nur den Grundbesitzer, und Freunde von zu Hause zu einem Abend am Lagerfeuer einzuladen. Kontakte werden so gepflegt, und das Verständnis füreinander wächst, wenn mit oder ohne Begleitung durch die Ziehharmonika oder Gitarre die alten Reiter- und Volkslieder gesungen werden. Dann mag wohl auch jene romantische Stimmung aufkommen, der Börries Frhr. von Münchhausen Ausdruck verleiht: „Jenseits des Tales standen ihre Zelte. . .."
Stallwache: Es kann nicht schaden, beim Nachtbiwak eine „Stallwache" einzuteilen, die auch tatsächlich auf die Pferde achtgibt. In ungewohnter Umgebung reagieren auch brave Pferde mitunter ungewöhnlich. Eine Wache, die sich alle ein oder zwei Stunden, je nach Anzahl der Teilnehmer ablöst, überfordert niemanden und hilft Schaden verhüten.
Wohin mit dem Abfall? Die Versorgung und Pflege der Pferde am nächsten Morgen und vor dem Aufbruch geschieht nicht weniger sorgfältig als im festen Stall und an den anderen Tagen. Wir dürfen auch nicht vergessen, den Biwakplatz so sauber zu verlassen, wie wir ihn vorgefunden haben. Alle Abfälle kommen in eine eigens dafür angelegte Grube, die zum Schluß wieder mit der ausgehobenen Erde abgedeckt wird. Flaschen, Plastik und alle Abfälle, die nicht verrotten, bleiben nicht am Platz, sondern kommen in einen Müllsack und werden zur Entsorgung

- Für das Biwakieren auf dem festgelegten Platz müssen verbindliche Zusagen des Grundbesitzers und der zuständigen Verwaltung schriftlich vorliegen.
- Die Wege zum Biwakplatz müssen auch bei Regen für Pkws zu befahren sein.
- Der Biwakplatz muß hochwassersicher sein.
- Die Versorgung für Mensch und Tier mit Lebensmitteln, Futter und Wasser muß durch das „Vorkommando" in den Begleitfahrzeugen gesichert und vor dem Eintreffen der Reiter abgeschlossen sein.
- Die Arbeiten für die Übernachtung der Reiter (Zelte, Wohnwagen usw.) und der Pferde (Stalleine, „Wanderreiter-Paddock" usw.) müssen rechtzeitig vorbereitet, begonnen und beim Eintreffen der Reiter beendet sein.
- Herrenloses Land gibt es nicht.
- Gärten, Weinberge, Wiesen, Schonungen, Saatkämpe darf man nicht betreten.
- Offene Feuerstellen sind nicht überall erlaubt. Die Erlaubnis dazu ist vorher vom Grundbesitzer und der zuständigen Verwaltung einzuholen.
- Feuerstellen stets mit einem Graben umgeben. Wind und dürres Gras beachten.
- Feuerstelle nie unbeaufsichtigt lassen! Nach Gebrauch gut austreten oder ausgießen und mit Erde oder Sand abdecken.
- Anweisungen und Vorschriften des Grundbesitzers und der Verwaltung sind zu beachten.
- Den Biwakplatz windgeschützt wählen. Möglichst an Waldrändern, Lichtungen oder auf der Sonnenseite leicht geneigter Hänge. Mulden und sumpfige Stellen meiden.
- Rechtzeitig erkundigen, ob zum Zelten ein „Zeltschein" benötigt wird.

mitgenommen. Wir sollten nicht nach der Devise handeln: Hier kennt mich keiner, und hierher komme ich doch nicht wieder. Das ist unreiterlich und rücksichtslos.

Mittagspause im Bauernhof

Wenn immer auf meinen Wanderritten ich gegen Mittag in die Nähe eines Einzelhofes oder auch eines Dorfes gelangte, habe ich mich für die große Mittagspause um eine Einstellmöglichkeit – ein Quartier – für mein Pferd bemüht. Meistens allein unterwegs, mitunter auch mit einem Begleiter, fand ich immer für die Mittagspause einen guten Platz, weil ich jede Gelegenheit benutzte, alle Personen, die mir unterwegs begegneten, nach einem geeigneten Quartier für die Mittagspause zu fragen. War ich so nicht zum Zuge gekommen, habe ich zur Mittagszeit den nächstgelegenen noch landwirtschaftlich genutzten Hof aufgesucht und gebeten, dort an einem schattigen Platz meine Mittagspause verbringen zu dürfen. Der Bitte ist immer entsprochen worden. Auch den Eimer Wasser zum Tränken und den Korb Heu habe ich auf meine Bitte immer erhalten. Oft genug wurde mir zum Einstellen auch der Kuhstall, da das Vieh auf der Weide war, angeboten oder

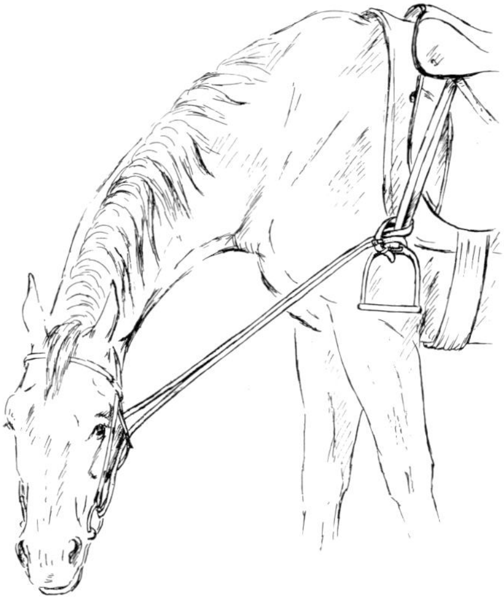

So kann das Pferd nicht in den Zügel treten. Zum Grasen den Sattelgurt lockern!

eine Scheunentenne. Häufig wurde ich auch zum Mittagessen eingeladen oder mit Milch oder anderen Getränken versorgt. Das sind Erlebnisse, in deren Genuß man allerdings leichter kommt, wenn man allein oder zu zweit reitet.

Es gehört zum selbstverständlichen Reitertakt, daß man sein Mittagsquartier aufgeräumt hinterläßt, nach Besen und Schaufel fragt und die „Falläpfel" usw. entfernt und auch den Lohn und Dank für den Wirt nicht vergißt.

Nachtquartier

Ein Quartier für die Nacht oder den Ruhetag kann man sich, reitet man allein oder zu zweit, auch abends noch auf die beschriebene Weise des Fragens besorgen. Das ist mitunter auch mit etwas Nervenkitzel verbunden, weil es nicht immer auf Anhieb klappt. Auf meinen Wanderritten bin ich mehrmals auf einer dunklen Dorfstraße ohne Quartier für mein Pferd und mich gestanden und war in Sorge. Nicht so sehr um mich, sondern vor allem um das abendliche Futter für mein Pferd. Es hat dann zwar immer in letzter Minute noch mit einem Nachtquartier und dem „Abendbrot" für Pferd und Reiter geklappt, doch man sieht dem Abend und der Nacht wesentlich gelassener entgegen, wenn man in einem „vorbereiteten" Quartier erwartet wird. Denn wenn einem nach einem langen Tag und anstrengendem Ritt womöglich die Füße vom vielen Führen und ein anderer Körperteil vom langen Reiten Beschwerden verursachen – in den ersten Tagen eines Wanderrittes kann einem das schon passieren – ist man sehr froh, wenn man nicht noch ein Quartier suchen muß, sondern sich dank guter Vorbereitung in ein „gemachtes Bett" legen kann.

Auf der Suche nach einem ruhigen Rastplatz.

Stallfragen

Das mit dem gemachten Bett sollten wir nicht so wörtlich nehmen, auch wenn der Wirt es versprochen hat. Manchmal hat er dabei nur an das Bett für den Reiter gedacht und unser Pferd als eine Art „fahrbaren Untersatz" angesehen, für den man schon einen Platz zum Abstellen findet. Manchmal hat er unsere Quartierbestellung ganz einfach auch vergessen, oder er hat überhaupt keine Vorstellung davon, welche Art von „Bett" ein Pferd braucht. Wie auch immer, es ist unsere Aufgabe und liegt in unserem und unseres Pferdes Interesse, den unserem Pferd zugedachten Stall genauestens zu kontrollieren, denn man bekommt mitunter wirkliche Rumpelkammern als Pferdestall angeboten.

Da Pferde auf den Dörfern heute seltener geworden sind als in der Vergangenheit, auch die Landbevölkerung im Umgang mit Pferden weithin nicht mehr vertraut ist, sollten wir unserem Wirt und anderen am Pferd interessierten Personen einige höfliche Hinweise für den Umgang mit einem Pferd geben: Daß ein wohlmeinender Klaps auf die Hinterbacken eines dösenden Rosses von diesem leicht mißverstanden werden kann und es so aufgeschreckt mit Ausschlagen reagiert. Daß man sich einem Pferd besser immer von vorn und niemals ohne es anzusprechen nähert. Daß Pferde keine Allesfresser sind und fremde Personen es bitte nur mit Einverständnis des Reiters füttern möchten. Das schließt nicht aus, daß wir wohlmeinendes Klopfen erlauben oder ein Kind auf den Pferderücken setzen und einmal eine Runde führen. Verbitten sollten wir uns aber jegliche Maulguckerei und die dummen Fragen nach dem Alter des Pferdes. Ein gutes Pferd hat nicht nur keine

Farbe, sondern auch kein Alter. Und für uns Reiter wird der Wert des Pferdes ganz gewiß nicht von seinem Alter bestimmt, sondern von seiner Treue und Verläßlichkeit und davon, daß wir uns mit ihm eins wissen. Aber das können ja auch viele sogenannte Reiter nicht verstehen, wie erst Fußgänger, Radfahrer oder Pkw-Fahrer.

Nach dem ersten flüchtigen Abwarten unseres Pferdes verlassen wir es, prüfen noch einmal die Festigkeit der Anbindung und wenden uns dem Stall zu.

Im Stall dürfte nach meinen Erfahrungen „Mach's Fenster auf, laß Luft herein" die erste erforderliche Handlung sein. Denn oft handelt es sich bei den uns angebotenen Stallungen um solche, die schon lange nicht mehr als Stall genutzt worden sind oder es nie waren. In diesem Fall suchen wir den „Stall" auf Nägel, hervorstehende Eisenteile, zersplittertes Holz usw. ab. Ist der „Stall" sehr groß, dann gilt unser Augenmerk nur den Stellen, mit denen unser Pferd in Berührung kommen könnte. Den „unkontrollierten" Bereich, die Ecke mit dem evtl. abgestellten Gerümpel, machen wir durch eine sichere Sperre (Rundholz, Balken, Stalleine usw.) unzugänglich, falls das Pferd sich in der Nacht vom Halfter oder aus der Behelfsbox freimachen sollte.

Der Umfang dieser Arbeit verringert sich, wenn wir keine Box, sondern nur einen „Stand" herrichten müssen. Ich habe auf einem Wanderritt keine Bedenken, Pferde in „Ständen" unterzubringen. Denn ist man mit einer Gruppe unterwegs, wird man nicht umhin können, aus Gründen des zur Verfügung stehenden Platzes die Pferde in durch Flankierbäume getrennten Ständen unterzubringen, und manchmal muß das mangels vorhandener Flankierbäume auch ohne diese gehen. Dann muß man aber Rücksicht auf das auch bei Pferden auftretende Gefühl der Zu- und Abneigung nehmen.

Als nächster Arbeitsgang folgt die gründliche Reinigung des Stalles. Dekken, Wände, Türen, Fenster, Fußboden werden abgefegt, Spinnweben beseitigt. Krippe(n) und Raufe(n) werden gründlich, also feucht gereinigt. Vor allem muß auf etwa vorhandene Futterreste geachtet werden, die in jedem Fall ganz sorgfältig entfernt werden müssen.

Alte Einstreu entfernen wir oder, wenn das zu aufwendig ist, streuen wir dick frisches Stroh ein. Das machen wir auch dort, wo bucklige Feldsteine oder löcherige Bohlen den Stallfußboden bilden. Mitunter sehen zwar auch Landwirte nicht ein, warum wir so reichlich einstreuen wollen. Doch wenn wir ihnen die Gründe dafür nennen, auch uns bereit erklären, beim Aufbrechen die noch saubere Einstreu in den Kuh- oder Schweinestall zu bringen, erlangt man in der Regel ihre Zustimmung.

Scheunentennen, wenn sie uns angeboten werden, ergeben einen guten Pferdestall. Reichlich Stroh ist auch hier das A und O des Einstreuens. Nicht weil Pferde kältempfindlich wären – sie sind es in der Tat nicht –, sondern mehr aus optischen Gründen und um unseretwillen. Für ein oder zwei Pferde allein auf einer großen Scheunentenne würde ich die Stände jeweils durch einige Bunde Stroh begrenzen und dadurch auch die Strohmatratze auf der blanken Tenne besser zusammenhalten. Die Scheunentore zu beiden Seiten der Tenne schließen wir so sorgfältig wie möglich, um Zugluft und ein mögliches Entweichen der Pferde zu verhindern. Anbindemöglichkeiten finden sich in den Scheunen meistens, wo nicht, behelfen wir uns mit einem in unserem Gepäck mitgeführten Anbindering zum Einschrauben.

Kuhstall: Sollte uns ein Kuhstall zugewiesen werden, der frei ist, weil die Kühe auf der Weide sind oder viehlos gewirtschaftet wird, müssen auch die „Kurzstände" (das sind die mit der kurzen Liegefläche und der anschließenden breiten Kotrinne) nicht zum Problem werden. Wir füllen die Kotrinne in der für die Aufstallung benötigten Breite mit Bohlen, Rundholzstangen oder reichlich Stroh aus und gewinnen dadurch die für Pferde notwendige Stand- und Liegefläche.

Erst nach Abschluß aller dieser Arbeiten führen wir das Pferd in den Stall. Vorsichtig, vor allem, wenn die Stalltür sehr schmal ist, damit sich das Pferd nicht an den Hüften stößt, aber zügig, damit erst gar nicht ein Widerwillen von seiten des Pferdes gegenüber dem Stall mit seinen fremden Gerüchen aufkommen kann. Wir führen es in die hergerichtete Box oder den Stand und an die mit Heu gefüllte Raufe. Auch in die Krippe haben wir, sozusagen als Unterlage, und um etwa auftretenden Widerwillen des Pferdes gegenüber auch nach der Reinigung noch vorhandenen fremden Düfte, zu vermeiden, Heu gegeben und etwas Hafer. Also nicht gleich die ganze Abendration, aber durch einige unserem Pferd liebe Schmankerln noch schmackhafter gemacht. Den restlichen Hafer geben wir getrost dann in die Krippe, wenn unser Pferd ein gesundes Freßverhalten gezeigt hat. Wenn keine Raufe vorhanden ist, legen wir das Heu auf dem Stallboden vor, auch den Hafer, wenn keine Krippe da ist und wir keinen Futterbeutel haben. Damit der Hafer sich nicht in der Einstreu verliert, machen wir ein Nest dafür, ähnlich einem Osternest, nur größer. Oder wir treiben eine Schüssel, kleine Wanne usw. auf, für deren Sauberkeit und bestmögliche Standsicherheit wir sorgen, und wir haben für die fehlende Krippe einen vollwertigen Ersatz.

Unser Pferd frißt bereits, nun können wir getrost den Stall verlassen bis zum Nachtränken und einem Kontrollgang vor unserer Nachtruhe.

Ordnung und Sauberkeit im Quartier

Die Stalltür haben wir hinter uns geschlossen, unser Pferd ist gut versorgt. Doch unsere nächste Sorge gilt noch immer nicht uns, sondern unserem Sattelzeug und Gepäck. Den Sattel und das Zaumzeug werden wir nur in Ausnahmefällen mit auf unser Zimmer nehmen. Doch sollten wir diese wichtigen Ausrüstungsstücke nicht sorglos einfach irgendwo ablegen, sondern so aufbewahren, daß sie von Pferden, auch diese sind manchmal Nagetiere, nicht erreicht werden können. Auch dann nicht, wenn sie sich losgemacht haben. Den Trensenzaum hängen wir an einem Balkenvorsprung oder Nagel auf, und für den Sattel findet sich sicher auch eine feste Auflage, die den fehlenden Sattelbock ersetzt. Doch Packtaschen und Mantelsack nehmen wir mit auf unser Zimmer.

Keine Eigenmächtigkeiten

Mit allem Nachdruck möchte ich darauf hinweisen, im Quartier alle Eigenmächtigkeiten unbedingt zu vermeiden. Nicht ohne zu fragen Hafer, Heu oder Stroh usw. nehmen, weil es ja doch keiner merkt. Man *wird* es bemerken, wenn auch vielleicht erst nach unserem Aufbruch.

Um eines geringen Vorteils willen hätten wir damit allen Reitern geschadet. Wir möchten doch schließlich einmal wiederkommen dürfen bzw. auch anderenorts Quartier erhalten. Je anständiger und rücksichtsvoller wir uns benehmen, desto weiter öffnen sich uns Tor und Tür, Wald und Feld.
Sind wir privat, bei einem Landwirt oder privaten Vermieter untergekommen, müssen wir auf die Gewohnheiten des Gastgebers Rücksicht nehmen. Wenn wir an den Mahlzeiten teilnehmen, richten wir uns nach den Wünschen der gastgebenden Hausfrau, wie wir uns auch in einem Gasthof an die Mahlzeiten halten müssen.
Sind wir bei einem Landwirt oder einem Pferdehalter untergekommen, entbindet uns das in den meisten Fällen vom morgendlichen Füttern unseres Pferdes, und wir können eine Stunde länger schlafen, weil unser freundlicher Wirt, der eigene Tiere versorgen muß, auch unser Pferd versorgt. Dann sollten wir ihn bitten, unserem Pferd keine ungewohnten und daher vielleicht unverträglichen Futtermittel zu geben und das Pferd so zu füttern, wie es das gewöhnt ist.

Bei Reitvereinen oder Pferdehaltern

In Stallungen von Reitvereinen oder von privaten Pferdehaltern kann man gelegentlich auch unterkommen. Doch auch als Gast sollten wir, bevor wir unser Pferd in einem fremden Stall einstellen, fragen, ob der Stall auch frei von Krankheiten ist. In einen Stall mit Husten, ansteckenden und seuchenhaften Erkrankungen sollten wir unser Pferd nicht einstellen. Auch dann nicht, wenn unser Pferd geimpft ist. Umgekehrt sollten wir unseren Impfpaß immer mitführen und ihn auch unverlangt vorzeigen und erklären, daß unser Pferd frei von ansteckenden Krankheiten ist. Ob im Stall eines Reitvereins oder Privatmannes, überall halten wir uns an die Stallordnung und überlassen die Versorgung unseres Pferdes nicht allein dem Gastgeber oder dessen Stallmann und hüten uns vor allen Eigenmächtigkeiten.

Kosten

Von den Kosten muß in diesem Zusammenhang auch gesprochen werden. Preise können an dieser Stelle nicht genannt werden, da die Bedingungen von Ort zu Ort und die Ansprüche der Reiter zu unterschiedlich sind. Grundsätzlich aber wird empfohlen, eine verbindliche Preisabsprache schon bei der Vorbestellung des Quartiers im Zuge der Vorbereitung des Wanderrittes zu treffen. Wer sich aber an jedem neuen Tag ein Nachtquartier suchen muß, der sollte über die entstehenden Kosten sofort bei seinem Eintreffen sprechen und nicht erst am Morgen des Aufbruchs. Es gibt leider auch Wirte, die ein Pferd für einen Dukatenesel halten.

Hausordnung

Nach dem Eintreffen im Quartier sollten wir mit unserem Wirt auch über Fragen der Hausordnung sprechen. Brauchen wir einen Hausschlüssel? Wir wollen ja nach unserem Abendbrot noch einmal nach dem Pferd sehen, ob alles in Ordnung ist. Ist der Hof, über den der Weg zum Stall führt, frei zugänglich oder tut dort ein Hofhund seine Pflicht und versperrt uns den Weg? Und wann können wir unser Frühstück bekommen, weil wir früh aufbrechen möchten. In vielen Fäl-

len wird das so früh, wie wir es gerne möchten, nicht möglich sein, denn wo man kein eigenes Vieh versorgen muß, wird man vor 7 Uhr nur selten frühstükken können. Wir müssen uns mit dem Aufbruch am nächsten Morgen dann nach unseren Wirten richten oder ohne Frühstück aufbrechen.
Ich möchte damit auf die alte Wahrheit hinweisen, daß sich auch schöne Pläne nicht immer durchführen lassen oder wie der Volksmund sagt, man die Rechnung nicht ohne den Wirt machen soll. Dennoch ist zu Skepsis kein Anlaß.

Wenn man allein und ohne vorbereitete Quartiere unterwegs ist, muß man nicht unbedingt ein Hans im Glück sein, um eine Unterkunft zu bekommen. Freundliches Fragen, verbunden mit einer gewissen Hartnäckigkeit, werden der Schlüssel zum Erfolg sein. Auch muß man bereit sein, einen Stall herzurichten, Stroh und Heu vom Scheunenboden zu holen, nach Hafer zu laufen und die Fragen nach dem Woher und Wohin, warum man denn reite, wo es doch mit dem Auto viel schneller und bequemer ginge, mit geduldiger Freundlichkeit beantworten. Aber wir werden auch viel Hilfe erfahren. Man richtet uns den Stall her, schleppt Hafer heran und gibt zu erkennen, wie gerne man mit uns reiten würde. Ich habe auf vielen Ritten die Freundlichkeit und Hilfsbereitschaft mir fremder Menschen und Wirte erfahren dürfen.

Sorgen und Zwischenfälle

Auch wenn sich Pferd und Reiter auf einen Wanderritt gut vorbereitet haben, die gewählte Ausrüstung praktisch und gepflegt ist und die einzelnen Tagesstrekken gut geplant wurden, muß man mit unvorhersehbaren Zwischenfällen rechnen. Solche Ereignisse lassen sich nicht vermeiden, aber man kann sich darauf einstellen und ist dann bei Sorgen und Zwischenfällen nicht hilflos.

Schlechtes Wetter

Man wünscht es sich nicht, aber es regnet. Manchmal verdrießt uns der Regen, aber wenn er an heißen Tagen einmal kommt, sind wir dankbar, denn für unser Pferd hat der Regen eine erfrischende und reinigende Wirkung; ihm macht der Regen gar nichts aus. Und wir Reiter, wenn wir geschützt durch eine Zeltbahn oder Regenmantel einmal ein oder zwei Stunden im Regen unterwegs sein müssen, machen die Erfahrung, daß ein Landregen gar nicht so schlimm ist und der Allerweltsspruch „Es gibt kein schlechtes Wetter, nur falsche Kleidung", so dumm gar nicht ist.

Verhalten bei Gewitter

Ganz anders ist es bei einem Gewitter. Es gibt ja Gewitter, bei denen man sich nicht so gerne im Freien aufhält. Aber auch hier gilt, daß Pferde ein Gewitter viel gelassener ertragen als wir Reiter. Die meisten Pferde nehmen Gewitter sogar überhaupt nicht zur Kenntnis, jedenfalls nicht als ein Furcht und Angst verbreitendes Ereignis. Das können wir an weidenden Pferden beobachten. Und auch ein in der Vorbereitungszeit gezielter Ritt in einem Gewitter wird uns das bestätigen.

Erst im letzten Jahr habe ich einen Ritt hinein in ein schweres Gewitter unternommen, um das Verhalten meiner Kora in einer solchen Situation kennenzulernen. Naß waren wir schon oft geworden, aber ein richtiges schweres Gewitter war uns immer erspart geblieben. Kora blieb gelassen und hat mich über Feld- und Waldwege sicher und ruhig wieder in den Stall zurückgebracht.

Ein Gewitter kommt ja nicht urplötzlich, sondern braut sich zusammen und kündigt sich an. Die Sonne, Wolken und Wind verändern sich. Unsere Pferde, wir können es wie so vieles am Spiel der Ohren feststellen, registrieren gelassen, wenn es in der Ferne grummelt, der Wind auffrischt und am Horizont ein erster Blitz aufleuchtet. Dann können wir ungefähr schon abschätzen, wann die Gewitterfront uns erreichen wird. Danach richten wir unser Verhalten. Ein Blick auf die Karte sagt uns, wie weit es noch bis zum nächsten Dorf oder Weiler ist. Dementsprechend bestimmen wir das zu reitende Tempo. Da bei einem Gewitter die Landwirte ihre Feldarbeit meistens abbrechen und nach Hause streben, werden wir also

Verhalten bei Gewitter
- Anzeichen beachten
- Unterstellmöglichkeit aufsuchen: Dorf, Gehöft, Feldscheune.

im nächsten Gehöft oder Dorf mit Sicherheit Menschen antreffen, die es gestatten, daß Pferd und Reiter sich unterstellen. Und irgendwann hört auch das längste Gewitter auf bzw. geht in einen Landregen über. Dann reiten wir weiter, damit wir unser Quartier nicht mit zu großer Verspätung erreichen. Oft hört mit dem Gewitter auch der Regen auf, dann wird der Ritt in der nun so wunderbar frischen Luft zu einem schönen Erlebnis.

Unterstellen

Sollte uns ein Gewitter in der Feldmark überraschen, dann finden wir vielleicht eine Feldscheune oder einen Weideschuppen auf einer Weide ohne Tiere als Unterschlupf. Feldscheunen sind in aller Regel nicht abgeschlossen und dadurch zugänglich. Wir dürfen uns mit gutem Gewissen die Freiheit nehmen, uns für die Zeit des Gewitters darin unterzustellen.

Feldscheunen oder Weideschuppen bieten Reiter und Pferd während eines Gewitters Schutz.

Weiterreiten

Finden wir überhaupt keine Möglichkeit, nicht einmal eine Bahn- oder Straßenunterführung, dann haben wir keine andere Wahl als weiterzureiten. Im ruhigen Trab zur nächsten Unterstellmöglichkeit, sei es ein Gehöft, Ort, Scheune, Unterführung oder ähnliche Gelegenheit, die wir anhand der Karte heraussuchen. Dahin reiten wir, auch wenn es ein Umweg ist. Ist das vorgesehene Tagesquartier nur geringfügig weiter, reiten wir dorthin. Im Trabe, nicht im wilden Galopp, durch den unsere Sorge und Unruhe auf das Pferd übertragen werden könnte.

Haben wir schließlich das Quartier erreicht, satteln wir ab und versorgen das Pferd, vor allem aber reiben wir es mit Stroh oder Heu trocken. Dann legen wir den Woilach auf und vergessen nicht,

Das untergelegte Stroh fördert das schnelle Trockenwerden des Pferdes.

reichlich lockeres Stroh unterzulegen. Dadurch entwickelt sich unter dem Woilach eine Art Warmluftventilation: kalte Nässe und das „Anklatschen" des Woilachs werden verhindert und das Pferd trocknet rascher ab.
Sollte der Woilach aber naß geworden sein, unterlassen wir diese Maßnahme und reiben das Pferd nochmals kräftig ab und stellen es so auf, daß es gegen Zugluft geschützt ist.

Danach dürfen auch wir unsere nassen Sachen wechseln. Und was dem Pferd ein Mash, ist uns ein wärmendes Getränk. Wenn das Pferd trocken ist, nehmen wir den feuchten Woilach ab und hängen ihn zum Trocknen auf, denn wir brauchen ihn ja wieder als Sattelunterlage. Unser trockenes Pferd putzen wir kurz durch, um vor allem das da und dort verklebte Haar zu lockern. Die ihm von uns ob seines braven Verhaltens zugestandene Haferzulage wird es sich schmecken lassen, ohne dem Gewitter noch einen Gedanken zu widmen. Wir aber denken nach überstandener Gefahr: So schlimm war es auch nicht, nur einen kühlen Kopf muß man sich bewahren!

Defektes Lederzeug

Manche Pferde sind großartige Entfesselungskünstler, die sich mit viel Geschick vom Halfter freimachen. Auf der Stallgasse angelangt, entwickeln sie oft einen merkwürdigen Geschmack: statt sich an Heu und Hafer gütlich zu tun, knabbern und fressen sie am Lederzeug herum. Mit dem Ergebnis, daß ein Zaumzeug mehr oder weniger beschädigt oder ein Bügelriemen nicht mehr zu gebrauchen ist. Beim Füttern am nächsten Morgen stellen wir dann die ärgerliche Überraschung fest, die uns das Pferd bereitet hat. Die Schuld trifft aber nicht allein das Pferd, sondern auch uns, weil wir das Sattelzeug nicht an einem für das Pferd unzugänglichen Ort aufbewahrt haben. In Gaststallungen, die ja oft Behelfsstallungen und für das Pferd fremd und ungewohnt sind, müssen wir grundsätzlich mit der Neugier des Pferdes und deren manchmal ärgerlichen Folgen rechnen. Auch eine Be-

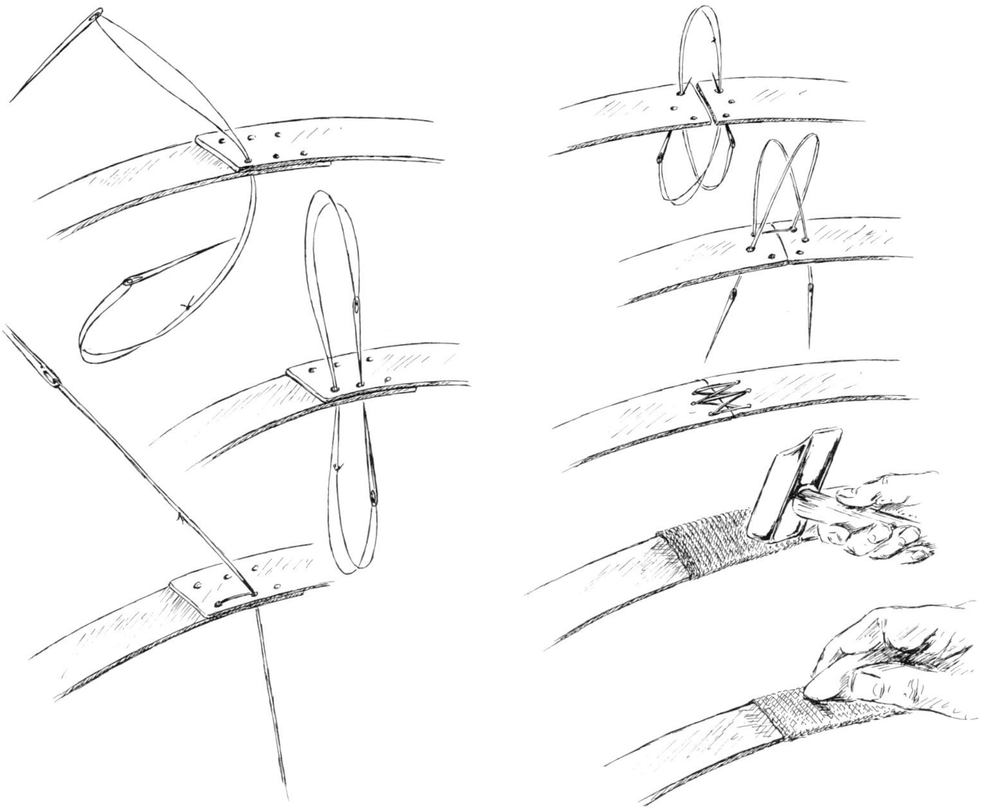

Arbeitsgänge beim Reparieren von defektem Lederzeug.
Links: Überlappende Lederteile. Rechts: Aneinanderstoßende Lederteile.

strafung des Pferdes schafft den Schaden nicht aus der Welt und ist auch unangebracht, denn die Ursache ist unsere Nachlässigkeit gewesen.

Das Unglück ist nun einmal geschehen, und wir brauchen, um den Schaden beheben zu lassen, einen Sattler oder Schuhmacher. Sind beide nicht zur Hand, müssen wir uns selber an die Arbeit machen. Das für die Reparatur notwendige Werkzeug und Material haben wir ja in unserer Packtasche. Wir brauchen ein Taschenmesser mit Pfriemen oder eine Ahle, gebrauchsfertiges Sattlergarn oder dünnen Bindfaden, ein paar Sattlernadeln, Seife, Hammer oder Steigbügel, einen Anbindestrick, Kälberstrick oder einen längeren Strick aus Hanf oder auch Nylon.

Am einfachsten ist die Reparatur defekter Nähte, die wir mit dem vorbereiteten Sattlergarn in den alten Löchern nachnähen. Das ist so schwierig nicht.

„Überlappen" lassen: Gerissene Lederteile (Teile des Zaumzeuges, Steigbügelriemen, Packriemen usw.) werden etwa 3–5 cm übereinandergelegt und evtl. vor-

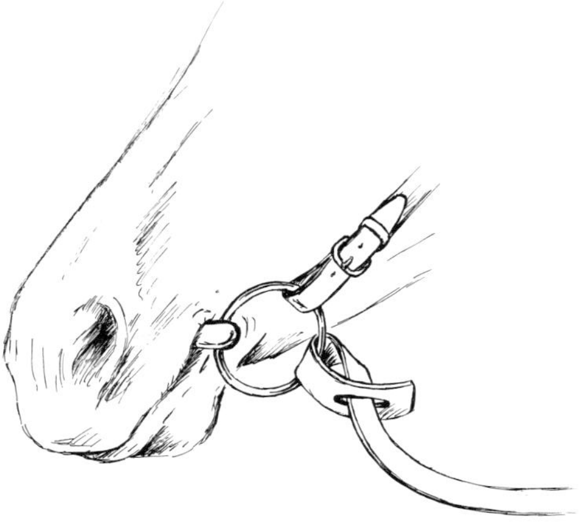

So einfach kann man einen gerissenen Zügel reparieren.

her noch gerade geschnitten. Dann werden mit dem Pfriemen des Taschenmessers oder der Ahle – zur Not geht es auch mit einem Nagel und dem Steigbügel als Hammer – die aufeinanderliegenden Teile mit Löchern versehen. Wir sollten nicht versuchen, die Löcher mit der Klinge des Taschenmessers zu bohren, denn das ergibt nur glatte Schnitte, die bei Belastung einreißen! Die aufeinandergelegten Lederstücke verbinden wir durch eine feste Naht. Ist uns das Sattlergarn ausgegangen, dann verwenden wir statt dessen dünnen, festen Bindfaden, den wir vorher gut einseifen, und fädeln ihn in eine Nadel mit entsprechend großem Nadelöhr. Die mit dem Pferd in Berührung kommende Seite der Behelfsnaht reiben wir, nachdem wir sie mit einem Hammer oder dem Steigbügel vorsichtig glattgeklopft haben, nochmals mit Seife ein. Dazu muß die Seife nicht naß und aufgeweicht, sondern nur angefeuchtet sein.

„Aneinanderstoßen" lassen: Sind die defekten Lederteile zu kurz zum „Überlappen", dann muß man sie aneinanderstoßen lassen und durch eine kräftige Naht miteinander verbinden. Die Naht und die aneinanderstoßenden Lederteile umwickeln wir noch fest mit Bindfaden, den wir abschließend fest verknoten und mit Hammer und Seife behandeln. Der Knoten darf aber nicht unterhalb – also zum Pferdekörper hin – zu liegen kommen, da er dort reiben, drücken und scheuern würde.

Einen gerissen Zügel mit fehlendem Schnallstück kann man auch auf ganz einfache Art reparieren (siehe Zeichnung linke Spalte).

Es kommt dabei vor allem darauf an, daß wir als erstes die vorgesehene Schnittbreite links und rechts durch ein Loch mit Ahle oder Nagel, aber nicht mit dem Messer markieren. Danach erst benutzen wir die Messerklinge für den glatten Schnitt von Loch zu Loch und verhindern damit das Einreißen.

Müssen die Zügel vollständig ersetzt werden, dann tut es zur Not auch ein entsprechend langer Strick.

Behelfszaumzeug: Auch ein komplettes Zaumzeug läßt sich durch ein Strickhalfter, allerdings nicht die Trense, herstellen. Wir brauchen dazu einen etwa 5–6 m langen und 10–13 mm starken Strick.

Wir nehmen ihn in einer Länge von etwa 1,20 m doppelt und verknoten die doppelte Lage so, daß eine große Schlinge entsteht. Ein zweiter Knoten unterteilt nun die große Schlinge derart, daß ein Kopf- und ein Nasenstück entstehen. Das Kopfstück muß ungefähr doppelt so groß wie das Nasenstück sein. Mit den beiden Knoten des Nasenstückes wird die Trense durch Einbinden der Trensenringe in die Knoten des Nasenriemens verbunden.

Strickhalfter.

„Comanchen-Zaum".

Man kann behelfsmäßig aber auch die Trensenringe mit dem Knoten des Nasenriemens mit Hilfe von Bindfaden miteinander verbinden.
Das freie Ende des Strickes kann man als Führzügel benutzen und vorläufig um den Pferdehals legen. Die Zügel, wenn noch verwendungsfähig, schnallen wir in die Trense ein, und das Zaumzeug ist gebrauchsfertig.
Fehlende Zügel ersetze ich, indem ich das freie Strickende durch einen Anbindestrick verlängere.
„Comanchen-Zaum". Er läßt sich anhand der Zeichnung leicht aus einem Strick anfertigen, obwohl er ursprünglich mehr als Bremse verwendet wurde denn als Reitzaum.

Strickhalfter (siehe Zeichnung): Seine Anfertigung stellt uns vor keine großen Schwierigkeiten. Allerdings sollten wir alle zu Hause schon einmal geübt haben, ehe der Ernstfall eintritt. Denn nur Übung macht den Meister.

Lockeres Hufeisen

Wenn ein Pferd gesunde Hufe hat, diese regelmäßig gepflegt werden und der Hufschmied sein Handwerk versteht, werden wir kaum einmal damit rechnen müssen, daß ein Hufeisen locker wird.
Wir sprechen von einem lockeren Eisen immer dann, wenn das Eisen durch Greifen und Einhauen gelockert wurde, d.h.

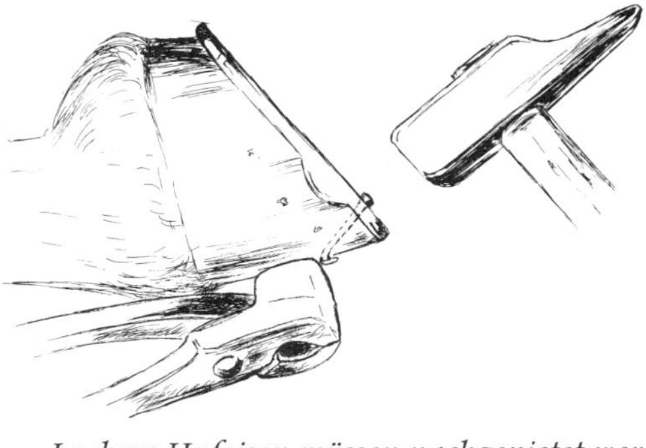

Lockere Hufeisen müssen nachgenietet werden. Wenn man Hammer und Zange nicht zur Hand hat, muß man sich mit den Steigbügeln behelfen.

durch das An- oder Einschlagen der Hinterhufeisen in die Eisen der Vorderhufeisen. Die Ursache für das Einhauen und Greifen können Gebäudefehler des Pferdes, dessen Ermüdung und Reiten im tiefen Boden sein. Der Grund für ein lockeres Eisen beim gesunden Huf ist oft auch zu langes Liegenlassen der Hufeisen, schlechtes Anziehen und Umnieten der Hufnägel.
Hauptsächlich aber ist es mangelnde Hufpflege. Denn wer regelmäßig die Hufe seines Pferdes pflegt, wird hervorstehende Niete, lockere Nägel usw. rechtzeitig feststellen und abstellen, noch bevor das Hufeisen locker wird. Wer bis dahin noch nichts bemerkt hat, der kann es als letzte Warnung beim Reiten über festen Boden hören, wie das Eisen klappert! Dann ist es höchste Zeit, etwas dagegen zu tun, damit wir das Eisen nicht verlieren.
Wir brauchen dazu nur einen normalen Hammer und eine Kneifzange, es müssen nicht unbedingt ein Beschlaghammer und eine Beschlagzange sein, um dem lockeren Eisen wieder festen Sitz zu geben. Wenn wir keinen Aufhalter oder Beschlagbock zur Hand haben, dann geht es auch ohne, wie wir alle schon bei Hufschmieden beobachten konnten. Ob mit oder ohne Aufhalter, wir setzen beim Austritt des Nagels aus der Hornwand die Kneifzange mit der Kante gegen das Niet und schlagen mit dem Hammer auf den Kopf des Nagels. Durch kräftiges Gegenhalten mit der Zange und entsprechende Hammerschläge erreichen wir ein stärkeres Herunterziehen des Nietes und damit verbunden ein festes Anziehen des lockeren Hufeisens. Wir dürfen dabei das Niet nicht in die Hornwand herunterziehen, weil dadurch der Zusammenhang der Hornwand durchbrochen wird und Fäul-

niserreger eindringen können. Fehlen aber Hammer und Zange, nimmt man statt dessen die beiden Steigbügel, sofern diese aus Metall sind. Den einen Steigbügel zum Gegenhalten, den anderen zum Schlagen.

Hat sich das Eisen schon so stark gelokkert, daß es verlorenzugehen droht, nehmen wir es ganz ab. Auch das geht zur Not mit einem Steigbügel, sobald die Lücke zwischen Tragerand des Hufes und dem Hufeisen so groß ist, daß wir mit dem Steigbügel dazwischen kommen, um diesen als Hebel zu benutzen. Stück für Stück, von den Schenkelenden bis zur Zehe hebeln wir dann das Hufeisen ab. Dabei vermeiden wir zur Schonung der Hornwand jegliches Abreißen und Aufreißen.

Ich hatte übrigens in den drei Jahrzehnten meines Wanderreitens nie ein lockeres Hufeisen und nur einmal ein Eisen verloren, das sich mein Pferd in schwierigem Gelände und weichem Boden eines Truppenübungsplatzes abgetreten hatte.

Einfach herzustellende Notunterkunft mit der Zeltbahn.

Quartiersorgen

Wer allein oder zu zweit oder dritt ohne vorbereitete Quartiere unterwegs ist, der kann schon in die Verlegenheit geraten, ohne Quartier dazustehn.

Zunächst ein ganz allgemeiner Rat: Spätestens im Laufe des Nachmittags sollte man mit der Quartiersuche beginnen.

Notunterkunft

Schlimm ist die Situation dann, wenn wir durch Verreiten oder aus anderen Gründen uns „in der Wildnis“ befinden und vor der Frage stehen „Was nun?“ Dazu ist vielleicht die Dämmerung schon angebrochen, und wir sind müde und befürchten in der Dunkelheit vollends die Orientierung zu verlieren.

In solcher Situation ist es sicher angebracht, sich einen geeigneten Ort bei „Mutter Grün“ zu suchen, um dort die Nacht zu verbringen. Bei der Suche nach einem geeigneten Platz gilt unsere Hauptsorge dem Pferd. Die Möglichkeit zum Grasen sollte dieser Platz dem Pferd schon geben. Ist der Graswuchs, wie wohl zu befürchten, nicht allzu üppig, können

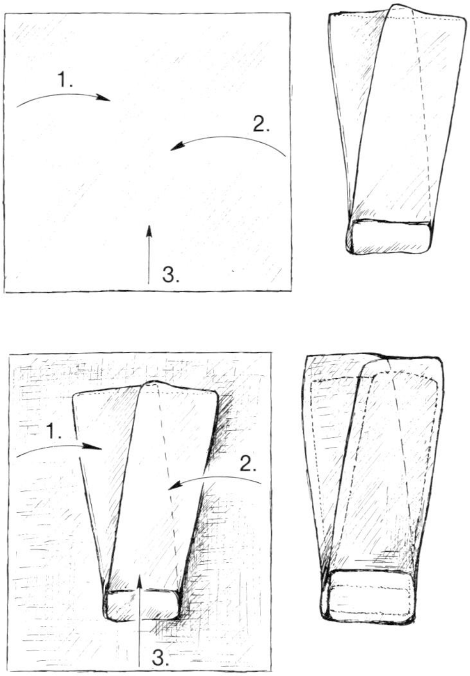

So wird ein Behelfsschlafsack aus einer Decke (Woilach) und der Zeltbahn zusammengelegt.

wir die Ration vielleicht durch Birkengrün oder anderes aufbessern. Dann sichern wir das Pferd gegen ein Weglaufen mit Hilfe der Stalleine so, daß ihm noch ausreichend Bewegungsfreiheit zum Grasen bleibt. Für uns haben wir, was ich immer so gehalten habe, Brot und Wurst dabei, so daß unser Abendbrot gesichert ist und wir auch unserem Pferd ein Stück Brot abgeben können. Haben wir nicht vergessen, die Feldflasche unterwegs aufzufüllen, ist die Abendmahlzeit gesichert.

Behelfsschlafsack

Bleibt nur übrig, für unsere Schlafgelegenheit zu sorgen. Zunächst machen wir die Bestandsaufnahme des Vorhandenen. Da ist einmal der Woilach. Vielleicht auch noch eine Schlafdecke? Die Kavalleristen der Reichswehr führten die „Schlafdecke" auf dem Pferd, zwischen Woilach und Sattel gelegt, immer mit. Vielleicht haben wir es auch so gehalten. Eine Zeltbahn, sie ist nicht nur als Regenschutz, sondern sehr vielseitig verwendbar, haben wir hoffentlich dabei. Daraus läßt sich mit wenigen Handgriffen ein „Schlafsack" zusammenlegen.

Wir beginnen mit der Schlafdecke, die wir entsprechend der Körperform, also am Fußende schmaler so zusammenlegen: die ausgebreitete Decke der Länge nach von links und rechts nach innen übereinanderschlagen, als wollten wir einen Sack machen, nur unten schmaler. Das untere Ende schlagen wir etwa 10 cm nach oben um, damit der Sack kein Loch hat. Das Ganze legen wir so auf den ausgebreiteten Woilach, daß die zusammengeschlagenen Deckenteile auf dem Woilach zu liegen kommen. Dann verfahren wir mit dem Woilach wie mit der Decke. Das Verfahren wenden wir auch mit der Zeltbahn, der letzten Lage an, die uns vor allem gegen Feuchtigkeit aus der Erde schützen soll.

Den fertigen „Schlafsack" legen wir dann so zum Schlafen aus, daß die Zeltbahn mit den zur Mitte zusammengelegten Teilen unten zu liegen kommt. Wenn wir dann zum Schlafen von oben in den „Schlafsack" kriechen, verhindern wir mit unserem Körpergewicht das Auseinanderfallen. Als Unterlage für den „Schlafsack", damit uns das Feldquartier nicht zu hart wird, „legen wir Moos und Reisig 'nein, das soll uns ein Federbett sein". Es muß nicht, wie im Lied, eine Grube sein, aber doch eine windgeschützte Stelle.

Windschutz

Meint man mit zwei Decken für den „Schlafsack" auszukommen, kann man sich mit Hilfe der Zeltbahn einen einfachen Windschutz herrichten. Mit dürrem Holz, Zweigen, Laub usw. ist das auch möglich. Stehen mehrere Zeltbahnen zur Verfügung, weil man in Begleitung reitet, sollte man sich vor dem Ritt über das Format, ob drei- oder viereckig, einigen. Für die kleinste Zeltform brauchen wir, ob drei- oder viereckig, immer drei Zeltbahnen eines Formats.

Schutzhütten, Feldscheunen, Schuppen, Weidehütten

Sie als Nachtquartier zu benutzen ist in einem Notfall, wie z. B. dem Verreiten, sicher erlaubt. Unbefriedigend ist dabei die Versorgung des Pferdes, wenn das Gras fehlt. Da auch die längste Nacht vorübergeht, ist es oft besser, unterbrochen durch ausgiebige Marschpausen, weiterzumarschieren, aber abgesessen. Und wenn der Morgen erst graut und die Welt mehr und mehr Konturen bekommt, kann man für das Pferd und sich im nächsten Ort einen halben oder ganzen Ruhetag einlegen.

Mein Pferd frißt nicht

Das muß nicht immer eine physische Ursache haben, z. B. Erschöpfung, oder an den Zähnen liegen. In vielen Fällen ist es der auf einem Wanderritt ungewohnte Stall mit seinem fremden Geruch und den anderen Geräuschen ringsumher, der Pferde nicht fressen läßt. Sollte sich das Pferd an dem fremden Stall und seinem

Windschutz aus Zweigen und Reisig. Das Abdeckmaterial muß schieferförmig verlegt werden, damit Regen ablaufen kann.

Geruch stören, bleiben wir beim Pferd und leisten ihm noch ein wenig Gesellschaft, reden mit ihm und füttern vielleicht auch ein oder zwei Hände voll Hafer aus der Hand. Auch ein wenig Salz (über den Hafer gestreut) macht ihm Appetit. Nicht weniger wirksam ist eine ebenso verabreichte Gabe Zucker oder

Faustregel
Ein Pferd wurde nicht überfordert, wenn Puls und Atmung sich innerhalb von 10 Minuten unter bis auf die Hälfte des Ruhewertes zurückgebildet haben.

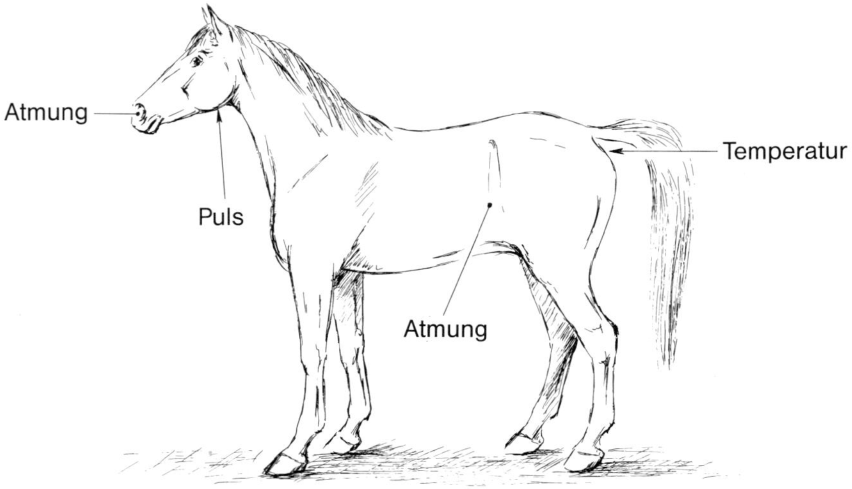

Die wichtigen Lebensäußerungen des Pferdes, Puls, Atmung und Temperatur (die PAT-Werte) können an diesen Körperteilen beobachtet und gemessen werden.

auch Traubenzucker. Ein bißchen frisches Grünfutter, ein paar Möhren, Äpfel oder was die Jahreszeit gerade bietet, können auch dazu beitragen, daß unser Pferd sein Heimweh vergißt und zu fressen beginnt. Dann dürfen wir aber nicht gleich davonlaufen, sondern sollten besser abwarten, bis es die ganze Haferration aufgefressen hat und sich an das Rauhfutter macht.

Gesundheitskontrolle

Haben die „Appetitmacher" nicht geholfen, kontrollieren wir die Körpertemperatur, die beim gesunden Pferd zwischen 37,5 und 38,2 °C liegt, um festzustellen, ob eine Erkrankung vorliegt. Auch die Farbe und Festigkeit der Kotballen, die nicht zu festgeballt, je nach Futtermittel, von goldgelber bis dunkelgrüner Farbe

Gesundheitskontrolle

Das gesunde Pferd setzt

- Kot 5–12mal in 24 Stunden als wenig geformte Ballen ab, die bei Grünfütterung stärker durchfeuchtet und undeutlicher geformt sind.
- Harn 5–8mal in 24 Stunden, gelblich trüb, leicht schleimig.

Oben: Auch im Quartierstall ist die Stalleine ein bewährter Helfer.
Unten: Die Marschpause ist den Pferden eine willkommene Gelegenheit zum Grasen.

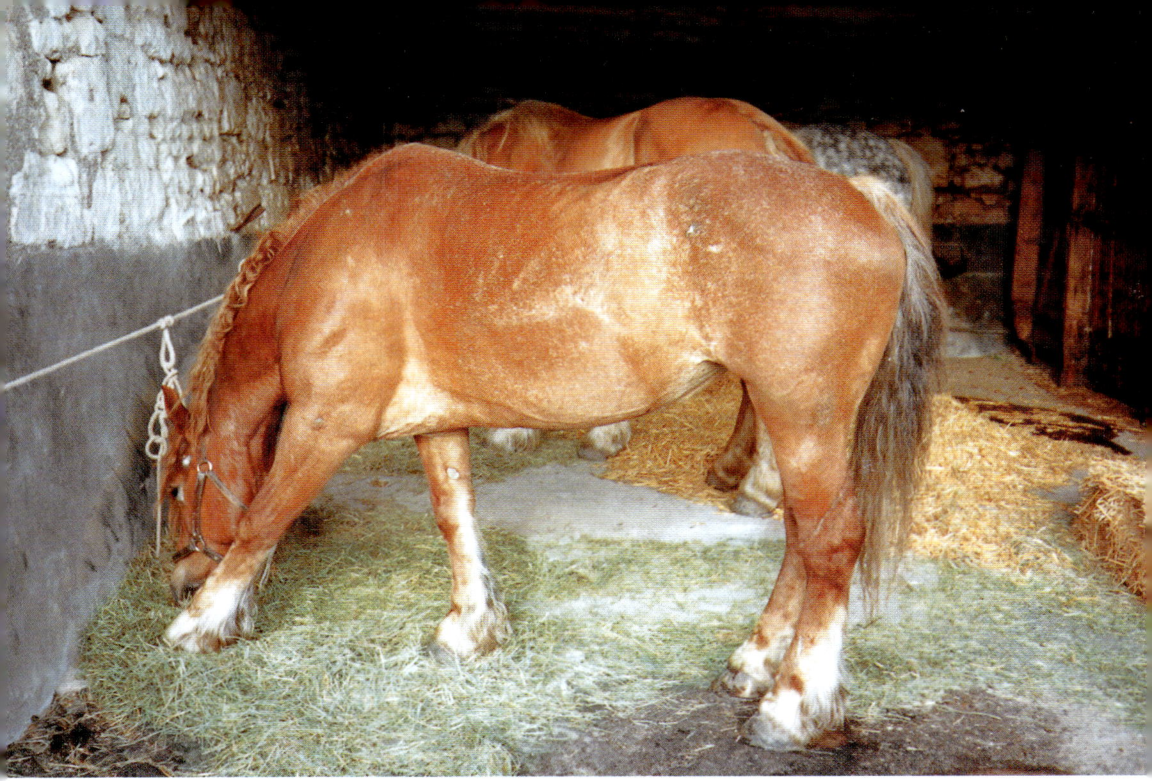

Richtwerte für die Beurteilung von Puls und Atmung (PA)
(Richtlinien für Reiten und Fahren, Bd. I)
Ruhewerte
Absolute Ruhe P 28–40 (Stall, bekannte Umgebung)
A 6–16
Normale Ruhe P 32–48 (offene fremde Umgebung, Aufmerksamkeit)
A 16–24

	Puls	Atmung	PA	Bemerkung
Normalwerte	48	12	4 : 1	
Leichte Arbeit	60	30	2 : 1	
Mittlere Arbeit	70	70	1 : 1	Bei 40 : 40 unbedenklich, bei 100 : 100 und mehr ernsthaft
Schwere Arbeit	80	120	1 : 1,5	Umkehrwert
Erschöpft	80	160	1 : 2	Herzkrank oder Konditionsmangel
Umkehrwert unterer Bereich	42	48	1 : 1,2	Harmlos
Umkehrwert oberer Bereich	90	94		Ernst
Umkehrwert sehr hoch	90	140		Nicht schlimm, wenn in 10 Minuten erholt, sonst alarmierend, schlechte Kondition.

Der Puls ist als Konditionsmaßstab zuverlässiger als die Atemwerte. Atmung wird durch Körper- bzw. Lufttemperatur sowie Höhenlage beeinflußt. Außerdem gibt es verschiedene Atmungsarten bei Pferden, z. B. Isländer atmen flach und schnell. Unregelmäßiges, keuchendes Atmen oder Herzflattern sind jedoch Anzeichen beginnender Erschöpfung.

sein und feucht glänzen sollten, und der Urin, der normal gelblich-trüb und leicht schleimig ist, können Aufschluß geben. Wenn dann auch Puls und Atmung normal sind, sollten wir nicht sofort an den Tierarzt denken, sondern erst einmal an ein Mash (Rezepte auf Seite 208).

Auch einige Scheiben *Brot in Bier getaucht* sind ein altes Hausmittel für müde oder freßunlustige Pferde. Man kann aber das Bier auch ganz ohne Brot anbieten.

In Ruhe ruhen lassen

Vielleicht aber ist das Pferd nach der Anstrengung des Tages auch nur abge-

Rezepte für Mash

Mash mit gekochtem Leinsamen
Etwa 100 g aufgekochten Leinsamen, 1 kg Quetschhafer, $^1/_2$ kg Kleie und eine kräftige Prise Salz mit etwa 2 l kochendem Wasser übergießen, gut mischen, abdecken und ziehen lassen. Falls zu fest, vor dem Verfüttern noch Wasser zugeben.

Mash mit geschrotetem Leinsamen
100 g Leinsamenschrot, $^1/_2$ kg Weizenkleie, 1 kg Quetschhafer und eine kräftige Prise Salz mit kochendem Wasser übergießen, gut umrühren und ziehen lassen, lauwarm verfüttern.

Englisches Rezept für Mash
Einen halben Eimer Kleie mit kochendem Wasser übergießen, mit einem Stock umrühren, bis alles gleichmäßig feucht ist.
Eimer mit einem Sack bedecken. Nach einer halben Stunde ist alles genügend abgekühlt. Etwas Quetschhafer daruntermischen sowie ein Pfund geschroteten Leinsamen. Ziehen lassen, lauwarm verfüttern.

Fit-Mash
1 kg Quetschhafer, 100 g geschroteter Leinsamen, $^1/_2$ kg Weizenkleie, 1 Prise Salz.
Jeweils vor Gebrauch gut mischen, in einen Eimer geben, zu einem Drittel mit kochendem Wasser übergießen und ziehen lassen. Später soviel kaltes Wasser nachgeben, daß der Eimer halbvoll ist. Lauwarm verfüttern.

Kleienschlapp
Kleie mit einer Zugabe Salz mit lauwarmem Wasser verrührt, wird von schlechten Fressern nach großen Anstrengungen und von ermüdeten Pferden gerne angenommen.
$^1/_4$ kg Weizenkleie mit 2 l kochendem Wasser anbrühen, eine Prise Salz zugeben, mischen und zugedeckt 1–2 Stunden ziehen lassen. Man kann der Kleie vor dem Anbrühen auch $^1/_4$–$^1/_2$ kg Quetschhafer zugeben.

spannt und müde, ohne erschöpft zu sein, und möchte zunächst nur in Ruhe gelassen werden. Auch wir haben nach einem langen Tag nicht gleich Appetit auf ein gutes Abendbrot, sondern möchten uns erst einmal ein wenig ausruhen und entspannen. Danach schmeckt es dann. So mag es auch bei unseren Pferden sein. Warten wir, wenn die von uns kontrollierten PAT-Werte (Puls, Atmung, Temperatur) in Ordnung waren, erst einmal ab und geben dem Pferd Ruhe.
Wir lassen am besten keinen Hafer in der Krippe, weil es den nur warm blasen würde, sondern legen nur Rauhfutter vor und stellen ihm einen Eimer Wasser so vor die Nase, daß er möglichst nicht umkippen kann.
Alle halbe bis eine Stunde sehen wir nach dem Pferd. Wenn dann die Freßlust noch nicht zurückgekehrt ist, PAT-Wert, Urin- und Kotabsatz noch normal sein sollten, dann muß man aller Ungewißheit ein Ende machen und einen Tierarzt bitten, sich das Pferd anzusehen. Das sind wir unserem Pferd schuldig.

Tips und Tricks zur Selbsthilfe

Das Anlegen von Feuerstellen muß genehmigt sein!

- Feuerstellen immer mit einem Graben umgeben! Wind und dürres Gras berücksichtigen, um ein Ausbreiten des Feuers durch Funkenflug und Schwelen zu verhindern.
- Das Feuer nach Gebrauch gut austreten, ausgießen und die Feuerstelle mit Erde abdecken.
- Kochfeuerstellen zur Zubereitung warmer Speisen und Getränke werden am besten durch Steine, Rasenstücke oder Erdwälle gebildet. Eine andere Möglichkeit ist, mit Hilfe von zwei in die Erde gesteckten Astgabeln das Kochgefäß an einer Querstange über das Feuer zu hängen.
- Wenn man keine Streichhölzer oder ein Feuerzeug hat, kann man ein Feuer auch mit Hilfe der Sonne, eines Brennglases, einer Lupe oder einer Brille und trockenem Gras, kleiner trockener Holzstückchen, Spänen, Papier usw. machen.

Aborte sind nötig und bei einem Biwak über mehrere Tage unbedingt anzulegen. Man legt sie versteckt und in Lagernähe unter dem Wind, d. h. mit der Hauptwindrichtung, als einen etwa einen Meter langen, 60 cm tiefen und 30 cm breiten Graben an, den man nach alter Gewohnheit kauernd, einen Fuß auf jeder Seite, benutzt. Jeweils nach Gebrauch ist Erde draufzuwerfen.

Nach Bedarf werden weitere Gruben angelegt und die alten vollends zugeschüttet. Durch einfache Sichtblenden kann man die Benutzer abschirmen. Die Anlage bedarf der Genehmigung.

Insektenplage

- Obstessig, in Schweif und Mähne verrieben, hat sich bei der Abwehr von Fliegen bewährt.
- Grüne Walnußschalen aufkochen und damit die Pferde einreiben, ein bewährter Schutz gegen Fliegen und Mücken.
- Auch ein Sud aus Walnußblättern hat sich bewährt.

Kartengebrauch

Die Karte mit einer matten Folie überkleben. Das schont die Karte, Filzstift-Markierungen lassen sich wieder löschen.

Seilverbindungen (siehe Zeichnungen Seite 210)

- Kreuz- oder Weberknoten zum Verbinden gleich starker und ungleich starker Seilenden.
- Schotstek oder Rundtörn, dessen Schlinge sich nicht verschiebt, als „Rettungsschlinge“ oder um Gegenstände zu verbinden.
- Schwanenhals zum Befestigen von Rundhölzern.
- Mastwurf zum Befestigen von Gegenständen.
- Schlipstek zum Festmachen und schnellen Losmachen.
- Spannschlinge zum festen Spannen eines Seils.

Vorkommando-Aufgaben für Biwak über mehrere Tage

- Eigentümer besuchen und Genehmigung zum Benutzen des Grundstücks einholen.
- Gemeindeverwaltung oder Forstamt um Genehmigung für Feuerstelle, Abfall- und Abortgruben, Fallholzbenutzung als Brennholz und so weiter ersuchen.

- Pferdeunterbringung mit Stalleinen oder E-Zaun vorbereiten. Feuerstellen, Gruben für Abfall und Abort vorbereiten.
- Wasserversorgung für Pferde und Reiter vorbereiten. Zelte aufbauen.
- Futtermittel für die Pferde und Lebensmittel für die Reiter herbeischaffen und gegen Feuchtigkeit von unten und oben durch Planen oder Zelte sichern.

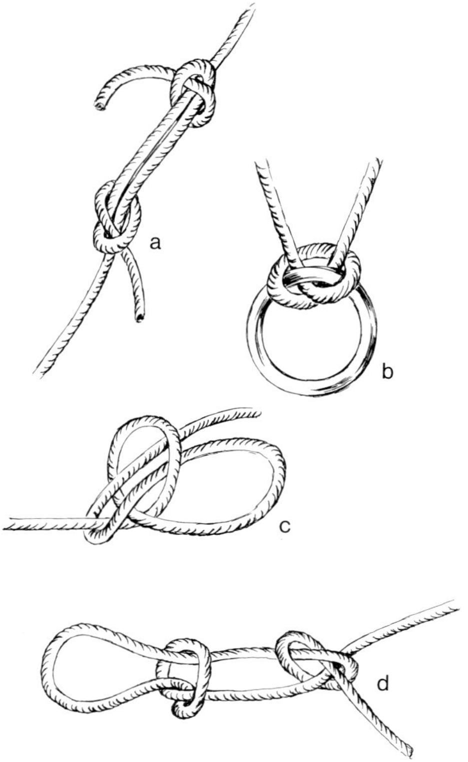

Seilverbindungen.
a) Zum beweglichen Zusammenbinden zweier Seilenden.
b) Doppelter Ankerstich oder Zugschlinge (zwei Enden bleiben frei).
c) Palstek.
d) Spierenstich für Schlaufen.

Erste Hilfe für Pferd und Reiter

Eine Erkrankung, Verletzung oder ein Unfall von Pferd oder Reiter sollten uns nicht unvorbereitet treffen und dadurch zu falschen Handlungen veranlassen. Zunächst sei aber festgehalten, daß Jahr für Jahr viele Reiter mit ihren Pferden allein oder als Gruppe auf Wanderritten unterwegs sind und die Zahl der Unfälle gering ist. Diese sind meistens durch falsches Verhalten der Reiter verursacht: mangelhafte Ausbildung von Pferd und Reiter, unkorrektes Verhalten im Straßenverkehr, unsachgemäßes Reiten. Viele Unfälle und Verletzungen von Pferd und Reiter hätten sich durch besonnenes und vernünftiges Verhalten vermeiden lassen.

Erste Hilfe für den Reiter

Jeder Reiter sollte ausreichende Grundkenntnisse in der Ersten Hilfe haben. Die Möglichkeit, diese Kenntnisse zu erwerben oder aufzufrischen, bieten z. B. das Rote Kreuz, die Johanniter-Unfall-Hilfe und der Malteser-Hilfsdienst an. Wird von mehreren Reitern ein gemeinsamer Wanderritt unternommen, müssen nicht alle Teilnehmer an einem Erste-Hilfe-Lehrgang teilgenommen haben, aber von bis zu zehn Teilnehmern doch wenigstens zwei, besser mehr. Zwei können einem Verletzten besser beistehen als einer, auch muß immer mit der Möglichkeit gerechnet werden, daß ein ausgebildeter Helfer ausfällt.

Aufgabe der ausgebildeten Helfer ist es, Erkrankten oder Verletzten bis zur weiteren Versorgung durch einen Arzt Erste Hilfe zu leisten. Die Erste-Hilfe-Ausbildung versetzt den Helfer in die Lage, Ruhe zu bewahren und ohne Zeitverlust Sofortmaßnahmen zu ergreifen. Er wird vor allem Puls und Atmung kontrollieren, Wunden versorgen und für die Ruhigstellung gebrochener Gliedmaßen bzw. eines verunglückten Reiters sorgen. Auch die Einleitung weiterer Maßnahmen, wie das Herbeirufen eines Arztes oder Rettungswagens wird er veranlassen und ein, besser zwei Reiter damit beauftragen und zum nächstgelegenen Ort, Telefon oder Landstraße schicken. Zur nächstgelegenen Land- oder Bundesstraße deshalb, weil durch vorbeifahrende Pkw- oder Lkw-Fahrer Arzt oder Rettungswagen schneller benachrichtigt werden können als durch noch so schnelles Reiten. Wer allein auf einen Wanderritt geht, wird sich über Art und Menge der mitzuführenden Erste-Hilfe-Ausrüstung entscheiden müssen (siehe die Aufstellung der Reiseapotheke auf S. 212).

Auf meinen verschiedenen Wanderritten habe ich immer nur Heftpflaster, Hansaplast und ein Verbandspäckchen bei mir gehabt. In all den Jahren habe ich nur einmal Hansaplast für eine beim Führen wundgeriebene Ferse (Hacke) verwendet. Ich führe das auch darauf mit zurück, daß ich mich bemüht habe, alle Unbesonnenheiten und Risiken zu vermeiden.

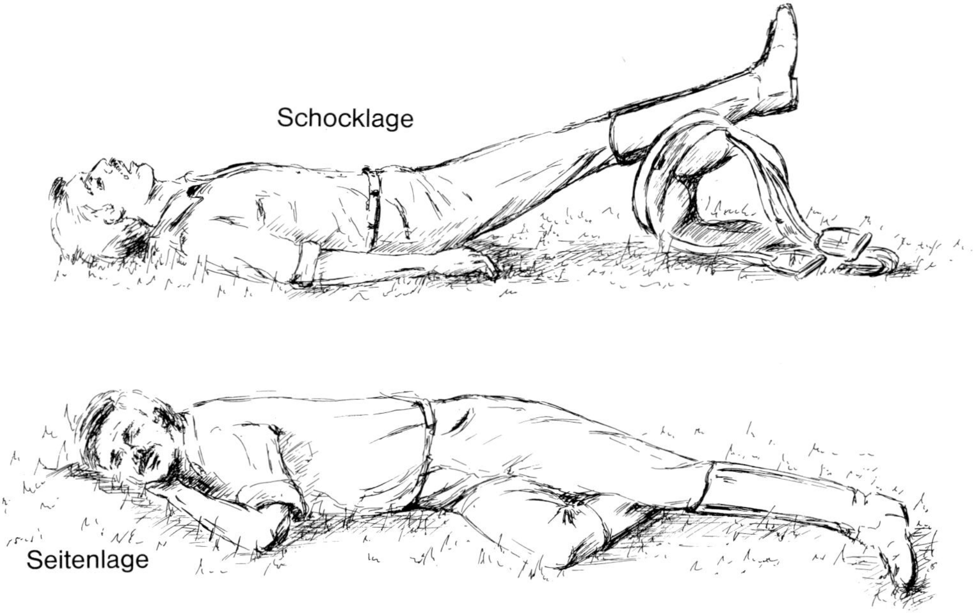

Je nach Art und Schwere der Verletzung bringen wir den Verletzten in die Schock- oder Seitenlage. Sofortiger „Notruf“ ist erforderlich!

Erste-Hilfe-Grundausstattung (Satteltaschen-Apotheke)

2 sterile Verbandspäckchen
1 steriles Verbandstuch
1 Dreieckstuch (ersatzweise Halstuch)
1 Rolle Heftpflaster
1 Päckchen Hansaplast
1 elastische Binde oder Bandage
1 kleine Schere
Telefongeld oder -karte

Ist eine Gruppe aber mit Begleitfahrzeug unterwegs, dann darf und soll die Erste-Hilfe-Ausrüstung schon üppiger sein. Hingewiesen sei auch darauf, daß die Dörfer eine Rot-Kreuz-Station haben, die durch ein Schild als solche zu erkennen ist.

Reiseapotheke (im Begleitfahrzeug)

Die folgende Aufstellung soll als Hilfe bei der Zusammenstellung der wichtigsten Utensilien für den Reiter dienen.
Je 2 elastische Binden 8 cm und 10 cm breit mit Verbandsklammern
Wundschnellverband (elast. Hansaplast) $^1/_2$ m × 6 cm
Wundschnellverband (elast. Hansaplast) $^1/_2$ m × 8 cm
Flüssiges Pflasterspray (Flint-Sprühverband)
Heftpflaster (Leukoplast) 5 m × $1^1/_4$ cm
Heftpflaster (Leukoplast) 5 m × $2^1/_2$ cm
Je 2 sterilisierte Verbandspäckchen mittel (8 cm) und groß (10 cm)
3 Mullbinden 8 cm breit
100 g Verbandszellstoff

1 m Verbandmull
50 g Verbandwatte
Dreiecktuch
Blutstillende Watte
Essigsaure Tonerde (Tabletten)
10 g Jodtinktur (oder Jodersatz) zur Wunddesinfektion
Verbandsschere
1 Dutzend Sicherheitsnadeln
Große Tube „Sportgel“ für Verstauchungen, Muskelzerrungen, Prellungen und dergl. für Mensch und Pferd
Tube Wund- und Brandgel
Schmerztabletten
Splitterpinzette

Die oben genannte Liste der Arzneimittel für die Reiseapotheke kann je nach dem persönlichen Bedarf beliebig verkürzt oder erweitert werden. Man könnte z. B. Halsschmerztabletten, Hustenmittel, Grippetabletten, fiebersenkende Mittel, Abführmittel, Kohletabletten, Insektenschutzmittel, Sonnenschutzmittel, Isolations-Rettungsdecke und aufblasbare Arm- und Beinschiene usw. mitnehmen.
Wichtig sind aber vor allem auch die persönlich zu treffenden Maßnahmen: Tetanusimpfung, Notfallausweis mit Blutgruppe, Hinweis auf allergische Reaktion z. B. auf Jod usw.
Für die Unterrichtung des Arztes, Rettungswagens usw. sind wichtig

Die fünf „Notruf-W“:

1. Wo ist es passiert?
2. Was ist passiert?
3. Wie viele Verletzte?
4. Welche Art der Verletzung?
5. Wer meldet den Unfall?

Erste Hilfe für das Pferd

Was unser Pferd betrifft, so sollten wir uns vom Tierarzt rechtzeitig vor dem Ritt einige Anweisungen geben lassen und unter seiner Anleitung einige *praktische Übungen* ausführen, angefangen vom *Messen der PAT-Werte* bis zum *Anlegen einfacher Verbände.*
Die folgenden Hinweise können und wollen den Rat des Tierarztes nicht ersetzen, aber sie sollen uns helfen, Störungen in der Gesundheit unseres Pferdes zu erkennen und Erste Hilfe leisten zu können. Auf einem Wanderritt können die unterschiedlichsten Krankheiten und Schäden auftreten, die durch Erkältungen, Futter, äußere Einflüsse, Überanstrengung, Ansteckung und Schmutz hervorgerufen werden können. Aber alle können durch gute Vorbereitung des Pferdes, sachgemäße Pflege und gutes Reiten und umsichtiges Verhalten des Reiters auf dem Wanderritt vermieden oder in ihrem Auftreten und Verlauf gemildert werden.

Schutzimpfung

Eine wichtige und vorbeugende Maßnahme zum Schutz des Pferdes ist, es vor Wundstarrkrampf (Tetanus), Influenza und Tollwut durch Impfung zu schützen. Wer das unterläßt, handelt grob fahrlässig.

Erkältungen

Wenn ein erhitztes Pferd nach einem langen Marsch bei heißem Wetter abends in einen kühlen und vielleicht auch noch zugigen Stall oder auf eine windige Koppel gestellt wird, kann diese plötzliche Abkühlung zu einer Erkältungskrankheit

Gesundheitskontrolle
Den Puls messe ich
- an der Unterseite der Ganaschen
- unterhalb des Vorderfußwurzelgelenks
- an der Unterseite der Schweifrübe

Den Herzschlag kann ich
- hinter dem Ellbogenhöcker fühlen

Den Atem kontrolliere ich
- mit der flachen Hand vor den Nüstern
- an der Flanke

Die Temperatur messe ich
- im After
- drei Minuten
- mit dem durch Bindfaden gegen Hineinrutschen gesichertem Thermometer

führen. Betroffen davon sind vor allem die Atmungsorgane und zeigen das durch Fieber, Husten, Nasenausfluß, geschwollene Halsdrüsen und verändertes Freßverhalten an.
Zunächst muß die mögliche Ursache (Unterkühlung) abgestellt und das Pferd warm eingedeckt werden. Auch warme Umschläge und heiße Dämpfe sind angebracht. Das Pferd muß stehen bleiben und der Tierarzt muß, da auch Drusegefahr besteht, unbedingt hinzugezogen werden.
Auch für Erkältungen gilt, daß Vorbeugen besser als Heilen ist. Also die beiden letzten Kilometer immer Schritt reiten oder führen, damit man mit einem möglichst trockenen Pferd in den Stall kommt. Jede plötzliche und durch Ruhe langandauernde Abkühlung vermeiden und immer den Woilach auflegen, auch das Stroh darunter zur Ventilation nicht vergessen, um das „Ankleben" des Woilachs auszuschließen. Das Trockenwerden kontrollieren und die Decke abnehmen und zum Trocknen luftig aufhängen!

Futter

Plötzlicher Wechsel der Futtermittel, schlechtes Futter oder Streu, Überfütterung, ungenügendes oder zu kaltes Tränken eines erhitzten Pferdes bei einer Rast oder abends im Quartier kann Kolik verursachen.
Kolik ist ein Sammelbegriff für Erkrankungen im Magen- und Darmbereich. Das betroffene Pferd zeigt die Schmerzen im Bauch an. Es sieht zum Bauch, ist unruhig, scharrt, will sich hinwerfen, wälzen und schwitzt stark. Die Darmgeräusche sind verändert: überlaut oder gar nicht, Futter und Wasser werden verweigert, das Pferd zeigt Verstopfung oder auch Durchfall, beides ist möglich.
Bis zum Eintreffen des Tierarztes, der unverzüglich herbeizurufen ist, reibe man das Pferd mit Strohwischen am Bauch und den Flanken, legen den zusammengelegten Woilach oder Säcke dem Pferd als Leibbinde, also unter dem Bauch, um. Wenn die dazu notwendigen Gurte fehlen, dann muß man sich anders behelfen. Werden „Bindegarne" verwendet, dann muß der Pferderücken dort, wo die Befestigung aufliegt, weich abgepolstert werden. Bewegen wir es im Schritt und erlauben ihm auf weicher Streu und in einer großen Box leichtes Wälzen, aber kein ungestümes Hinwerfen und Wälzen.

Wunden

Verletzungen, die zu kleinen oder großen Wunden, d.h. die mechanisch erfolgte Zerstörung und Trennung des Körperge-

Bei tiefen und stark blutenden Wunden legen wir bis zur Behandlung durch den Tierarzt einen Druckverband an oder binden oberhalb der Wunde ab.

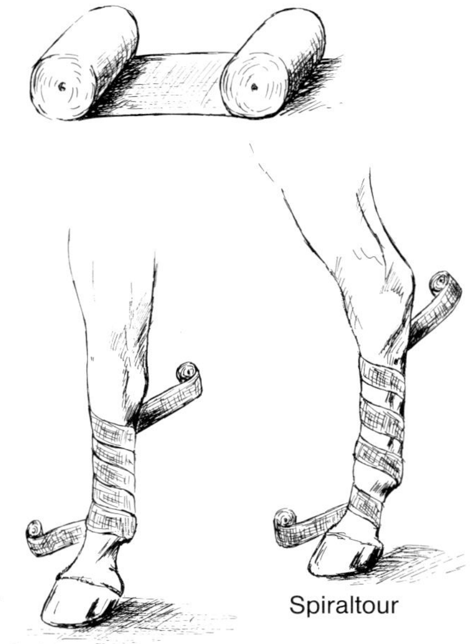

Zweiköpfige Binden werden von links nach rechts abgerollt. Das Anlegen von Verbänden sollte man vorsorglich vor dem Wanderritt üben.

webes, treten auf einem Wanderritt als Streichwunden, Riß- und Bißwunden und Stichwunden auf.

Streichwunden, wie sie z. B. als Folge des Streichens durch nicht mehr fest und korrekt sitzende Hufnägel, durch stärkere Zweig- oder Astspitzen, Dornen, vorstehende Nägel (im Quartier) usw. entstehen können, behandeln wir mit einem antibiotischen Spray.

Riß- und Bißwunden werden ebenso behandelt, wenn nicht die Tiefe der Wunde und eine starke Blutung unser Handeln auf die Reinigung und Desinfektion der Wunde, das Anlegen eines Schutz- oder Druckverbandes und das Herbeiholen tierärztlicher Hilfe einschränken.

Stichwunden (z. B. Mist- oder Heugabel im Quartierstall), oder andere mit starken Blutungen verbundene, verlangen als Erstversorgung durch den Reiter das Reinigen und Desinfizieren der Wunde, dann das Stoppen der Blutung und die Weiterbehandlung durch den Tierarzt.

Druckschäden

Sie können durch einen schlecht gelegten Woilach, schlecht passendes Sattelzeug (z. B. unpassende Sattelkammer), schlechtes Gurten, schlechtes Reiten (z. B. schiefer Sitz) usw. und häufig bei großer Hitze und starker Inanspruchnahme entstehen. Die gedrückte Stelle ist

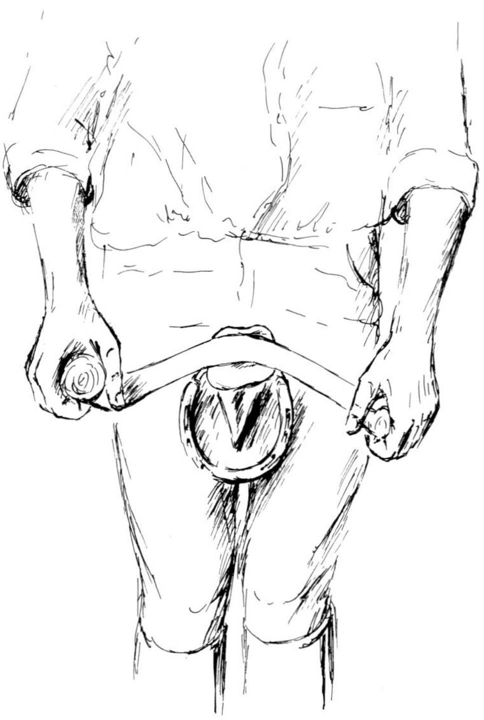

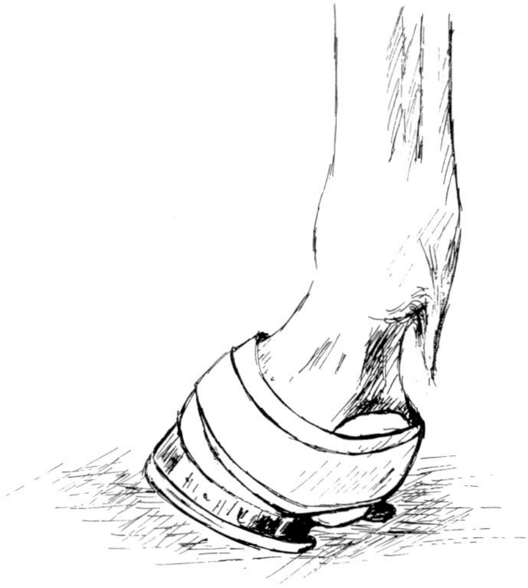

Verband bei Ballentritt. Durch gutes Abpolstern und Einbeziehen des Fesselgelenks bekommt der Verband festeren Sitz.

warm oder auch bereits angeschwollen, was man bei der Kontrolle der Sattel- und Gurtlage mit den Fingerspitzen fühlen kann. Auch hebt sich die gedrückte Stelle bei sonst noch feuchtem Fell durch Trokkenheit von der Umgebung ab. Je nach Schwere des Druckschadens kühlen wir die betroffene Stelle mit einem Kühlgel oder behandeln sie durch feuchte Umschläge mit Essigsaurer Tonerde. Die gedrückte Stelle darf nicht mehr belastet werden, sondern muß durch Polster aus Moos, Laub oder Stroh entlastet werden oder wir entlasten die gedrückte Stelle durch Ausschneiden der Sattelunterlage, daß die Druckstelle freiliegt.

Drücke dürfen nicht vernachlässigt werden, deshalb sollten wir auch nach der erfolgten Behandlung durch uns das Pferd dem Tierarzt vorstellen.

Nageltritt

Wir verstehen darunter die Verletzung des Hufes durch Eintreten von spitzen Gegenständen; es muß sich also nicht unbedingt um einen Nagel handeln. Zunächst muß der Ort der Verletzung festgestellt werden, dann die Tiefe und die Richtung, schließlich auch noch – wenn möglich – die Beschaffenheit des eingedrungenen Gegenstandes. Dann muß der eingedrungene Gegenstand vorsichtig und in gleicher Richtung, wie er eingedrungen ist, herausgezogen werden. Dabei ist darauf zu achten, daß kein Fremd-

körper in der Wunde zurückbleibt. Bevor das alles getan wird, müssen der Huf und speziell die Wunde sorgfältig gereinigt werden.
Bis zur nächsten Schmiede oder zum nächsten Tierarzt versorgt man die Wunde behelfsmäßig durch Anlegen eines Splintverbandes. Sie wird mit Verbandsstoff, Taschentuch etc. abgedeckt und dann der Zwischenraum zwischen Eisen und Huf mit einem Lappen, Gras oder Blättern ausgestopft. Schließlich schiebt man darüber kreuzweise zwei Holzstäbe, die man unter dem Eisen festklemmt (siehe Zeichnung). Damit kommt man ohne weiteres zum nächsten Schmied oder Tierarzt, wo die Wunde endgültig versorgt werden kann.

Splintverband zum Schutz der versorgten Hufsohle.

Eingetretene Steine

Steine und andere in die Strahlfurchen und Strahlgrube eingedrungene Fremdkörper dürfen niemals mit Gewalt herausgebrochen werden, sondern sind mittels Hufräumer in der Richtung zu entfernen, in der sie eingedrungen sind. Notfalls kann man den Hufräumer als Meißel und einen Hammer bzw. großen Stein oder den Steigbügel als Hammerersatz zum Herausschlagen des Fremdkörpers benutzen.

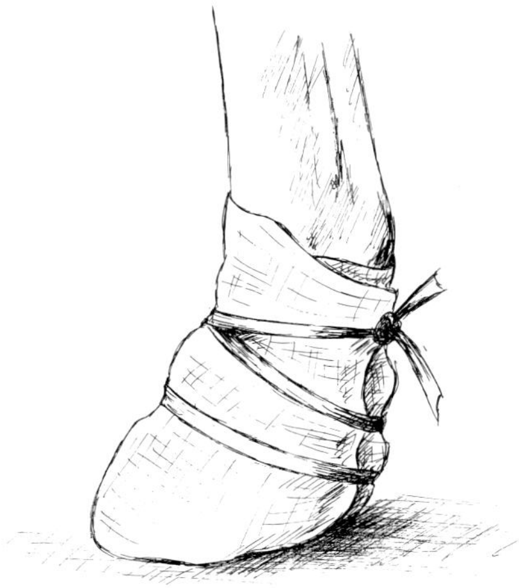

Hufverband mit „Hufschuh" aus Sackstoff oder anderem Material zum Schutz des Wundverbandes.

Lahmen

Dafür gibt es viele Ursachen und Namen. Plötzlich und stark auftretende Lahmheiten sind meistens bald vorüber, wie wir aus der Erfahrung unserer Fehltritte wissen. Aber auf jeden Fall sitzen wir ab und untersuchen den Huf auf eingetretene Fremdkörper. Ist die Ursache nicht festzustellen, führen wir das Pferd in das nächste Dorf und beziehen dort, falls die Lahmheit noch nicht vorüber ist, Quartier und rufen einen Tierarzt. Ist ein Begleitfahrzeug mit Hänger zur Hand, wird das Pferd transportiert. Lahme Pferde belasten den lahmen Fuß beim Vortraben deutlich erkennbar weniger, Sehnen und Gelenke sind warm, oft auch angeschwollen. Stallruhe und kühlende Umschläge sind erste geeignete Maßnahmen.

Vergiftungserscheinungen

Vergiftungen bei Pferden können durch verdorbene Futtermittel, Düngemittel, Rückstände von Spritzmitteln zur Schädlingsbekämpfung und zum Pflanzenschutz und durch giftige Pflanzen verursacht werden. Die Krankheitserscheinungen sind je nach Art der Vergiftung sehr verschieden. Meist werden die Verdauungsorgane des Tieres und das Nervensystem betroffen. Koliken und starke Erregungs- sowie Lähmungserscheinungen weisen auf eine Vergiftung hin sowie Durchfall und Verfärben des Harns. Bei solchen oder ähnlichen Symptomen sollten wir möglichst umgehend den Tierarzt rufen. Auch er kann nur dann am besten und am schnellsten helfen, wenn er sofort gerufen wird und wir ihm möglichst genau sagen können, worin wir die Ursache der Erkrankung des Tieres sehen.

Um eine mögliche Vergiftung unseres Pferdes durch Giftpflanzen zu verhindern, sollten wir das Schnappen des Pferdes nach Blättern oder Zweigen (oft nicht mehr als eine dumme Angewohnheit) unter dem Reiter niemals dulden. Wie leicht kann es sich um eine Giftpflanze handeln (siehe die Liste auf Seite 158–163)! Hat der Reiter dieser Unart bisher keine Beachtung geschenkt, dann wundert er sich, wovon das Tier krank geworden ist, und dem Tierarzt wird die Diagnose erschwert. Unbedingt sollten Pferd und Reiter vor Antritt eines Wanderrittes gegen Wundstarrkrampf geimpft sein.

Überanstrengungen

Sie können zu Sehnenzerrungen, Überbeinen, Gallen, Verschlag und Erschöpfungserscheinungen führen.

Beschleunigte Atmung, stark schlagende Flanken, Mattigkeit, schwankender, stolpernder Gang, weit aufgerissene Nüstern, vermehrter Schweißausbruch, pochender Herzschlag, Fieber und das Verweigern von Futter und Wasser sind Zeichen starker Erschöpfung, zu der wir es gar nicht erst kommen lassen sollten! Beobachten wir dennoch Erschöpfungsanzeichen, dann sofort herunter vom Pferd, absatteln, Pause einlegen und Nüstern sowie Maul des Pferdes mit Wasser abwaschen (Feldflasche). Haben wir ausreichend Wasser, dann lassen wir das Pferd trinken und grasen und tun alles, was sein Wohlbefinden fördert.

Bemerken wir Zeichen wiedergewonnener Frische beim Pferd, dann wird wieder gesattelt und das Pferd geführt. Unterwegs nutzen wir jede Gelegenheit zum Tränken. Im Quartier messen wir Fieber: bei mehr als 38,5 °C Tierarzt rufen! Ist das Pferd fieberfrei, dann reichen wir in kleinen Portionen Futter (Mash, Zuckerwasser, Möhren, gekochte Kartoffeln und Grünfutter). Kleine Salzmengen, über das Hartfutter gestreut, wirken appetitanregend! Frißt das Pferd gut, ist es auch gesund. Der Weiterritt sollte jedoch sehr schonend fortgesetzt werden, und zwar so lange, bis wir sicher sind, daß das Pferd seine Frische zurückgewonnen hat.

Hitzschlag

Dazu kann es auch in einem sehr heißen Sommer nicht kommen, wenn wir die heißen Mittagsstunden im Biwak oder Quar-

tier verbringen und dem Pferd die vermeintliche Wohltat des Weideganges in praller Sonne ohne Baum und Strauch oder Schutzdach ersparen.
Vom Hitzschlag betroffene Pferde zeigen starken Schweißausbruch, Atmung und Puls sind beschleunigt, und sie haben stark erhöhte Temperatur und verweigern die Wasseraufnahme. Es kann zu Atemnot, Schwanken, Zittern und Zusammenbrechen kommen. Das betroffene Pferd wird in den Schatten geholt, Kopf, Hals und die Innenseiten der Beine werden wiederholt kalt abgewaschen. Der Tierarzt ist zur Behandlung unbedingt zu rufen.

Einer Vergiftung kann man durch Kenntnis der häufigsten und gefährlichsten Giftpflanzen vorbeugen.

Ansteckungen

Man kann der Erkrankungsgefahr durch Infektionen auch durch Schutzimpfungen nicht ganz entgehen, sollte aber das Risiko so gering wie möglich halten, indem man sein Pferd nur in hygienisch einwandfreien Ställen unterstellt.

Schmutz

Als Folge mangelhafter Pflege kann Schmutz die Ursache für Kolik, Druck, Mauke, Ungeziefer und Strahlfäule sein. Folgen, die wir durch gutes Futter, gute Pflege vermeiden können, dazu aus eigener Kraft und ohne Kosten.

Mit Handpferd?

Ganz allgemein wird immer vom Handpferd gesprochen, ob wir nun ein zweites Pferd als Ersatz-Reitpferd mit auf den Wanderritt nehmen oder ob wir das zweite an der Hand mitgeführte Pferd zum Tragen unseres Gepäcks verwenden.
Und schließlich sprechen wir vom Reiten mit Handpferd auch dann, wenn die Besitzer oder Reiter mehrerer Pferde aus Zeitersparnis jeweils zwei Pferde auf einen Streich bewegen: eins unter dem Sattel, eins an der Hand. Soviel zur allgemeinen Begriffsbestimmung Handpferd.

Handpferd

Das Mitführen eines Ersatzpferdes an der Hand ist nicht ohne Probleme, denn der Reiter muß seine Aufmerksamkeit auf zwei Pferde richten: Sattelpferd und Handpferd. Bei Ritten auf schmalen Wegen und Pfaden, oder wenn für eine kurze Strecke verkehrsreiche Straßen benutzt werden müssen, ist das Reiten mit einem Handpferd nicht ganz ohne Risiko, allein schon durch das unterschiedliche Temperament der Pferde. Ein erschrecktes oder auch nur übermütiges Handpferd kann durch Wegspringen, unvermutetes Steigen und andere Reaktionen schwierige Situationen herbeiführen, z. B. den Reiter aus dem Sattel werfen, den Führzügel aus der Hand reißen und entlaufen oder das Sattelpferd zu Eskapaden ermuntern. Das Handpferd erschwert Reiten und Hilfegebung des Sattelpferd-Reiters sowie das Marschtempo, und die Ansprüche eines Handpferdes an Futter und Pflege sind nicht geringer als die eines unter dem Sattel.
Durch das Handpferd erhöhen sich auch die täglichen Unkosten für die Versorgung der Pferde (Futter, Stall). Dazu kommt dann noch der erforderliche größere Aufwand von Zeit und Kraft, denn auch das Handpferd muß ordentlich versorgt werden. Und sollte einmal ein Pferd durch Lahmheit oder aus anderen Gründen als Reitpferd ausfallen und das mitgeführte Handpferd tatsächlich unter dem Sattel als Reitpferd verwendet werden, ist die Bequemlichkeit des Reiters teuer erkauft. Dazu kommt, da dann das Marschtempo sich nach dem erkrankten Pferd richten muß, wir in jedem Fall Schritt reiten müssen. Durch Führen des kranken Pferdes würden wir genauso schnell vorankommen. Wozu also ein Handpferd?
Auf Bildern oder aus der Entfernung wirkt das Reiten mit Handpferd meistens romantisch, nur hält die Praxis nicht, was die Bilder versprechen. Mit einem Pferd an der Hand sollten wir nur dann reiten, wenn es die Situation verlangt, z. B. wenn ein Reiter ausgefallen ist und sein Pferd zum nächsten Quartier mitgenommen werden muß.
In einem solchen Fall benötigen wir für das Handpferd keinen besonderen Führzügel, sondern führen es mit dem Trensenzügel, den wir dazu vom Hals des Pfer-

Das Reiten mit Handpferden will gelernt sein, es gibt sogar spezielle Handpferde-Prüfungen.

des nehmen und mit der rechten Hand führen. Das Handpferd wird grundsätzlich immer rechts so geführt, daß sich die rechte „Führhand“ des Reiters und das Maul des Handpferdes auf einer Höhe befinden. Auf schmalen Wegen und Pfaden müssen die Zügel nach Bedarf so verlängert werden, daß das Handpferd hinter dem Sattelpferd geht. Die Bügel des Handpferdes werden übergeschlagen oder wie zum Longieren hochgeschlagen. Wird es mit einem Führzügel geführt, wird dieser in den linken Trensenring geschnallt und mit der rechten Hand so kurz geführt, daß das Handpferd jederzeit in der Hand des Reiters bleibt. Die

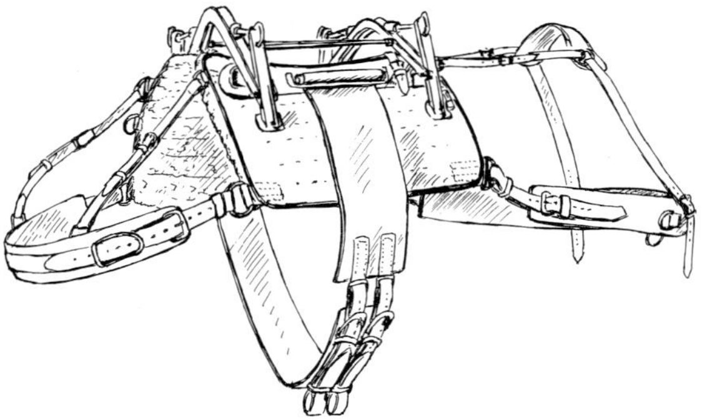

Packsattel. Er besteht aus dem Tragegestell mit Vorder- und Hinterzeug, zwei Sattelkissen und Sattelgurt.

Trensenzügel werden über dem Pferdehals kurz verknotet oder durch Drehen verkürzt und unter dem Kehlriemen hindurch so zum Pferdehals geführt, daß der rechte Zügel nach links und der linke Zügel nach rechts laufen und auf dem Hals zusammengeschnallt werden können.
Man kann aber auch die Trensenzügel zum Ausbinden benutzen, dabei soll das Pferd gerade gestellt und die Stirnlinie vor der Senkrechten bleiben. Eine andere Möglichkeit beim Fehlen eines Führzügels ist, das Pferd mit dem rechten Trensenzügel auszubinden und es mit dem linken Trensenzügel zu führen.
Muß in besonderen Situationen einmal mit mehreren Handpferden geritten werden, wird auf jeder Seite ein Handpferd geführt. Diese Aufgabe erfordert erfahrene und umsichtige Reiter und ruhige und verkehrssichere Pferde und sollte immer die große Ausnahme sein.

Packpferd

Wer auf einem Wanderritt auf alle zu Hause gewohnten Bequemlichkeiten nicht verzichten möchte, braucht ein Packpferd. Ihm bürdet er als Traglast alles Gepäck, Ausrüstung und für das Leben „im Wald und auf der Heide" unverzichtbare Gut auf.
Damit das Reiten mit dem Packpferd nicht zu einer zusätzlichen Belastung wird, abgesehen vom Füttern und Pflegen, muß es nach Größe, Gang und Temperament gut zum Reitpferd passen. Für diese Aufgabe muß es vor Antritt eines Wanderrittes ausreichend vorbereitet werden.
Die besondere Ausrüstung des Packpferdes wird auch von der Traglast bestimmt werden. Wenn die mitzuführende Last nach Art, Menge und Gewicht nicht allzusehr ins Gewicht fällt, mag als Packsattel ein Western- oder Trachtensattel genügen. Sind gewichtigere Mengen mitzuführen, wird man auf einen ausgesprochenen Packsattel oder ein Tragegestell nicht verzichten können. Da und dort sind im Handel noch Packsättel und Tragegestelle aus Beständen der ehemaligen Wehrmacht zu haben. Tragesättel wurden und werden auch von den Gebirgsjägern der Bundeswehr benutzt und sind sehr wahrscheinlich auch im Fachhandel zu erhalten. Als Zaumzeug empfehle ich die Wassertrense, weil die Einwirkung auf das Pferd dadurch sicherer wird, andere wiederum begnügen sich mit einem Stallhalfter.
Zum Packsattel gehören auch immer das Vorder- und das Hinterzeug. Geführt wird das Packpferd wie ein Handpferd, falls es

Reiten mit Handpferd. So schön sieht es aus, wenn Pferde und Reiter eins sind.

ausgebunden wird, immer nur rechts. Der Führzügel wird in den linken Trensenring geschnallt. Durch das Ausbinden darf das Packpferd nicht nach rechts gestellt werden, sondern es soll die zum Geradeausgehen notwendige Hals- und Kopfstellung behalten.
Zum Ausbinden ohne besonderen Ausbindezügel empfehle ich, den rechten Trensenzügel durch einen zusätzlichen Riemen mit Schnallen und Schlaufen zu verlängern. Den linken Trensenzügel verlängern wir auch, aber durch einen Lederriemen mit Handschlaufe. Beim Reiten mit Packpferd muß mit ganz besonderer Sorgfalt gesattelt und gegurtet werden. Vor allem muß die Last gleichmäßig auf beide Seiten verteilt werden, um Drücke zu vermeiden. Bei langen Ritten sollten wir immer ein Auge für das Packpferd und dessen Last haben und durch längere Rasten, häufiges Tränken und gute Pflege für Marscherleichterung sorgen, da die tote Last das Packpferd stärker fordert als die Last des Reiters das Reitpferd.

Oben: Abendstimmung am Watt.
Unten: Wanderreiter sind Frühaufsteher.

Versicherungs- und Rechtsfragen

Das Gebiet der Versicherungen ist ein so weites Feld, daß wir diese Frage nur berühren wollen, um den Leser daran zu erinnern, daß es ohne Versicherung eben nicht geht. Da wir nun einmal Pferdebesitzer oder Reiter auf gemieteten Pferden sind, kann ein Unfall nicht nur uns persönlich Schaden zufügen, sondern auch anderen Personen oder Sachen. Wenn wir also verantwortungsvoll sind, haben wir bereits eine Unfallversicherung und eine Haftpflichtversicherung abgeschlossen. Denn der Versicherungsschutz desjenigen, der uns ein Pferd für einen Wanderritt zur Verfügung stellt, reicht nicht aus, wenn das Pferd – ob wir im Sattel sitzen oder nicht – einen Schaden verursacht. Dann sind wir gefragt – nach unserem Versicherungsschutz. Denn zunächst sind wir Reiter vor dem Gesetz haftpflichtig: entweder als Tierhalter, wenn wir ein eigenes Pferd besitzen, oder als Tierhüter, wenn man uns ein Pferd anvertraut hat. Eine besondere Reiter-Unfallversicherung sollten wir zusätzlich abschließen, die Prämien sind gar nicht so hoch.

Reiter, die Mitglieder eines Reitvereins sind, werden durch ihren Beitrag zur Versicherung, der mit dem Vereinsbeitrag erhoben wird, über den jeweiligen Landessportbund nur für Veranstaltungen ihres Vereins (Turniere, Übungsstunden usw.) versichert, nicht aber für privates Reiten. Zwar ist es seit dem 1. 1. 75 möglich, zu dieser Versicherung durch die Reitvereine bei der Deutschen Reiterlichen Vereinigung (FN) eine Zusatzversicherung abzuschließen, die auch das Freizeitreiten einschließt. Doch liegen noch wenige Erfahrungen darüber vor, was diese Versicherung im Ernstfall – er möge nie eintreten – wert ist.

Reiter-Unfallversicherung

Sie schützt zwar nicht vor dem Herunterfallen, aber vor den möglichen finanziellen Folgen eines Reitunfalls durch Leistungen wie Krankenhaustagegeld, Genesungsgeld, Invaliditätsentschädigungen, Heilkostenerstattung usw. bis zur „Todesfallentschädigung".

Wer als Mitglied z. B. eines Reitvereins bereits den Schutz einer „Gruppenunfallversicherung" genießt, sollte das in einem Beratungsgespräch angeben und die abzuschließende private Versicherung zur Erweiterung und Ergänzung der „Gruppenunfallversicherung" verwenden.

Nun wünscht sich freilich niemand einen Reitunfall oder begibt sich absichtlich in Situationen, die zu einem Unfall führen können. Doch ist allgemein zu wenig bekannt, daß der bei einer Minderheit zu beobachtende zu häufige Griff zum „Flachmann" und die damit verbundene mögliche Trunkenheit den Versicherungsschutz in Frage stellen. Denn zu den Pflichten des Versicherungsnehmers gehört, alles zu vermeiden, was das Unfallrisiko erhöhen könnte. Weiterhin weise ich darauf hin, daß durch die übliche Reiter-

Unfallversicherung nur der Personenschaden, nicht aber der Sachschaden gedeckt wird.

Pferdehalter-Haftpflichtversicherung

Diese Sparte schließt so viele Risiken ein, die grundsätzlich eingeschlossen oder auch grundsätzlich ausgeschlossen sind und deshalb einer besonderen versicherungsvertraglichen Vereinbarung bedürfen, daß jedem nur geraten werden kann, die von den Versicherern angebotenen Möglichkeiten zu eingehenden Beratungsgesprächen und einer alle Risiken wirklich abdeckenden Versicherung – einschließlich der Höhe des Deckungsbeitrages – anzunehmen.
Mit der grünen Saison zieht es uns wieder stärker hinaus. Die Pferde auf die Weide und Pferd und Reiter in die nähere und weitere Umgebung. Damit verbunden ist – und das nicht nur für den Urlaub – der Transport des Pferdes im Hänger, einschließlich der Unterbringung des Pferdes in fremden Ställen oder auf fremden Weiden. Den damit verbundenen Risiken begegnet man gelassener mit einer Weidetier-, der Transport- und der Pferde-Lebensversicherung.

Weidetierversicherung

Von ausgebrochenen oder gestohlenen Pferden hören wir leider zu oft. Kein noch so hoher und fester Weidezaun bietet absolute Sicherheit. Eine Weidetierdiebstahlversicherung hilft das Risiko tragen und sollte nicht nur für die Weidesaison am Wohnort, sondern für das ganze Jahr und jeden Ort abgeschlossen werden; sie sollte auch Abschlachten, Ausbrechen und Blitzschlag einschließen.

Transportversicherung

Wer mit seinem Pferd zu einem weiter entfernten Ort als Ausgangspunkt für einen Wanderritt möchte oder in den Urlaub fährt, braucht ein Zugfahrzeug und einen Pferdetransportanhänger. Mit dem eigenen Pkw haben die meisten Fahrzeugbesitzer auch den von allen Versicherern angebotenen „Schutzbrief“. Dieser gilt in der Regel auch für mitgeführte Hänger. Überprüfen sollten wir allerdings, ob der Schutzbrief auch für den eigenen oder geliehenen gilt. Noch wichtiger aber ist der Versicherungsschutz für das „Transportgut Pferd“ gegen alle mit dem Transport – also auch dem Verladen! – entstehenden Schäden. Gegen diese Risiken sollten wir versichert sein.

Rechtsfragen

Mit der rechten Beleuchtung sind wir Reiter gegen das Einbrechen von Dunkelheit, Dämmerung, Nebel, Schneetreiben oder ähnliche Unbilden gewappnet. Wie wir uns angesichts der hereinbrechenden Flut von Veröffentlichungen, Verlautbarungen, Verordnungen, Verwaltungsakten, Kommentaren und Gesetzen zum Reiten im Wald verhalten sollen, ist weder mit einem Satz noch mit einem Buch rechtsverbindlich zu sagen. Denn das neue Bundeswaldgesetz öffnet zwar grundsätzlich den Reitern den Wald, überläßt aber die Einzelheiten den Ländern. Die Länder wiederum übertragen die Anwendung der jeweiligen Landeswaldgesetze den Landkreisen und kreisfreien Städten.

§ 14 Betreten des Waldes

Hier nun der für uns Reiter so wichtige § 14 des Gesetzes zur Erhaltung des Waldes und zur Förderung der Forstwirtschaft (Bundeswaldgesetz) vom 2. Mai 1975:

(1) Das Betreten des Waldes zum Zwecke der Erholung ist gestattet. Das Radfahren, das Fahren mit Krankenfahrstühlen und das Reiten im Walde ist nur auf Straßen und Wegen gestattet. Die Benutzung geschieht auf eigene Gefahr.

(2) Die Länder regeln die Einzelheiten. Sie können das Betreten des Waldes aus wichtigem Grund, insbesondere des Forstschutzes, der Wald- oder Wildbewirtschaftung, zum Schutze der Waldbesucher oder zur Wahrung anderer schutzwürdiger Interessen des Waldbesitzers einschränken und andere Benutzungsarten ganz oder teilweise dem Betreten gleichstellen.

Der Teufel steckt auch hier – wie immer – im Detail. Es wird Aufgabe aller Betroffenen sein, der Forstleute, Spaziergänger, Wanderer und Reiter, um nur diese für alle anderen zu nennen, dem Gesetz durch ein gutes Miteinander Leben zu geben. Schließlich möchten alle Waldbesucher nur das eine: sich im Wald entspannen und erholen durch Reiten, Wandern, Spazierengehen, Hegen und Pflegen.

Die Landesregierung von Nordrhein-Westfalen hat dem neuen Bundeswaldgesetz und den berechtigten Wünschen der Reiter schon Rechnung getragen und das „Reitverbot" vom 29. Juli 1969 aufgehoben. Das neue Landschaftsschutzgesetz vom 23. 1. 1975 gestattet das Reiten grundsätzlich auf allen öffentlichen wie nichtöffentlichen Wegen, soweit dem nicht Vorschriften der Straßenverkehrsordnung entgegenstehen. Reiterfreundlich sind auch die gesetzlichen Bestimmungen in Niedersachsen, Hessen und Baden-Württemberg. Der Gesetzgeber will hier ganz bewußt das Reiten in der freien Natur als eine sinnvolle und erholsame Freizeitbeschäftigung fördern und unterstützen.

Die Gesetzgebung der Bundesländer ist auch nicht viel besser, mit der rühmlichen Ausnahme der neuen Bundesländer in Mittel- und Norddeutschland. In der Sportordnung des Deutschen Pferdesport-Verbandes der ehemaligen DDR stand zum „Reiten im Gelände" nur der diesbezügliche Satz: „Beim Reiten im Gelände ist auf Fußgänger und Fahrzeuge Rücksicht zu nehmen." Diese sind bei der über viele Jahrhunderte bewährten Praxis geblieben und erlauben das Reiten z. B. auch auf Wanderwegen und Fußwegen, eine auch in den sogenannten alten Bundesländern bis zum Erlaß des Bundeswaldgesetzes übliche Praxis. So gab der bekannte Reiter und Fahrer Max Pape in einem 1948 erschienenen Buch für „Dauerritte" den Rat: „Am besten reitet man auf Fußwegen." Der Mann ist noch geritten, was ich für viele Reiterfunktionäre, von Politikern gar nicht zu reden, in Frage stellen möchte, denn sonst hätte es zu einem für Reiter und Fahrer so unfreundlichen Bundeswaldgesetz nicht kommen können.

Festzuhalten bleibt, daß die Rechtsvorschriften der Bundesländer flächendekkend zu regeln versuchen, was einer Regel nur für Ballungsgebiete bedarf. Der Wanderreiter, der das landschaftliche so schöne Deutschland mit seinem Pferd wandernd erleben möchte, betritt einen rechtsunsicheren Raum und muß auch

Mißbrauch und Willkür fürchten, weil oft auch den sogenannten „Hoheitsträgern" die Rechtslage nicht bekannt ist. Dazu trägt auch bei, daß es noch keine Sammlung aller für das Reiten in der freien Landschaft geltenden Gesetze und Vorschriften für die Bundesrepublik Deutschland gibt.

Zum Reitrecht in Österreich

„Österreich ist das einzige Land in Europa, dessen Gesetzgebung das Reiten im Wald nicht von vornherein gestattet. Man ist von der Zustimmung des Grundeigentümers abhängig und praktisch auf jene Wege angewiesen, die Konflikte mit Waldbesitzern und Jägern ausschließen, also auf Reitwege." So stand es 1991 in der Pferde Revue, dem offiziellen Organ des Bundesfachverbandes für Reiten und Fahren in Österreich. Nun ist es allerdings in der Praxis des Reitens nicht so hoffnungslos, wie es sich hier liest. Denn ausgeschlossen wird ja nur das Reiten auf bestimmten nichtöffentlichen Straßen und Wegen. Eine Regelung, wie wir sie in Deutschland auch haben. Es sind solche, auf denen das Reiten durch entsprechende Hinweise nicht erlaubt ist. Auf allen anderen öffentlichen Straßen und Wegen ist das Reiten erlaubt, wenn es nicht vom Gesetzgeber durch ein Gebots- und Verbotszeichen verboten wurde.
Wie in Deutschland auch, müssen durch entsprechende international gültige Verbots- und Gebotszeichen gekennzeichnete Straßen und Wege auch benutzt werden. Man kann also z.B. auf den öffentlichen Straßen oder Wegen von Ort zu Ort reiten oder durch Wien, aber welcher Wanderreiter will das schon. Deshalb arbeiten der Bundesfachverband und die Zentrale Arbeitsgemeinschaft der Pferdezüchter Österreichs (ZAP) unter Federführung seines Wanderreitreferenten am Ausbau von „Wanderreitwegen". Diese „Reitwanderwege" sind durch „gelbe Hufeisen" markiert und führen durch die schönsten Landschaften Österreichs. Das Bemühen des Bundesfachverbandes ist es, die Freizügigkeit für alle Reiter zu erlangen, die sich korrekt verhalten, d.h. Verbote und Gebote beachten und im Umgang mit anderen Menschen sich ritterlich, wie Reiter eben, verhalten.
Zur Einreise nach Österreich werden für das Pferd gefordert (ohne Gewähr):

1. Coggins-Test (gilt vier Wochen)
2. Identitätsbescheinigung
3. Amtstierärztliches Zeugnis
4. Impfpaß
5. Zollkaution
6. Zollgebühren.

Zum Reitrecht in der Schweiz

Der Verkehr auf den Straßen und Wegen der Schweiz wird durch das Bundesgesetz über den Straßenverkehr (SVG) und die Verordnung über die Straßenverkehrsregeln (VRG) geordnet. Wichtigste Grundregel nach SVG Art. 26, Abs. 1 ist: „Jedermann muß sich im Verkehr so verhalten, daß er andere in der ordnungsgemäßen Benützung der Straße weder behindert noch gefährdet."
Und Artikel 1 der SVG: „Jeder Weg gilt als Straße und die Benutzer müssen sich gemäß Straßenverkehrsgesetz verhalten."
Im übrigen sollten die in Deutschland geltenden Gesetze und Vorschriften für die Teilnahme am Straßenverkehr angewendet werden. Das heißt:

1. Reiter sind Verkehrsteilnehmer und müssen die geltenden Verbote und

Gebote und Verkehrsregeln beachten. Das gilt auch für das Führen des Pferdes.
2. Die Beleuchtungspflicht muß beachtet werden.
3. Wie in Deutschland gilt das runde weiße Schild mit rotem Rand „Allgemeines Fahrverbot“ auch in der Schweiz für Reiter und Führer von Pferden nicht.
4. Das Gebot „Reitweg“, weißer Reiter auf blauem Schild, verpflichtet zur Benutzung.
5. Das Reitverbotsschild „Reiter auf weißem Schild“, ist in der Schweiz anders als in Deutschland unverbindlich. Das runde gesetzlich verbindliche Verbotsschild zeigt auf weißem Grund mit rotem Rand nur ein blankes auf einem Balken stehendes Pferd, von dem nur drei Beine zu sehen sind.

Ergänzt werden die Verbots- und Gebotszeichen durch Hinweistafeln der Reitwegekommissionen, Kommissionen Pferd und Umwelt der Reitsportverbände, Verband Ostschweizerischer Kavallerie- und Reitvereine (OKV), Zentralschw. Kavallerie- und Reitsportvereinigung (ZVK), verbunden mit einem Aufkleber mit dem Hinweis für den Grund der Sperrung und der für Rückfragen zuständigen Behörde bzw. Kommission. Zusätzlich weist ein Aufkleber auf den Grund der Sperrung und die für Rückfragen zuständige Behörde bzw. Kommission hin.

Die in der Schweiz für Reiter und Pferd geltenden gesetzlichen Vorschriften sind aber kein Paragraphendickicht. Doch sei allen, die Gastfreundschaft nicht mißbrauchen wollen, die Broschüre von Pierre Burkhardt „Das Pferd im Straßenverkehr“, die beim Sekretariat des Schweizerischen Verbandes für Pferdesport oder bei P. Burkhardt (Adressen Seite 232) erhältlich ist zur Vorbereitung eines ungetrübten Aufenthaltes in der Schweiz empfohlen.

Zur Einreise in die Schweiz werden für das Pferd gefordert (ohne Gewähr):
1. Das Carnet A.T.A., ein Zollpassierscheinheft, das von den Industrie- und Handelskammern (IHK) ausgegeben wird
2. Einfuhrfreipaß
3. Coggins-Test
4. Identitätsbescheinigung
5. Impfpaß
6. Amtstierärztliches Zeugnis
7. Zollkaution
8. Zollgebühren.

Adressen und Informationen

Die Aufstellung gibt nicht flächendekkend und vollständig die Adressen der Quartiere für Wanderreiter und der Veranstalter von Wanderritten an, das ist bei der Fülle von Möglichkeiten unmöglich. Doch werden die genannten Verbände, Redaktionen, Bücher, Broschüren und Veranstalter uns mit Informationen über Quartiere und Wanderritte meistens helfen können. Der einfachste und beste Weg ist:

- schriftlich anfragen
- adressierten Freiumschlag beilegen
- Wünsche klar formulieren: wann, wo, wieviel Pferde und Reiter
- Kostenerstattung (z. B. für EDV-Adressenlisten anbieten).

Als wichtigste Berater und Helfer bei der Vorbereitung eines Wanderrittes sind vor allem die großen Reiterverbände zu nennen. Sie bilden ja nicht nur Wanderreiter und Berittführer aus, sind auch nicht nur Veranstalter von Freizeitreitertagen und Wanderritten, sondern besitzen auch aktuelle Adressen von Quartieren für Wanderreiter, Ausbildungsmöglichkeiten für Wanderreiter und das Angebot von Wanderritten für jedermann.

Deutschland

Deutsche Reiterliche Vereinigung (FN)
Frhr.-v.-Langen-Str. 13
48231 Warendorf 1
Telefon (0 25 81) 63 62 01

Auch die der Deutschen Reiterlichen Vereinigung angeschlossenen Landesverbände sind zu nennen, deren Adressen über die FN erfragt werden können.

Islandpferde-Reiter- und Züchterverband e.V. (IPZV)
Lohrbergstr. 15 a
53604 Bad Honnef
Telefon (0 22 24) 8 03 40

Vereinigung der Freizeitreiter in Deutschland e.V. (VFD) – Verband der Gelände- und Wanderreiter –
Bundesgeschäftsstelle: Manuel Sauda
Am Bauernwald 5 b
81739 München
Telefon (0 89) 6 01 16 14

Erster-Trekking-Club Deutschlands e.V. (ETCD), c/o Norbert G. Koschyk
Bergmühle
84104 Rudelzhausen
Telefon (0 87 54) 4 85

Verein Deutscher Distanzreiter und -fahrer e.V. (VDD)
Baumschule 4–6
49577 Ankum
Telefon (0 54 62) 81 15

Österreich

Bundesfachverband für Reiten und Fahren in Österreich
Wanderreitreferat
Prinz Eugen Str. 14/16 a
A-1040 Wien

Schweiz

Schweizerischer Verband für Pferdesport (SVP) Blankweg 70
CH-3072 Ostermundingen 2

Interessengemeinschaft der Freizeitreiter (IGF) Moosrainweg
CH-3053 Münchenbuchsee.

Pierre Burkhardt
Weiterbildungszentrum
Langenhaardt 53
CH-8555 Müllheim/TG
Telefon (00 41 54) 63 35 10

Schweizerische Vereinigung für Wanderreiten und Pferde-Tourismus (SVPT)
Jean-Claude Chollet
Ferme de la Daudaz
CH-1521 Curtilles

Innerschweizer Trekking- und Distanzreiter-Verein
c/o Elsbeth Brunner
Rüti
CH-6206 Neuenkirch
Telefon (00 41 41) 98 26 89

„Reiterferienbroschüre" (Kontaktadressen, Verkehrsvereine, Reiterhöfe usw.).
Zu beziehen beim
Pegasus Pferde Magazin (Hrsg.)
Sulzstr. 12
CH-9403 Goldach

Frankreich

Délégation Nationale au T.E. ANTE
170, quai de Stalingrad
Parc de l'Ile St. Germain
F-92130 Issy-les-Moulineaux

Gens Equestre Européenne (G.E.E.)
Président C. Libes, 15
rue A. Marquet
F-95560 Montsoult

Christian Mingasson
La Ferme du Veyret
Route de Camps
F-26220 Dieulefit/Drome

La Drôme a Cheval
21 rue de Royans
F-26100 Romans

„Le guide du tourisme a cheval"
zu beziehen über
M. A. Editions
8, rue Garancière
F-75006 Paris

Féderation Internationale de Tourisme Equestre (FITE)
c/o Deutsche Reiterliche Vereinigung e.V. (FN)
Frhr.-v.-Lange-Str. 13
D-48231 Warendorf 1

Publikationen

Die folgenden Publikationen informieren über Wanderreitwege und Adressen für Quartiere und von Tierärzten und Hufschmieden.

Lichters, Peter: Der Deutsche Reiterpfad Nr. 1 – Niedersachsen – Wanderungen zu Pferde von der Elbe bis zur Weser. Hrsg.: Reiterverband Hannover-Bremen, Johannsenstr. 10, 30159 Hannover, Telefon (05 11) 32 57 68.

Salg, R., Dippel, H.: Der Deutsche Reiterpfad Nr. 1 – Hessen – Wanderungen zu Pferde von der Weser bis zum Neckar. Friedberg: Ahnert-Verlag.

Saarland-Rundreitweg. Saarländischer Reiterverband e.V., Saarufer 16, 66117 Saarbrücken.

Urlaub im Sattel. Ein Führer zu FN-anerkannten Reitbetrieben in der Bundesrepublik Deutschland. Hrsg.: Deutsche Reiterliche Vereinigung (FN), Warendorf. Warendorf: FN-Verlag.

Ferien auf dem Lande. Urlaub–Hobby–Wochenende. Landschriften-Verlag, Heerstr. 73, 53111 Bonn.

Schaefer, Hans-Ulrich: Badischer Reiterpfad. Baden-Baden. 1978.

Schaefer, H.-U., Tunnat, H. G.: Reiteratlas. Die schönsten deutschen Reitgebiete. Hamburg. 1981.

Bayerns Pferde: Die Zeitschrift hat vor einigen Jahren Tourenvorschläge für Reitwanderungen in Bayern veröffentlicht. Die Redaktion berät sicher gern: BLV Verlagsgesellschaft mbH, Postfach 40 03 20, 80703 München, Telefon (0 89) 1 27 05-0.

Freizeit im Sattel: Ein Unterkunftsverzeichnis wird gegen Erstattung der Unkosten zur Verfügung gestellt. Venusberg 10, 53115 Bonn.

Reiten zwischen Elbe & Heide. Eine Broschüre mit 17 Rundreitwegen im Überblick (Routenbeschreibung, Quartiere usw.). Urlaubsland Romantische Heide, Postfach 12 04, 21271 Hanstedt, Telefon (0 41 84) 8 03 27.

Reit- und Fahrtouren in der Lüneburger Heide – Naturpark Elbufer – Drawehn – Wendland –. Tourenvorschläge für Wanderreiter mit und ohne Pferd, Gepäckservice, Ersatz-Pferd. Prospekt mit Karte, Verzeichnis der Wanderreitstationen usw. anfordern bei: Peter Kügler, Dörpstraat 2, 29481 Karwitz, OT Lenzen.

Wanderritte

Übersicht über die derzeit in der Bundesrepublik Deutschland jährlich stattfindenden offen ausgeschriebenen Wanderritte.

Versch. Wanderritte um Pussade (Göhrde, Nordheide, Südheide, Naturpark Elbufer-Drawehn). Info: Peter Ludwig, Reiterhof Pussade, 29456 Hitzacker, Telefon (0 58 62) 72 04.

Soltauer Wanderritt (Nordheide). Info: H. Bade, Freudenthaler-Str. 5, 29633 Munster, Telefon (0 51 92) 22 84.

Peter-Lichters-Wanderritte durch Niedersachsen. Info: P. Lichters, Emhof 3, 29614 Soltau, Telefon (0 51 90) 3 59.

Ostfriesischer Wanderritt. Info: Uplengener RV, Kolkweg 3, 26670 Uplengen, Telefon (0 49 56) 6 72.

Wanderritt durchs Hahnenmoor (nördl. Teutoburger Wald). Info: Reit- und Fahrverein Berge e.V., 49584 Fürstenau, Telefon (0 59 01) 3 01 66 oder (0 54 35) 6 86.

Reichswaldritt (Niederrhein). Info: Verband der Reit- und Fahrvereine Rheinland e.V., Endenicher Allee 60, 53115 Bonn, Telefon (02 28) 70 34 29.

Siebengebirgs-Wanderritt = wie Reichswaldritt.

Rhönritt. Info: Kreisreiterbund Fulda, Jutta Ruppert, Universitätsplatz 1, 36037 Fulda, Telefon (06 61) 7 85 16.

Verschiedene Wanderritte im Burgwald und Nordhessen. Info: Verein der Wanderreiter Simtshausen, Familie Muth, Am Rödchen 10, 35117 Münchhausen/OT Simtshausen, Telefon (0 64 23) 78 83.

Ottersheimer Wanderritt. Info: Reitclub St. Georg-Ottersheim, Reitstall, 67308 Ottersheim.

Eifel-Wanderritt. Info: Turn- und Wintersportverein, Abt. Reiten, Postfach 12, 53518 Adenau, Telefon (0 26 91) 23 23.

Wanderritt Hunsrück. Info: Wanderreiter Hunsrück, Am Kirchberg 12, 54314 Hentern.

Haberscheider Wanderritt. Info: Reiterclub Haberscheid e.V., Käthe Zimmermann, Am Auenberg 10, 56305 Puderbach-Haberscheid, Tel. (0 26 84) 72 50.

Kleeblatt-Rallye (Westerwald). Info: Pferdesportfreunde Niederraden, Wolfgang Schneeloch, Friedrichstr. 3, 54675 Niederraden, Telefon (0 26 35) 49 66.

Maischeider Wanderritt (Westerwald). Info: Reiterfreunde Maischeid, Postfach 20, 56276 Großmaischeid.

Rund um die Neuerburg (Westerwald). Info: Reiterverein Kurtscheid, Gisbert Buslei, Dorfstr. 7, 56581 Kurtscheid, Telefon (0 26 34) 86 30 oder (0 26 31) 5 64 95.

Dreieich-Patrouille (Raum Frankfurt). Info: Charles Bodet du Chôdes, Speyerer Str. 2–4, 60327 Frankfurt/M., Telex 17/6 99 71 86, Telefax 0 69/ 73 55 36.

Verschiedene Ritte Main-Neckar (Südhessen) – auch Gespannfahrten. Info: Kreisreiterverband Offenbach und Coaching Club Untermain, Rudolf Salg, Bleichstr. 69, 63065 Offenbach/ M. Telefon (0 69) 81 47 38.

Südmain-Sterntour, Reiter und Gespanne. Info: RuFV Babenhausen, Willi Geißler, Ziegelhütterstr. 48, 64832 Babenhausen.

Verschiedene Wanderritte in Oberhessen. Info: Bezirkreiterbund Oberhessen-Mitte, Franz Kutzki, Mahlegasse 15, 63674 Altenstadt, Telefon (0 60 47) 27 74.

Verschiedene Ritte des 1. Trekking-Clubs, z. B. Hohenlohe-Ritt. Info: Eberhard Walz, Winterberg 4, 74542 Braunsbach, Telefon (0 79 05) 10 99.

Rutesheimer Ritt. Info: Andrea Illeson, Rennerstr. 9, 71277 Rutesheim, Telefon (0 71 52) 5 23 73.

Schwarzwald-Ritt. Info: Franziska Liebelt-Greule, Bergstr. 22, 75365 Altburg/ Cw, Telefon (0 70 51) 5 85 47.

Welzheimer-Wald-Ritt. Info: Eva Eisenmann, Gschwender Str. 5, 73642 Welzheim, Telefon (0 71 82) 78 89.

Bodensee-Ritt. Info: Reiterring Bodensee, Toni Steidle, Buchhof, 78315 Radolfzell.

Verschiedene Rexhof-Wanderritte zwischen Rhein und Pfälzer Wald. Info: Rexhof, 67122 Altrip/Pfalz, Telefon (0 62 36) 37 65.

Wanderritte des Landesverbandes Rheinland-Pfalz, z. B. „Rund um den Donnersberg", „Hunsrückschleife" und Prüfungsritte für das Wanderreitabzeichen. Info: Landesverband der Reit- und Fahrvereine Rheinland-Pfalz e.V., Burgenlandstr. 7, 55543 Bad Kreuznach, Telefon (06 71) 6 28 10.

Pfalz-Orientierungsritt und weitere Ritte im Pfälzer Wald. Info: Wanderreiter Pfälzerwald e.V., Weißenbachstr. 129, 67475 Weidenthal/Pfalz, Telefon (0 63 29) 5 44, und RV Heimkirchen, Bergstr. 16, 67700 Heimkirchen.

Drei-Helmen-Ritt und weitere Ritte in Niederbayern. Info: Eberhard Gerleigner, Querstr. 3 a, 84034 Landshut, Telefon (08 71) 6 20 91.

Reiterparadiese nah und fern

Die nachfolgenden Streckenpläne sollen und können die eigene Planung nicht ersetzen, sondern sind als Anregung für die eigene Vorbereitung eines Wanderrittes gedacht. Dabei wurden mit Bedacht die Streckenpläne nicht fortlaufend von Ort zu Ort aufgeführt, sondern eher von Etappe zu Etappe, bzw. es wurden nur die für das vorgestellte Gebiet dem Autor wichtigen Orte genannt. Deutschland ist reich an schönen Landschaften, die zu Wanderritten abseits der großen Städte und Straßen einladen. Der Leser möge bitte Verständnis haben, wenn sein Heimatgebiet nicht erwähnt wird, die Fülle der Möglichkeiten würde den Rahmen dieses Buches sprengen.

Durch die Lüneburger Heide

Meine Empfehlung für alle, die die Lüneburger Heide lieben oder sie kennenlernen möchten, ist ein Heideritt, wie ich ihn vor einigen Jahren im Mai unternommen habe und an den ich sehr gerne zurückdenke. Dieser Ritt führte mich von Gifhorn als Ausgangspunkt durch die Südheide nach Verden (Aller) und wieder zurück nach Gifhorn.
Verladen des Pferdes zum Ausgangspunkt des Rittes – der nicht unbedingt Gifhorn sein muß – ist unumgänglich. Auch Wilsche, Ettenbüttel, Wahrenholz und andere Orte des Heidekreises bieten sich an. Unumgänglich ist auch die gute Quartierplanung, wobei die Verkehrsvereine, Reitställe und Wirte (siehe Kasten) nach den von mir gemachten Erfahrungen gerne behilflich sind.
Die folgenden Hinweise zum Heideritt schließen die eigene Planung nicht aus, sondern sind nur Tips, die Lust zum Ritt machen sollen, ohne aber die eigene Entscheidungsfreude zu beeinträchtigen. Auch können die einzelnen Etappen kürzer oder länger gehalten werden. Kurze Etappen lassen sich durch Umwege verlängern, wobei die Umwege als Bereicherung zu verstehen sind. Für den Wanderreiter ist das Unterwegssein wichtiger als das direkte Überwinden von Entfernungen in gerader Linie.

1. Etappe

Aufbruch von Gifhorn-Winkel entlang des Allerkanals über Brenneckenbrück nach Wilsche. Wilsche über die Bahnlinie durch die Ringelaher-Heide in Richtung Ummern verlassen. Eine gute Orientierungshilfe auf dem Wege nach Ummern ist der weithin sichtbare Funkturm. Wer sich Zeit lassen will oder hat, dem sei ein Umweg über Hahnenmoor empfohlen. Hier oder in Ummern Mittagspause. Von Ummern aus weiter über Zahrenholz nach Steinhorst. Der Gasthof Heine in Steinhorst mit den Stallungen der ehemaligen Hengststation ist ein sehr empfehlenswertes Quartier für Pferd und Reiter.

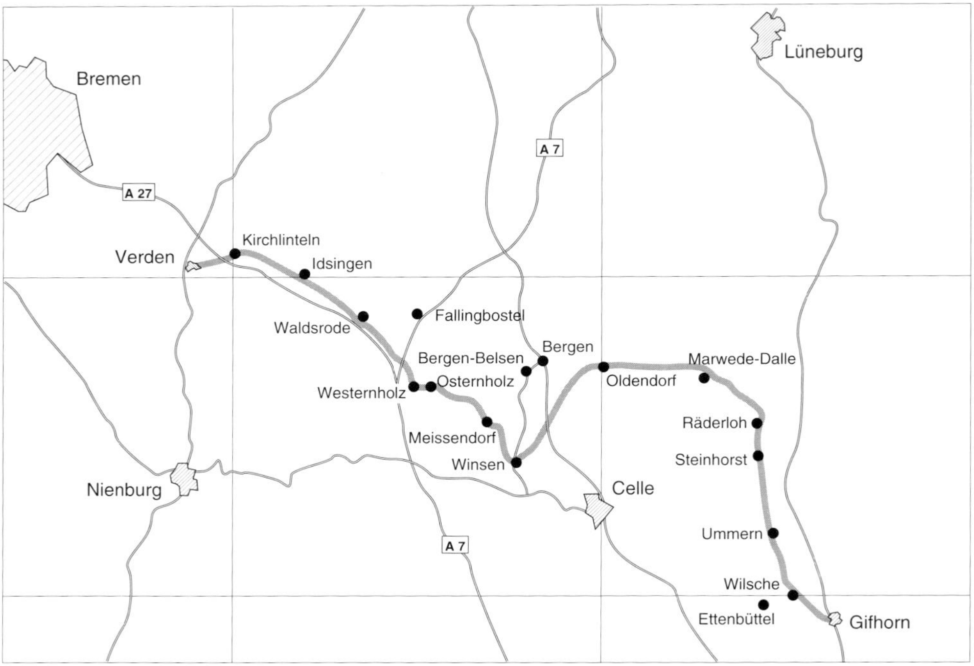

2. Etappe

Von Steinhorst aus an Räderloh vorbei in Richtung Marwede-Dalle nach Lohe. Dort hat man eine gute Möglichkeit zur Mittagspause. Danach weiter durch die Starkshorner Heide über Severloh, Dehningshof nach Oldendorf bei Hermannsburg. Auch Severloh und Dehningshof bieten für Pferd und Reiter Quartiermöglichkeit, wenn man nicht der großen Verlockung zum Bleiben erliegt, um die vielen Reitmöglichkeiten auszukosten. Ist unser Tagesziel aber Oldendorf, dann ist das auch gleichbedeutend mit der Hotelpension „Im Oertzetal", mit ihren geräumigen Boxen für die Pferde. Dazu Selbsttränken, gute Einstreu, Hafer und Heu.

3. Etappe

Die Marschrichtung heißt Bollersen und die von Belsen nach Winsen führende Straße, der wir auch ein kleines Stück bis zum Parkplatz des „Dokumentationszentrums" folgen. Vom Parkplatz (der Südwestecke) führt ein schöner unbefestigter Weg über Gudenholz nach Meißendorf. Für die Mittagsrast empfiehlt sich Meißendorf. Von Meißendorf dann zur „alten Panzerstraße" und auf dieser – an dem martialischen Namen sollte man sich nicht stoßen – erwartet uns ein herrlicher Ritt, auch Bäche müssen auf gut gekennzeichneten Furten durchfurtet werden, nach Ostenholz–Westenholz, wo sich auch Übernachtungsmöglichkeiten bieten. Wer weiter strebt, dem sei Krelingen empfohlen.

4. Etappe

Von Krelingen zur Düshorner Heide, wobei wir das Hindernis Autobahn besser durch eine der sich anbietenden Unterführungen überwinden. Wenn wir die Autobahn auf einer der Überführungen überqueren wollen, dann rate ich, vor allem bei starkem Verkehr, abzusitzen und das Pferd zu führen. Beim Bahnhof Beetenbrück überqueren wir die Bahnlinie und die zur Autobahnanschlußstelle Walsrode-Süd führende Bundesstraße zur Ahrensheide. Weiter in Richtung Benzen und zur Schneeheide. Dabei haben wir die Autobahn immer zur rechten Hand. Wir überqueren die B 209 und danach auf der zweiten Überführung die Autobahn und reiten dann weiter in Richtung Fulde–Geckendorf–Idsingen–Kükenmoor und Kirchlinteln nach Verden (Aller).
Man kann diese Strecke mit einem trainierten Pferd, gutem Orientierungsvermögen und guter Vorbereitung auch in drei Tagen zurücklegen. Auch mehr Zeit lassen kann man sich. Das steht in jedermanns Belieben.
Für den Rückmarsch zum Ausgangspunkt, wo man ja den Hänger hat stehen lassen (es sei denn, man hat ihn zum Zielort nachgeholt), wählt man, wenn man die gleiche Strecke nicht wieder reiten möchte, eine andere Route. Etwa seitlich nach links oder rechts versetzt mit den alten Quartieren oder eine völlig neue Strecke mit anderen Quartieren. Möglichkeiten gibt es viele und der Unternehmungslust im Rahmen des Erlaubten sind keine Grenzen gesetzt. Zur Orientierung sind Karten unerläßlich.

Karten

Topographische Karten 1:50 000: L 3528 (Gifhorn), L 3326 (Celle), L 3328 (Hankensbüttel), L 3324 (Wietze), L 3126 (Munster), L 3124 (Soltau), L 3122 (Walsrode), L 3120 (Verden/Aller).
Wanderkarte Naturpark Südheide. Hrsg. Niedersächsisches Landesverwaltungsamt mit vielen wichtigen Hinweisen über den Naturpark Südheide.

Informationen, Unterkünfte

Landkreis Gifhorn
Abt. Fremdenverkehr
Kreishaus
38518 Gifhorn

Tourist Information
Michael-Clare-Str. 6
38518 Gifhorn

Tourist Information
Ostertorstr. 7 a
27283 Verden (Aller)

Fremdenverkehrsverein Müden (Aller)
Rathaus
38539 Müden (Aller)

Verkehrsverein Wesendorf
Alte Heerstr. 20
29392 Wesendorf

Reitverein Aller-Oker
Jörn Merzdorf
Immenzaun 4
38539 Ettenbüttel

Gasthof Heine
Marktstr. 13
29367 Steinhorst

Reitstall Meyer
Im Achterbruch 26
29399 Wahrenholz

Hotelpension „Im Oertzetal"
Hans-Peter Brammer
Escheder Str. 2
29320 Oldendorf

Reiten und Fahren in der Schotenheide

Im Dreieck der Städte Rethem, Schwarmstedt und Nienburg ist die Schotenheide mit dem in herrlicher Landschaft gelegenen Fahrstall des Heinrich Freiherr von Senden ein Geheimtip. Doch auch die Reiter kommen bei ihm auf ihre Kosten. Ob mit Gespann oder zu Pferd, die Schotenheide und das Lichtenmoor sind für Tagesritte und mehrtägige Rundritte ein Erlebnis. Wohnen kann man auf dem Hof oder auch im nahen Lichtenhorst, für die Pferde gibt es Stall und Weide.
Info: Heinrich Freiherr von Senden, Lichtenmoorer Straße, 31634 Lichtenhorst, Telefon (0 51 65) 20 11

Naturschutzpark Lüneburger Heide

Das 200 km² große Wald- und Heidegebiet um den Wilseder Berg, den 169 m hohen höchsten Punkt der Heide, ist ein traumhaftes Reitgebiet. Ein ausgedehntes und gut markiertes Reitwegenetz und Hotels, Reiterhöfe und Pensionen, die auf Reitwanderer eingestellt sind, erleichtern das Planen und Durchführen eines Wanderrittes. Dazu eine Fülle von Möglichkeiten für immer neue Streckenführungen. Vermeiden sollte man tunlichst Zeiten (Heideblüte) und Gebiete (Wilseder Berg, Totengrund) mit besonders starken Besucherströmen, die sich auf Kutschen

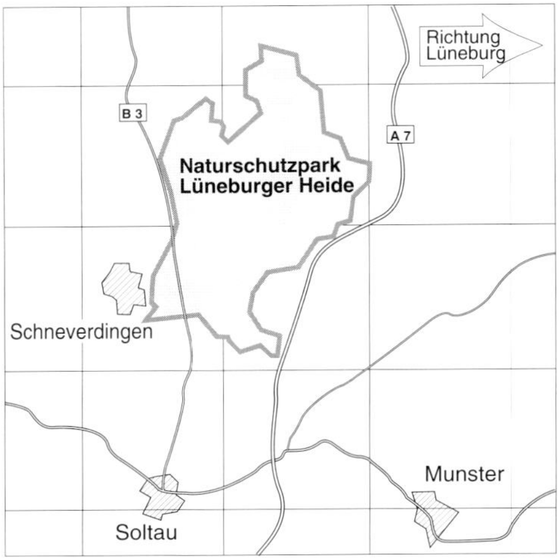

und zu Fuß – mitunter sehr lautstark – durch den Naturpark bewegen.
Für Reiter und Fahrer hat der Verein Naturschutzpark e.V. eine Reitwegekarte im Maßstab 1 : 50 000 herausgegeben. Sie ist eine sehr gute Hilfe. Die Karte hat ein handliches Format und auch ein Adressenverzeichnis (mit Telefonnummern!) von Tierärzten und Hufschmieden. Darüber hinaus gibt es für Reiter eine ganze Reihe von Informationsmöglichkeiten, Broschüren, Unterkunftsverzeichnissen und Wegbeschreibungen, auf die gesondert hingewiesen wird.

Informationen

Urlaubsland „Romantische Heide" e.V.
Postfach 12 04
21271 Hanstedt
Telefon (0 41 84) 8 03-27

„Elbe & Heide"
Amt für Wirtschaftsförderung
Kreishaus
21423 Winsen (Luhe)
Telefon (0 41 71) 6 93-2 28

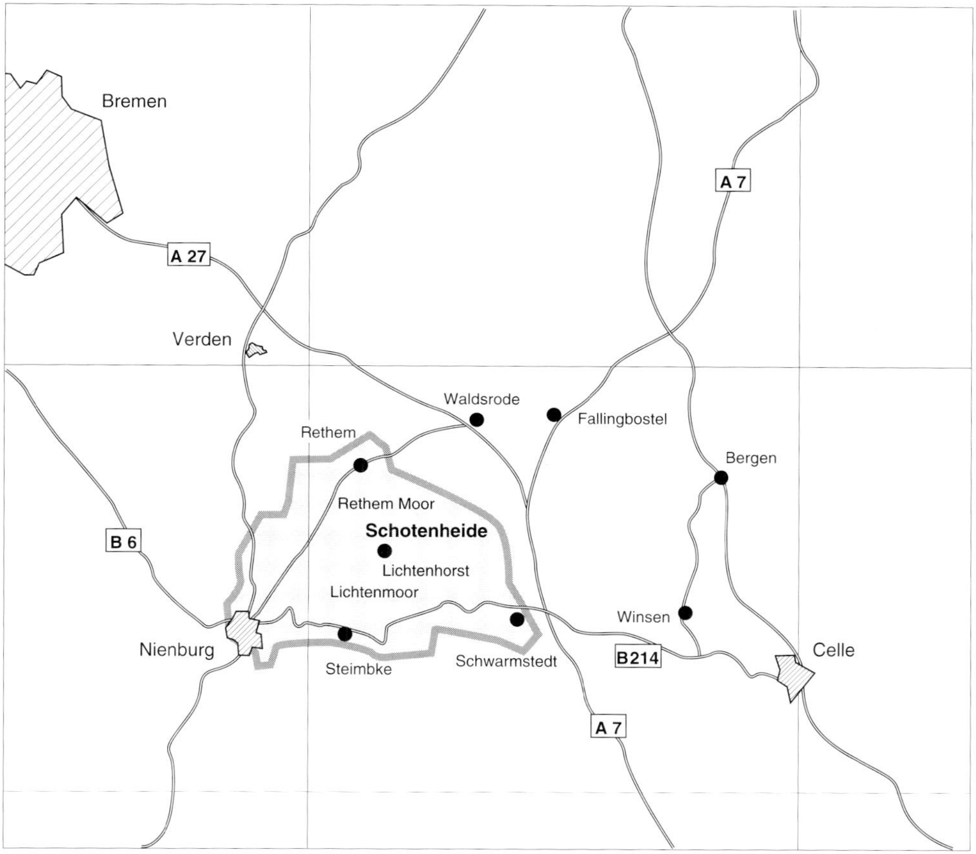

Verkehrsverein Nordheide e.V.
Bahnhofstr. 7
21244 Buchholz i. d. Nordheide
Telefon (0 41 81) 3 84 97

Literatur

Urlaubsmagazin „Romantische Heide" (Urlaubsorte und Unterkünfte) Hrsg. Urlaubsland Romant. Heide Postfach 12 04, 21271 Hanstedt

Grieben-Reiseführer Band 170 „Lüneburger Heide"

Schaefer/Tunnat: Reiteratlas. Die schönsten deutschen Reitgebiete. Hamburg 1981, Jahr-Verlag

Haberbeck/Lichters: Reitatlas Lüneburger Heide, Edition Haberbeck

Reiten zwischen Elbe & Heide. 17 Rundreitwege im Überblick. Hrsg. Urlaubsland Romantische Heide, Postfach 12 04, 21271 Hanstedt

Urlaub im Sattel. Hrsg. Deutsche Reiterliche Vereinigung (FN), Warendorf

Karten

RV Wanderkarte Wilseder Berg 1:35 000. RV Reise- und Verkehrsverlag
Naturschutzgebiet Lüneburger Heide. Reitwege. Hrsg. Verein Naturschutzpark e.V., Hamburg
Topographische Karten 1:25 000 Nr. 2924-26, 2824-26, 2724-26, 2624-26 oder statt der vielen Karten die Sonderausgabe Lüneburger Heide 1:50 000.

Durch den Naturpark Elbufer-Drawehn

Der Naturpark wird von der Uferlandschaft der Elbe und der waldigen Endmoränenlandschaft mit tiefeingeschnittenen Tälern des Drawehn und der Göhrde geprägt. In diese reizvolle und verhältnismäßig dünn besiedelte Landschaft lädt ein Netz von 500 km Reitwegen zum Wandern mit dem Pferd ein.
Das Besondere und Einmalige an diesem Reitwegenetz sind aber die „Wanderreitstationen", das sind Reiterhöfe, Hotels, Pensionen und Privatquartiere, die Reiter und Pferd Unterkunft bieten und die oft mühevolle Quartiersuche überflüssig machen. Auch Pkw, Hänger oder das Gepäck werden auf Wunsch von Station zu Station befördert, die 21 bis höchstens 36 km auseinanderliegen.
Die Arbeitsgemeinschaft zur Förderung der Reittouristik stellt Reitwegekarten, Quartierverzeichnis für Wanderreiter, Adressen von Tierärzten, Hufschmieden und Sattlern zur Verüfgung, die einen Wanderritt im Naturpark Elbufer-Drawehn zu einem Urlaubsvergnügen machen. Dazu trägt auch der für alle Stationen por Tag, Person und Pferd geltende Pauschalpreis bei, der 1993 für Übernachtung, Box oder Weide, Frühstück und Futter 59,– DM betragen hat. Auch die genaue Rittplanung wird auf Wunsch vorgenommen. Dabei spielt es keine Rolle, auf welcher Wanderreitstation der Ritt beginnen soll. Zur Beantwortung von Fragen für die Planung und Anmeldung eines Rittes stehen die Reiterhöfe zur Verfügung.

Informationen

Reiterland Splietau
Dr. Klaus Vogt
29451 Dannenberg
Telefon (0 56 61) 84 02

Reiterhof Pussade
Peter Ludwig
29456 Hitzacker/Elbe
Telefon (0 58 62) 72 04

Pferde-Schulze
Johann-Bernd Schulze
29456 Hitzacker-Wietzetze
Telefon (0 58 58) 7 86

Ferienclub Lüneburger Heide GmbH
Familie Stehr
29473 Sarenseck/Göhrde
Telefon (0 58 62) 6 09 oder 81 67

Wander- u. Treckreitbetrieb
Udo Spielhagen Oberst a. D.
29471 Gartow, Haus am See
Telefon (0 58 46) 13 64

Pferdeverleih für Wander- und Ausritte
Hans-J. Thunert
29494 Liepe, Post Trebel
Telefon (0 58 48) 5 49

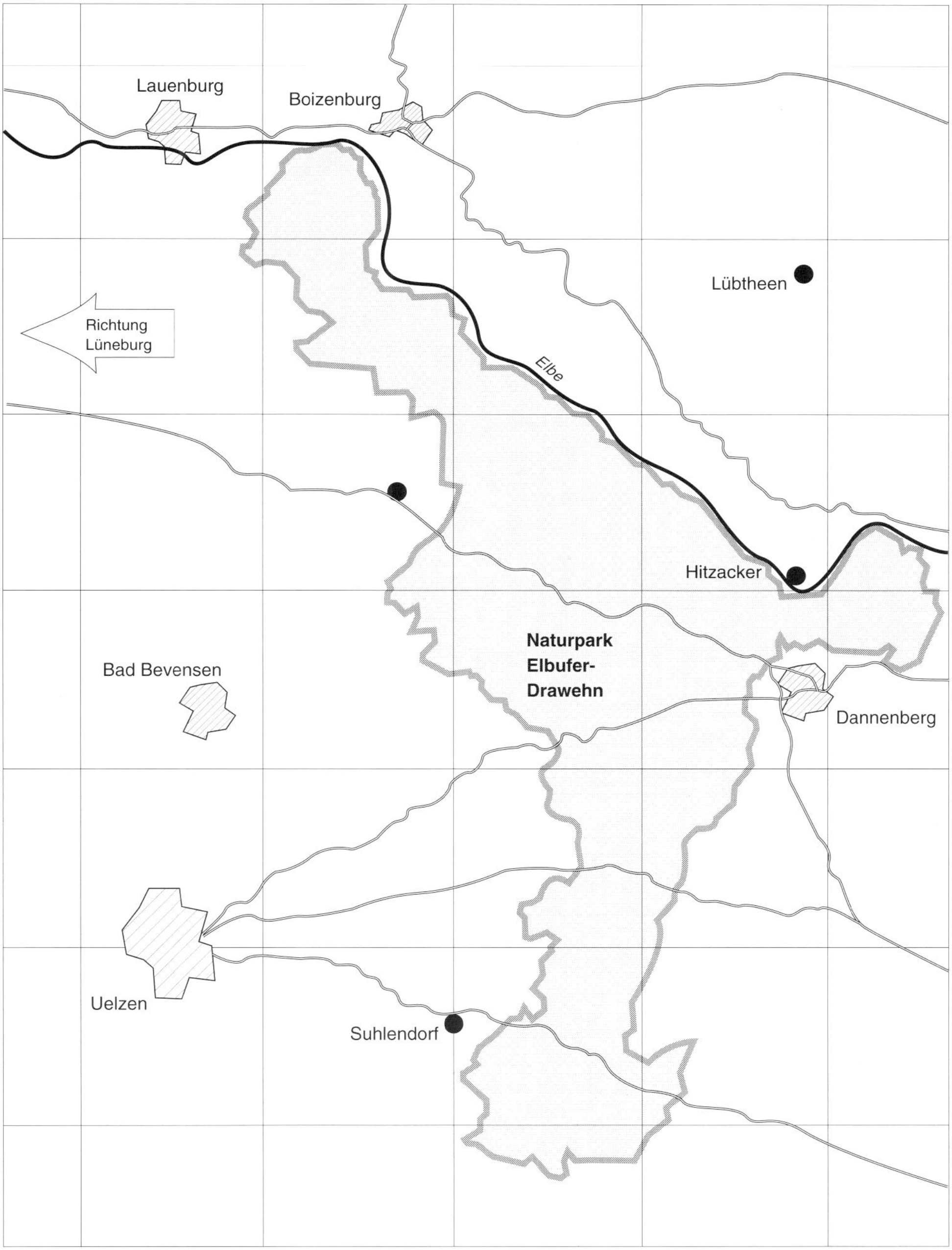
Lauenburg
Boizenburg
Lübtheen
Richtung
Lüneburg
Elbe
Hitzacker
Naturpark
Elbufer-
Drawehn
Bad Bevensen
Dannenberg
Uelzen
Suhlendorf

Durch den Frankenwald in die Rhön

Der Frankenwald ist mit seiner Waldeinsamkeit, den tiefeingeschnittenen Schluchten und rauschenden Bächen inmitten malerischer Wiesentäler wie geschaffen für den Wanderer zu Fuß oder mit dem Pferd. Freilich, man muß Zeit haben und sich Zeit lassen. Wem allein das Ziel, die zurückgelegte Entfernung und die dafür benötigte Zeit etwas bedeuten, dem sei eine andere Landschaft empfohlen.
Im Frankenwald hat man die Wahl, dem Lauf der Täler zu folgen oder sich für das Wandern auf der mehr oder weniger gewellten Hochfläche zu entscheiden, die von zahlreichen Tälern durchschnitten wird. Ob im Tal oder auf der Höh', dem Auge bieten sich immer neue Ausblicke, die für das Auf und Ab mehr als genug entschädigen.
Im Frankenwald wird man häufig absitzen und das Pferd führen. Dabei hat man Muße genug, über manches nachzudenken: liebe Menschen, treue Geschöpfe wie Pferd und Hund – und Gott, der uns solche Gunst erweist. Den Frankenwald habe ich wiederholt zu Pferd durchwandert und empfehle jedem, dieses schöne Waldgebirge für sich zu entdecken.
Eine gute Hilfe bei der Planung der Strekke sind die Empfehlungen des Frankenwaldvereins. Diese 6-Tage-Wanderungen sind zwar für Fußwanderer gedacht, sind aber auch für Wanderer mit dem Pferd geeignet, da viele der gekennzeichneten Wanderwege die Breite von Fahrwegen haben und für Reiter frei sind. Wo sich das Reiten verbietet, wählt man einen kleinen Umweg.

Für den von mir hier empfohlenen Ritt war Hof/Saale in Oberfranken der Ausgangsort. In Hof und Umgebung gibt es für Reiter und Pferd geeignete Quartiere.

1. Etappe

Von Hof-Unterkotzau dem Lauf der Saale folgen bis nach Saalenstein. Vor Saalenstein geht es unter der mächtigen Autobahnbrücke hindurch zum Fuß des Hirschsteins und weiter zur Fattigsmühle und nach Joditz. In Joditz überqueren wir die Saale in Richtung Ortsmitte/Kirche und folgen der leicht ansteigenden Hauptstraße am Schönitzbach aufwärts bis zur Abzweigung Bug-Bruck-Berg, der wir bis Berg folgen. In Berg über Rothleithen-Marxgrün nach Naila. Wer mit offenen Augen reitet, findet auch auf diesem Teilstück weichen Boden.
Vor Naila durch den Eisenbahntunnel und wenig später über die Bundesstraße Naila–Lichtenberg–Lobenstein in Richtung Christusgrün–Dürrenberg und weiter durch den Gerlacher Wald–Thiemitz-Wald–Thiemitzgrund–Räumlas nach Bernstein am Wald. Von Bernstein hinunter in das Tal der Rodach und jenseits Bundesstraße und Rodach bei Fels-Schübelhammer wieder auf die Höhe über Steinbruch Köstenhof–Köstenberg und die 678 m hohe Radspitze nach Seibelsdorf.

2. Etappe

Von Seibelsdorf über Wötzelsdorf–Wüstbuch nach Theisenort. Eine mit mancherlei Schwierigkeiten und Umwegen verbundene Wegstrecke: die Rodach, Bahnstrecke und die Bundesstraßen 85 und 173 müssen überschritten werden. Da die

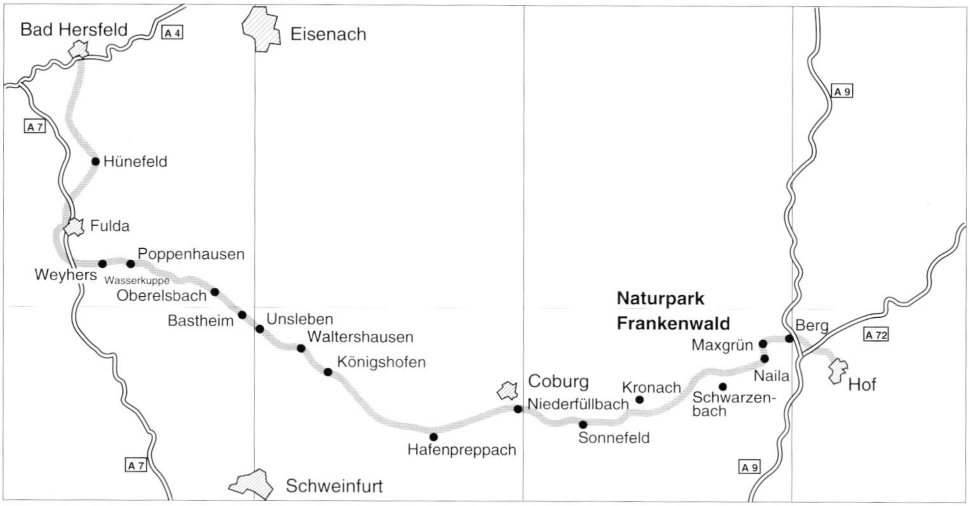

Strecke sich in ca. 4 Stunden zurücklegen läßt, bietet sich Theisenort Reiter und Pferd für die Mittagspause an. Nach gehöriger Mittagspause – 1½ bis 2 Stunden Zeit sollten wir uns dafür lassen – dann weiter durch den Staatsforst Leutendorf vorbei an Horb a. d. Steinach, am Hünen-Grab und Weischauer Berg nach Sonnefeld. Sonnefeld hat einen rührigen Reitverein, pferdefreundliche Einwohner und entgegenkommende Wirte. So recht ein Ort für das Nachtquartier.

3. Etappe

Ab Sonnefeld Richtung Dürr-Mühle–Rödergraben–Teufelsgraben durch den Lichtenfelser Forst nach Niederfüllbach, das wir etwa um die Mittagszeit erreichen sollten. In Niederfüllbach oder nahebei suchen wir uns einen geeigneten Rastplatz. Oder wir reiten weiter in Richtung Haarth nach Schloß Hohenstein. Wir müssen dabei zwar eine Bahnlinie, Bundesstraße und die Ilz überqueren, finden aber auf dem zum Schloß gehörenden Gut sicher gute Aufnahme. Bislang hatten dort Reiter, Fahrer und Pferde eine gute Heimstatt, wofür auch der über die Grenzen Bayerns hinaus bekannte Name der Familie von Imhoff bürgt.

Tagesziel ist dann Hafenpreppach, das wir über die Orte Wohlbach–Krumbach–Elldorf erreichen. Dabei umgehen wir, wo immer uns möglich, die Ortschaften. Sie sind in der Regel immer nur Marschrichtungspunkte. In Hafenpreppach sollten Pferd und Reiter leicht ein gutes Quartier finden.

4. Etappe

Von Hafenpreppach halten wir uns immer rechts der Bundesstraße 279 (also nordöstlich) in Richtung Eckartshausen–Schwanhausen. Hier wird sich, da wir die ehemalige Zonengrenze berühren, die Möglichkeit bieten, den ehemaligen

Fahrweg der „Streifen“, als Reitweg zu benutzen. Von Schwanhausen dann weiter über Zimmerau–Sternberg nach Königshofen im Grabfeld. Eine Mittagspause legen wir rechtzeitig in einem der genannten Orte ein, wobei wir vor allem auf eine Möglichkeit zum Tränken unseres Pferdes besorgt sind. Mit Königshofen verbinden mich die angenehmsten Erinnerungen. Ein Quartier sollte über die Kurverwaltung oder den Reitverein zu bekommen sein.

5. Etappe

Von Königshofen über Waltershausen–Junkerhausen–Unsleben–Bastheim–Simonshof nach Oberelsbach. Dort Mittagspause. Danach weiter über Wüstensachsen–Wasserkuppe–Heckenhöfchen–Poppenhausen–Weyhers nach Fulda–Schloß Fasanerie (Adolphseck) oder einem anderen Quartier. Ab Wasserkuppe bietet sich als Alternative die Route Abtsroda–Grabenhöfchen–Milseburg–Kleinsassen–Weihersmühle bei Hofbieber an, oder als weitere Alternative Wasserkuppe–Sieblos–Grabenhöfchen–Maulkuppemit der Rhönklubhütte Fuldaer Haus–Wolferts und weiter zum Igel-Bach, der Menges-Mühle Richtung Petersberg–Fulda.
Eine weitere Alternative, aber bereits ab Heustreu, ist der Ritt zum 928 m hohen Kreuzberg. Wählen wir diese Route, empfehle ich ab Heustreu den Weg über den Alten-Berg, das Reder-Kreuz–Brendlorenzen–Leutershausen–Eiserne Hand–Kilianshof und dann vorbei am Neustädter Haus zum Kreuzberg mit seinem ehrwürdigen Kloster, einem guten Wirtshaus und freundlichen Mönchen und Menschen und wohlschmeckendem Bier.

Wer über die Fulda hinaus in Richtung Hünfeld–Bad Hersfeld möchte, wird nach den gesammelten Erfahrungen auf dem Ritt von Oberfranken über das Grabfeld bis in die Rhön wohl in der Lage sein, seinen eigenen Weg zu reiten. Wie ja alle hier besprochenen Ritte nur Empfehlungen sind, die zum eigenen Planen ermutigen möchten.
Man muß den Ritt auch nicht in Oberfranken beginnen, sondern kann ihn in Bad Hersfeld, Großenlüder, Fulda oder an jedem anderen Ort im Norden oder Nordosten der Rhön beginnen lassen.

Informationen, Unterkünfte

Verkehrsbüro
Am Markt 1
36251 Bad Hersfeld

Reitclub Fulda
Schloß Fasanerie
36043 Fulda

Städtisches Verkehrsbüro Fulda
Schloßstr. 1
36037 Fulda

Verkehrsverein „Auenthal“
95189 Joditz/Ofr.

Gebietsausschuß Rhön-Saale
Landratsamt
97616 Bad Neustadt a. d. Saale

Tourist Information Frankenwald
Amtsgerichtstr. 21
96317 Kronach

Kurverwaltung Bad Königshofen
Postfach 12 10
97631 Bad Königshofen (Grabfeld)

Fremdenverkehrsverband Franken e.V.
Am Plärrer 14
90429 Nürnberg

Tourist-Information Hof
Klosterstr. 10
95028 Hof/Saale

Jutta Kanwischer
Breitensportbeauftragte
Kleine Mühle
St.-Georg-Str. 21
36137 Großenlüder

Reiterhof Weihersmühle
Andrea Christov
96260 Weihersmühle b. Hofbieber

Reitanlage Wiesenhof
Arnold Hüter
97708 Bad Bocklet-Großenbrach

Karten

Rhön: Offizielle Karte des Rhönclubs, Wanderkarte 1:100 000.
Frankenwald und Fichtelgebirge: Fritschs Wanderkarte 1:100 000

Topographische Karten 1 : 50 000

L 5736 (Hof), L 5734 (Teuschnitz), L 5732 (Sonneberg), L 5730 (Coburg), L 5930 (Ebern), L 5928 (Haßfurt), L 5728 (Bad Königshofen i. Grabfeld), L 5726 (Bad Neustadt a. d. Saale), L 5724 (Bad Brückenau), L 5524 (Fulda), L 5526 (Mellrichstadt).

Vom Fichtelgebirge in die Fränkische Schweiz und die Haßberge

Ein Ritt, der durch die rauhe granitene Waldeinsamkeit und sich schluchtartig verengende Täler in romantische, von zahlreichen Bächen durchflossene Felsentäler und über die Quellflüsse des Mains – Roter Main und weißer Main – in die Geruhsamkeit der Haßberge führt.
Als Ausgangspunkt empfehle ich Hof/Saale oder Orte in seiner Umgebung. Ich bin seinerzeit in Hof aufgebrochen.

1. Etappe

Von Hof über den Köditzer Hang–Wölbattendorf–Stiftsgrün–Eckardsreuth nach Konradsreuth. Von Konradsreuth über den alten „Webersteig" an den Dörfern Silberbach und Pferdt vorbei nach Seulbitz ins Quartier. Es ist mehr ein halber als ein ganzer Reittag, aber zum „Einlaufen" gerade die richtige Strecke.

2. Etappe

Von Seulbitz über Weißdorf–Sparneck–Zell nach Gefrees. Immer am Fuße des Waldsteins entlang, dabei zeitweise einer Markierung des Fichtelgebirgsvereins folgend.
Gefrees sollte zur Mittagszeit erreicht sein. Nach der Mittagspause dann durch das Lübnitztal zur Entenmühle im Ölschnitztal nach Stein, wo man von der Terrasse der Gastwirtschaft sich am Anblick der Burgruine Stein und des waldreichen Ölschnitztales erfreuen kann.
An der Burgruine Hohenberneck vorbei durch Bad Berneck. Die sich durch Bad Berneck und weiter bis Berneck-Blumenau lang hinziehende Hauptstraße ist keine Traumstraße, wird aber auch nicht zum Alptraum, wenn man absitzt und führt. Von Blumenau am Schloß Falkenhaus, einem ehemaligen Jagdschloß der Markgrafen, vorbei zum Autobahnkreuz Bayreuth/Kulmbach. Wir folgen der Markierung des Fichtelgebirgsvereins und

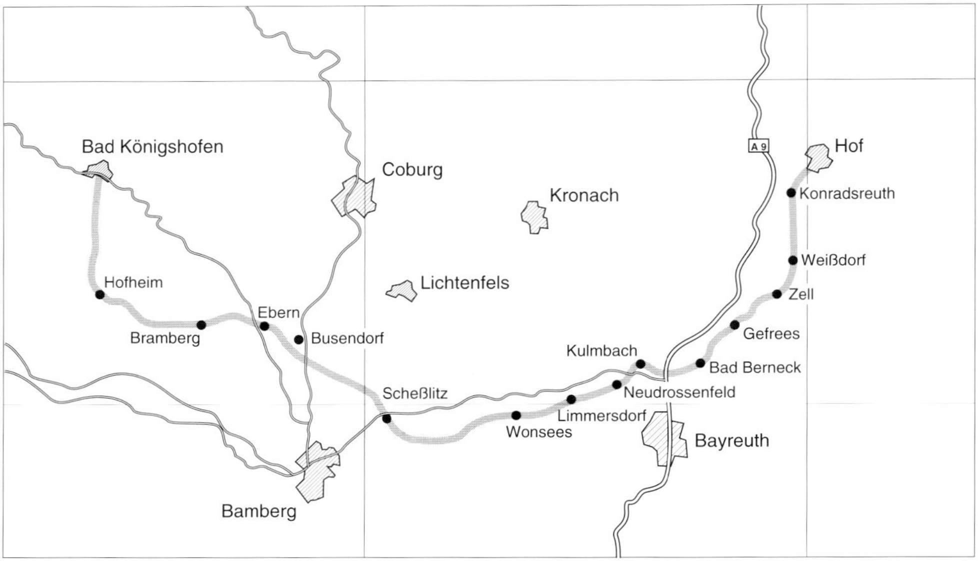

überqueren erst die Autobahn nach Hof und dann unter der nach Kulmbach führenden weiter nach Ramsenthal. In Ramsenthal oder den Dörfern der Umgebung machen wir Quartier.

3. Etappe

Von Ramsenthal über Gräfenthal–Neudrossenfeld–Neuenreuth über den Roten Main und den Limmersdorfer Forst nach Limmersdorf oder bis nach Thurnau. Quartier in einem der Orte.

4. Etappe

Aufbruch in Limmersdorf oder Thurnau durch die Wiesen und Wälder nach Sanspareil und seinem romantischen Felsengarten mit dem gewaltigen Burgfried der zu Sanspareil gehörenden Burg Zwernitz als Marschrichtungspunkt. Weiter dann an Wonsees und Krögelstein vorbei in das Tal der Wiesent und an der Burg Wiesentfels vorbei in Richtung Ludwag zur 523 m hohen Felsenbasilika Gügel hinauf, einem ehrwürdigen Wallfahrtsort. Dann auf dem Höhenweg weiter zur 533 m hoch gelegenen Burg Giech. Die Aussicht entschädigt für den „Umweg“ mehr als genug. Und wenn wir uns von der Stimmung einfangen lassen, wird längst Vergangenes für uns wieder lebendig. In der Schloßschänke dürften Roß und Reiter einen Eimer Wasser und eine kühle Maß erlangen können und vielleicht auch eine Brotzeit. Von Giech weiter nach Scheßlitz ins Quartier.

5. Etappe

Aufbruch von Scheßlitz über Burgellern über Roschlaub–Peusenhof und hinunter in das Maintal nach Unterleiterbach, das wir zur Mittagszeit erreicht haben sollten. Nach gehöriger Pause ein kurzes

Stück auf der B 173 zum Main und über Main und Bahnstrecke nach Medlitz–Birkach–Busendorf–Gleusdorf nach Ebern. Quartier in Ebern, Eyrichshof und Umgebung.

6. Etappe

Vom Quartierort Ebern oder Umgebung reiten wir durch die Täler und Höhen der Haßberge Richtung Bramberg, dem reizvollen Mittelpunkt des Haßgaus und weiter durch den Brambergs-Wald und am Linsenhügel vorbei nach Hofheim als Quartierort.

7. Etappe

Vor Hofheim hinauf zur 325 m hoch gelegenen Bettenburg, einem herrlichen Aussichtspunkt, und weiter auf dem alten Rennweg, vorbei an der Schwedenschanze, am Brucken-Berg (496 m), Birnfeld und Baunachsee über Sambachshof–Gabolshausen nach Bad Königshofen im Grabfeld.
Dort quartieren wir uns für Ruhetage und Ausflüge in die Haßberge, das Milztal oder die Gleichberge ein.

Für den Rückmarsch, wenn man eine andere Strecke reiten möchte, empfehle ich die folgende Route:

1. Etappe

Von Königshofen über Gabolshausen, Brennhausen nach Baundorf und durch den Baunachgrund in Richtung Schweinshaupten–Sulzbach–Erlsdorf–Birkach–Gemeinfeld–Römmelsdorf–Junkersdorf und weiter über die B 279 nach Hafenpreppach.

2. Etappe

Von Hafenpreppach durch den Lichtensteiner Wald über Bischwind–Buch–Gereuth nach Gleudorf und über die B 4 nach Busendorf–Birkach und über den Main und die B 173 nach Ebensfeld. Dann weiter über den Rothen-Berg und Kleukheim–Unter Küps–Dörrnwasserlos und am Fuß des 545 m hohen Roßdach vorbei nach Stübig.

3. Etappe

Von Stübig über Gräfenhäusling–Schedderndorf vorbei an Klein Ziegenfeld nach Fesseldorf–Feuersdorf–Schirradorf nach Sanspareil–Wonsees. Eine Strecke, die zu Umwegen verlockt und zum Verweilen einlädt.

4. Etappe

Von Wonsees über Kleinhül–Alladorf–Neustädtlein und den Püchner Jagen nach Heinersreuth und über die B 85 nach Cottenbach–Unter Konnersreuth–Theta–Forkenhof–Haselhof–Ramsenthal.

5. Etappe

Von Ramsenthal nach Harsdorf und durch den Laitsch-Wald vorbei am Zettmeisel (492 m) und an Himmelkron und entlang der Schiefen Ebene nach Neuenmarkt-Wirsberg. Dort einquartieren oder weiter nach Weißenbach und am Weißenstein (668 m) vorbei nach Stammbach.

6. Etappe

Von Stammbach über Ölschnitz–Querenbach–Solg–Schödlas–Ahornis–Hildbrandsgrün–Ottengrün–Haide-Edlendorf–Volksmannsgrün–Leupoldsgrün–Wöllbattendorf nach Hof, dem Ausgangspunkt unseres Rittes.

Informationen, Literatur

Grieben-Reiseführer Nr. 120: Fränkische Schweiz und Steigerwald

Tourismus-Zentrale Fränkische Schweiz
Oberes Tor 1
91320 Ebermannstadt

Tourist Information Haßberge
Obere Sennigstr. 10
97461 Hofheim

Tourist Information Oberes Maintail – Coburger Land
Bamberger Str. 25
96231 Staffelstein

Karten

Topographische Karte 1:100 000 N (ungefaltet), C 5934 Hof, C 5930 Coburg, C 6330 Bamberg, C 6334 Bayreuth.
Topographische Karten 1:50 000 N (ungefaltet), L 5736 Hof, L 5934 Kulmbach, L 5936 Münchberg, L 5728 Bad Königshofen, L 5928 Haßfurt, L 5930 Ebern, L 5932 Lichtenfels, L 6130 Bamberg, L 6132 Scheßlitz, L 6134 Bayreuth.

Reiten im Naturpark Frankenhöhe

Der 1100 Quadratkilometer große Naturpark Frankenhöhe, der im Norden von Rothenburg o. d. Tauber, Bad Windsheim und Neustadt an der Aisch, im Süden von der Markgrafenstadt Ansbach und

Feuchtwangen begrenzt wird, ist mit seinen Wäldern, Hutungen, Tälern und Höhen ein Paradies für Wanderreiter. Die weite und unberührte Landschaft bietet Raum und Zeit für ungestörte Naturerlebnisse. Romantische und berühmte Städte wie Rothenburg o. d. Tauber, Dinkelsbühl, Bad Windsheim oder Ansbach vermitteln uns einen eindrucksvollen Unterricht in deutscher Geschichte, während die nicht minder geschichtsträchtigen Dörfer zu Rast und Ruhe bei Frankenwein und fränkischer Brotzeit einladen, wie ich schon vor Jahren auf vielen Ritten über die Frankenhöhe und durch das Taubertal wohltuend erfahren habe. Dem Wanderreiter heute wird das Erlebnis der Frankenhöhe durch eine Übersichtskarte und einem Verzeichnis der zahlreichen Reitstationen erleichtert. Schon jetzt gibt es 65 solcher Stationen, wo Reiter und Pferde eine Rast einlegen und übernachten können.

Informationen, Literatur

Kreisverkehrsamt Ansbach
Crailsheimer Str. 1
91522 Ansbach

Reitstationen im Naturpark Frankenhöhe (Broschüre)
Hrsg. Naturpark Frankenhöhe e.V.
Crailsheimer Str. 1
91522 Ansbach

„Bayrisch Franken '94"
Land an der Romantischen Straße
Neues Fränkisches Seenland,
Rangau Franken (Urlaubsprospekt)
Hrsg. Landkreis Ansbach
Kreisverkehrsamt Ansbach
Crailsheimer Str. 1
91522 Ansbach

Grieben-Reiseführer:
Band 235
Taubertal, Altmühltal und Hohenloher Land

Karten

Wanderkarte „Bayrisch Franken", 1:50 000. 10,– DM
Beim Fremdenverkehrsamt Ansbach
Crailsheimer Str. 1
91522 Ansbach

Topographische Karten 1:50 000 N (ungefaltet)
L 6526 (Uffenheim), L 6528 (Neustadt a. d. Aisch), L 6726 (Rothenburg o. d. Tbr.), L 6728 (Ansbach)

Der Saarland-Rundreitweg

Das Saarland hat mehr zu bieten als Kohle und Stahl. Zwar schätzen Kenner seine Küche und seine Weine, doch ist sein Reichtum an Naturschönheiten, den bewaldeten Höhen und den anmutigen Tälern, noch zu wenig bekannt. Vielen mag auch der Weg in das kleine Bundesland zu weit sein, aber der weiteste Weg lohnt. Dafür sprechen vor allem auch die aufgeschlossene und gastliche Art der Saarländer und der Saarland-Rundreitweg.
Mir bekannte Fachjournalisten haben vor einigen Jahren den etwa 300 km langen Rundreitweg unter den Sattel genommen und waren des Lobes voll. Die Strekke ist durch Schilder „weißes Hufeisen auf blauem Dreieck" gut markiert und durch Relaisstationen (Unterkünfte für Pferde und Reiter) in ausreichender Zahl so aufgeschlossen, daß man von Station zu Station reiten kann.

Informationen, Literatur

Saarländischer Reiterverband
Saarufer 16
66117 Saarbrücken

Saarland-Rundreitweg (Broschüre) Hrsg.: Saarländischer Reiterverband e.V.

Karten

Saar-Wanderkarte 1:75 000, 12. Aufl.
Hrsg.: Saarwald-Verein
Topographische Karte des Landesvermessungsamtes mit Saarland-Rundreitweg 1:50 000

Von Treuchtlingen nach Füssen

Die an landschaftlichen Schönheiten und Historie reiche Strecke von der Eichstätter Alb über den Naturpark Augsburg bis in das Allgäu nach Füssen. Der Wander-

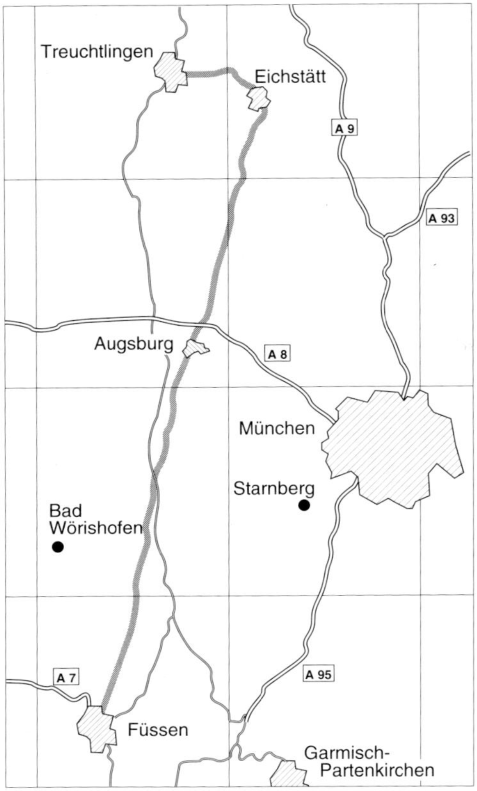

reitweg wurde vom Verband der Reit- und Fahrvereine Schwaben erarbeitet und ist durch die Zusammenarbeit mit Reitvereinen, Veterinären, Hufschmieden und Gastwirten eine ausgezeichnete Hilfe für Planung und Durchführung des Rittes.
Die genaue Beschreibung mit allen wichtigen Informationen wie Kontaktadressen, Karten usw. ist gegen Rückporto zu erhalten beim
Verband der Reit- und Fahrvereine
Schwaben e.V.
Bismarckstr. 62
86391 Stadtbergen

Für diesen wie für alle Ritte gilt, daß die angegebenen Orte immer nur als Marschrichtungspunkte zu verstehen sind und die eigene Entscheidung im Sattel über den einzuschlagenden Weg nicht überflüssig macht.
Auch die einzelnen Etappen müssen dem eigenen und dem Leistungsvermögen des Pferdes angepaßt werden. Es ist vernünftiger und dem Wanderreiten gemäßer, sich Zeit zu lassen. Wohl sind verschiedentlich Tagesziele für die Mittagspause und das Nachtquartier angegeben, doch sind diese nicht zwingend einzuhalten, vielmehr muß jeder Wanderreiter für sich und sein Pferd Zeit und Ort für Pausen und Übernachtungen nach seinem Können und Wollen festlegen, und dabei ist der Reiter vor allem zur Fürsorge für sein Pferd verpflichtet. Wanderreiten heißt unterwegs sein um des Unterwegsseins mit dem Pferd. Zeit und Ziel sind dabei unwichtig.
„Wer Eile hat, mag Auto fahren,
doch soll sich Schönheit offenbaren,
so liegt das Heil auf Erden
noch immer bei den Pferden."

Wanderreiten im Nachbarland

Österreich

Reiten in Österreich, das ist vielfältig schön wie die Landschaft. Ob im Hausruckwald, Burgenland, Kärnten, Wienerwald, Mühlviertel, Steiermark, Tirol oder Vorarlberg, es gibt viele hunderte Kilometer markierte Reitwege und eine Vielzahl von Pferderaststationen.
Der „Reiterpfad Alpenland", der das Wanderreiten vom Wiener Wald bis zum Wolfgangsee und weiter bis nach Salzburg er-

laubt, ist nahezu vollendet und ein echter „Weitwanderreitweg".

Die Kennzeichnung aller Wanderreitwege mit einem gelben Hufeisen ist eine gute Orientierungshilfe, eine weitere sind die von den jeweiligen Bundesländern herausgegebenen Karten mit „Reitwegeaufdruck" im Maßstab 1:200 000. Zusätzlich gibt es für besser erschlossene Regionen Reitwegekarten in größeren Maßstäben. Die Karten sind über den Bundesfachverband (Adresse Seite 231), die Landesfachverbände oder Fremdenverkehrsvereine zu erhalten.

Schweiz

Die Schweiz ist ein schönes und lohnendes Reiseziel. Auch für Reiter. Die brauchen es nur den „Fußwanderern" nachzutun, um die Schönheiten der Schweizer Alpen, des Mittellandes zwischen Alpen und Jura und des Schweizer Jura mit seinen Flüssen, Schluchten, Wäldern, Feldern und grünen Matten für sich zu entdecken. Es gibt zwar in der Schweiz keine flächendeckenden Wanderreitkarten und Übernachtungsverzeichnisse, aber die Entwicklung wird dahin führen. Denn Wanderer zu Fuß oder mit Pferd sind umweltfreundlicher als Pkw oder Campingbus.

Grundsätzlich kann man in der Schweiz überall da reiten oder fahren, wo es nicht durch Verkehrs- und andere Verbotszeichen ausdrücklich verboten ist. Gepaart mit der gebotenen Rücksichtnahme auf die Rechte anderer, wird man überall einen Weg finden.

Wenn in der Vergangenheit wiederholt von Alpenüberquerungen oder Ritten in den Alpen berichtet wurde, so sind die Alpen doch eine schwierige Region. Nicht allein wegen der Höhenunterschiede, der immer in den Alpen möglichen „Wetterstürze", sondern auch wegen der Drehkreuze, mit denen die großen eingezäunten Weideflächen immer da gesichert sind, wo ein Wanderweg über sie weiterführt. Personen können diese ausbruchssicheren Wegesperren passieren, aber das Weidevieh oder das Pferd eines Wanderreiters nicht.

Wanderritte in den Alpen erfordern deshalb einen orts- und wegekundigen Führer oder sorgfältige Planung, einschließlich der Erkundung unklarer Wegstrekken.

Für Information, Beratung und als Ausgangspunkt für Tages- und Mehrtagesritte empfiehlt sich Dipl. Wander-Ritt-Führer Pierre Burkhardt vom Weiterbildungszentrum Langenhart, Langenhart 53, CH-8555 Müllheim, Telefon (00 41 54) 63 35 10.

Der Innerschweizer Trekking- und Distanzreiter-Verein (ITDV) hat im Frühjahr 1994 für die Schweiz ein Unterkunftsverzeichnis „Der Satteltramp" herausgebracht. Es enthält Adressen über Unterkünfte für Reiter und Pferde, von Tierärzten und Hufschmieden und kann über den Innerschweizer Trekking- und Distanzreiter-Verein, c/o Elsbeth Brunner, Rüti, CH-6206 Neuenkirch, Telefon (00 41 41) 98 26 89 bezogen werden.

Frankreich

Für viele war es immer schon der Geheimtip: Wanderreiten in Frankreich. Ob durch das Elsaß, das Tal der Loire, an der Atlantikküste oder in den Pyrenäen, um nur einige der vielen verlockenden Ziele zu nennen. Nicht zu vergessen die Drôme, das Sonnendepartement Frankreichs,

das durch seine landschaftliche Verschiedenartigkeit so reizvoll ist.
Den Wanderreiter erwarten nicht nur die Gastfreundlichkeit unserer französischen Nachbarn, nicht nur viel unberührte Natur, sondern auch viele „Relais", das sind Stationen zum Übernachten für Pferd und Reiter, die ein Reiten durch die ganze Provinz ohne die Sorge um die Übernachtung von Pferd und Reiter ermöglichen. Alle Stationen sind, ergänzt durch Adressen von Tierärzten, Hufschmieden usw., mit den markierten Reitwegen auf der Karte „La Drôme a Cheval, Itinéraires, Relais et Centres Equstre" zu finden. Wanderritte sind das ganze Jahr über möglich, auch mit eigenem Pferd. Ausgangspunkt könnte die Ferme du Veyret von Christian Mingasson in Dieulefit, eine Autostunde von Avignon (Adresse Seite 232), sein.

Passionierte Wanderreiter kommen ohne Begleitfahrzeuge aus und führen alles Notwendige am Pferd mit sich.

Literaturverzeichnis

Ausbildungsvorschrift für die Kavallerie. H. Dv. 299. Verlag Offene Worte, Berlin 1937.

Burkhardt, P. (Hrsg.): Das Pferd im Straßenverkehr. Müllheim 1992, 6. Aufl.

Deutsche Reiterliche Vereinigung: Richtlinien für Reiten und Fahren. FN-Verlag, Warendorf 1985.

Deutsche Reiterliche Vereinigung: Reiter-Paß (FN), Reiter-Paß-Fibel. FN-Verlag, Warendorf 1980.

Hermans, W. A.: Hufpflege und Hufbeschlag. Verlag Ulmer, Stuttgart 1992.

Herzog, U.: Ritte zum Horizont. Moby Dick Verlag, Ottersberg 1982.

Kresse, W.: Mit dem Pferd unterwegs. Nymphenburger Verlagshandlung, München 1975.

Kresse, W.: Pferde halten und pflegen. Verlag Ulmer, Stuttgart 1981.

Kresse, W.: Reiten lernen. Verlag Ulmer, Stuttgart 1988.

Kresse, W.: Pferde und Ponys. Verlag Ulmer, Stuttgart 1990.

Launer, P., Mill, J., Richter, W.: Krankheiten der Reitpferde. Verlag Ulmer, Stuttgart 1990.

Lichters, P.: Der Deutsche Reiterpfad Nr. 1 – Niedersachsen – Reiterverband Hannover-Bremen, Hannover 1988.

Linke, W.: Orientierung mit Karte und Kompaß. Herford 1992.

Pape, M.: Das Kleine Pferdebuch, Landbau Verlag, Berlin 1948.

Pirkelmann, H. (Hrsg.): Pferdehaltung. Verlag Ulmer, Stuttgart 1991, 2. Aufl.

Reitvorschrift. H. Dv. 12. Verlag E. S. Mittler & Sohn, Berlin 1937.

Salg, R., Dippel, H.: Der Deutsche Reiterpfad Nr. 1 – Hessen – L. B. Ahnert-Verlag, Friedberg o. J.

Scherf, W.: Das große Lagerbuch. Paulus-Verlag, Recklinghausen 1960.

Streich, H.: Wandern mit Kompaß und Karte. Deutscher Wanderverlag Dr. Mair & Schnabel & Co, Ostfildern 1974.

Urlaub im Sattel. FN-Verlag, Warendorf.

Bildquellen

Farbfotos

S. Arleth, Ditzingen: Seite 103 oben und unten, 172 oben, 205 unten.
L. Christmann, Verden/Aller: Seite 33 oben links.
H.M. Czerny, München: Seite 33 oben rechts.
W. Ernst, Ganderkesee: Seite 52 oben, 104 oben links und oben rechts.
B. Garms, Braunschweig: Seite 51 oben.
C. Koller, Lüllau: Seite 51 unten, 52 unten.
W. Kresse, Verden/Aller: Seite 224 oben.
Bildarchiv Paysan, Stuttgart: Seite 104 unten, 154 oben und unten, 171 oben, 206, 224 unten.
G. Richter, Nackterhof: Seite 172 unten.
P. Schmette, Bad Salzdetfurth: Seite 33 unten.
E. Schöpal, Düsseldorf: Seite 34 unten, 153, 171.
U. Stammel, Friolzheim: Seite 34 oben, 85 oben und unten, 86 oben und unten.
U. Weyland, Rodheim: Seite 205 oben.

Schwarzweißfotos

Chr. Becker, Lich: Seite 2.
K.H. Breuer, Weiterstadt: Seite 177.
L. Christmann, Verden/Aller: Seite 13.
H.M. Czerny, München: Seite 36, 145, 165.
W. Ernst, Ganderkesee: Seite 23, 25, 143.
W.-J. Herlyn, Sülfeld: Seite 35.
C. Koller, Lüllau: Seite 128, 252.
W. Kresse, Verden/Aller: Seite 26, 70, 105, 109, 151, 189.
Mainbild, H. Volz, Frankfurt/Main: Seite 80.
Mercedes-Benz-Foto, Stuttgart: Seite 69.
Bildarchiv Paysan, Stuttgart: Seite 62.
G. Richter, Nackterhof: Seite 124.
F. Rosenthal, Siegen: Seite 221.
H.H. Sambraus, Freising: Seite 19 oben und unten, 20.
P. Schmette, Bad Salzdetfurth: Seite 99, 138, 149, 150.
E. Schöpal, Düsseldorf: Seite 7, 65, 117.
U. Stammel, Friolzheim: Seite 110, 133.
U. Weyland, Rodheim: Seite 219.

Zeichnungen von S. Lokau, Bochum-Wattenscheid.
Ausgenommen die folgenden:
H. Flubacher, Fellbach: Seite 106, 236, 238, 241, 243, 246, 248, 250.
G. Tambour, Göttingen: Seite 155, 156, 157.

Sachregister

Halbfette Seitenzahlen zeigen Schwerpunkte im Text an, Sternchen * verweisen auf Abbildungen.

Wenn Ihnen der Sinn nach mehr steht...

Wolfgang Kresse, selbst erfahrener Reiter und Reitlehrer, widmet sich seit Jahrzehnten der Grundausbildung von Reitern und Pferden. Dieses Buch ist als leichtverständliche Hilfe für den Anfänger, aber auch als Anregung für den Reitlehrer gedacht. Es macht mit allen Fragen des Reitens vertraut und vermittelt das notwendige Grundwissen über die verschiedenen Bewegungsabläufe des Pferdes. Kernziel ist es, das Zusammenfinden von Pferd und Reiter auf der Grundlage der klassischen Reitlehre zu erleichtern. Das Buch ist ein kundiger und verständnisvoller Begleiter von der ersten Reitstunde an bis zu allen besonderen Arten und Freuden des Freizeitreitens, wie Reiten und Springen im Gelände, Jagdreiten, einfache Dressur- und Springprüfungen und Wanderreiten.

Reiten lernen. *Von Wolfgang Kresse. 1988. 284 Seiten, 33 Farbfotos, 29 sw-Fotos, 73 Zeichnungen. Kt. ISBN 3-8001-7173-2.*

Dieses aus einer großen Erfahrung heraus geschriebene, an praktischen Ratschlägen reiche Buch ist genau das richtige für den angehenden, aber auch für den schon glücklichen Pferdebesitzer, der den Wunsch hat, sein Pferd so gut und sachverständig wie möglich zu halten und zu pflegen. Wolfgang Kresse ist durch jahrzehntelangen Umgang mit seinen Pferden und den ständigen Kontakt mit Hippologen, Ausbildern, Veterinären, Beschlagschmieden, Reitern und Fahrern der berufene Lehrmeister und Ratgeber. Der Leser erhält ausgiebige Informationen zum Stall, Füttern und Tränken, Auslauf und Weidegang und fachmännisches Putzen. Der interessierte Pferdefreund findet auch viel Wertvolles über Krankheitsfragen und Behandlung des Pferdes.

Pferde halten und pflegen. *Von Wolfgang Kresse. 3. Auflage 1989. 213 Seiten, 24 Farbtafeln, 120 Zeichn. Pp. ISBN 3-8001-7211-9.*